CIIL IYO CAFIS

Xusuusqorkaygii Xabsiyada Soomaaliya

(1980-1984)

MAXAMED CABDI CAYNAB

Tifaftirka: Boodheri Warsame

Qaabeynta Buugga: Muxyadiin Xuseen Ciid

Naqshadaynta Jeldiga: Muxyadiin Xuseen Ciid

ISBN:9783084716500

Daabacadda 1aad 2024

TUSMO

QAYBTA SIDDEDAAD 216

TIXRAAC 231

HIBEYN

Buuggaan waxaan u hibeeyey waalidkay, Hooyo Xay Bulshaale iyo Aabbe Cabdi Caynab. Ma ahan kali ah in ay ii soo koriyeen sida waalidka kale ee waxay soo mareen xanuun fara badan oo la xariira xabsiyadii Xamar iyo agagaarkiisa ku yiil ee dawladdii Kacaanka. Aabbe waxuu naftiisu soo maray xanuun xabsi oo aan sahlanayn. In kasta oo uu ka gaabnaa kii aan anigu soo maray, haddana waa ka cuslaa oo waxa uu ugu dambayn ku waayey naftiisi. Waxaa ayaduna sidaa oo kale u soo rafaadday hooyaday oo habeen iyo maalinba ilmaynaysay, mar kastana caloosha ku haysay xaalka adag ee uu ku sugnaa wiilkeeda kali ahaa. Ma aha wax la xisaabi karo ciqaabta waalidkay ka soo mareen taliskii Kacaanka ee debindaabyada badnaa.

MAHADCELIN

Waxaan aad iyo aad ugu mahadcelinaya dhammaan asxaabta la'aantood aysan suuragal noqoteen in aan qoro ama dhammeeyo buuggaan *Ciil iyo Cafis*.

Waxaa ugu horreysa dadka aan u mahadcelinayo xaaskayga, Faadumo Cabdisalaam Ismaciil, oo runtii dedaal wayn ku bixisay sidii uu u hirgeli lahaa dhammaystirka buuggaan. Ma ahan oo keli ha in ay ii dulqaadatay wakhtigii badnaa ee aan ku foognaa buugga, balse waa aqoonyahanad wax weyn ku lahayd talooyinka, saxitaanka iyo sukulidda ama tifaftirka buuggan. Isla markaas, waxaan kaloo xusayaa in carruurtaydu ay ayaguna si dadban uga qaybqaateen qoritaanka buuggan. Way ku mahadsanyihiin.

Waxaan kale oo aad iyo aad ugu mahadcelinayaa saaxiibkay igu wayn, qoraaga buugga *Labo Isma Saarin*, Xusseen Khaliif X. Jaamac, oo ahaa qofkii igu dhaliyay in aan buuggan qoro, markii aan bilaabayna iga la qaybqaatay tifaftirka iyo isku-dubbaridka buugga; Xuseen oo lahaa dhiirrigelinta guud, asagoo mar kasta igu boorrinayey oo aanu marna wax iga hagran. Run ahaan, waxa uu ahaa matoorkii i waday ama gadaal iga riixayey, si aanan u joojin. Waxaan dhaafay caqabad badiyaa ay la kulmaan dadka wax qora oo ah in ay inta bilaabaan haddana ka caajisaan.

Sidaa oo kale, waxaan u mahadcelinayaa saaxiibkay Cabduqaadir Diiriye (Xaaji Koos) oo si wayn uga qayb qaatay saxitaankii iyo muraajacadii buuggaan .

Waxaan ugu damabyn u mahadcelinayaa qoraaga buugagga badan, Cali Maxamed Cabdi-Giir (Cali-Ganay), oo qayb libaax ka qaatay sixitaanka buuggaan, gaar ahaan kala doorashada ereyada iyo habeyntiisa. Waa mid aan la gudi karin abaalka dadkaas aan magacaabay oo dhan iyo qaar kale oo faro badan. Waxa aan idin leeyahay waa aad mahadsantahiin, la'aantiinna ii ma suuragasheen soosaaridda *Ciil iyo Cafis*.

In kastoo dadka kore ay gacan weyn ka geysteen qoridda buuggaan, aniga ayaa leh wixii khaladaad, ilduuf ama gef ah. Sidaa oo kale, waxaan hoosta ka xarriiqayaa in dadka aan magacaabay si niyadsami iyo xog soo gudbin kali ah u soo qaaday magacooda ee aanu marna ujeedku ahayn in aan cid ku dhibaateeyo.

Eng. Maxamed Cabdi Caynab.

AFEEF

MAXAA IGU QASBAY IN AAN BUUGGAN QORO?

Haddii aan si kooban uga jawaabo waa caddaaladdarro igu dhacday iyo in aan qeexo in Soomaali eeyan garanayn dawladnimo! In aan caddeeyo sida qabiilku ugala wayn yahay wax kasta, taasoo markii aan xabsiga ku jirnay ay maxaabbiista siyaasaddu u kala safnaayeen reer reer, kulli na waxay u xirnaayeen kacaandiid.

Wiil dhallinyaro ah baan ahaa oo markaas sano 20-aad ku jira, jaamacaddii polytechnic dhiganayay sannadkii u dambeeyay markii la i xiray 29/01/1980-17/10/1984 (shan sano) arrin aanan wax war iyo wacaal ah ka ahayn.

Ciil waxaa ahaa adoo dhallinyaro ah oo mustaqbilkaagii lagaa dumiyo, jirdil aan naxariis lahayn lagu mariyo, wax been ah maxkamad kugu xakumto, xabsi dheer aad Rabbi ugu mahadcelinayso, haddiiba aad ka badbaadday in aan dil toogasho lagugu xakumin.

Dad masuul dawladeed ahaa oo dembi aan dhicin raba in ay si kastaba ha ku qaadatee ay u helaan dad lagu eedeeyo si ay u muujiyaan in ay kacaanka difaac u ahaayeen, loogana mahad celiyo ama ay garaaddo ku helaan.

Buugga waxaad ka akhrisan doontaa wixii dhib aan soo maray anoo aad u da' yar, haddana waxaan go'aansaday in aan iska **Cafiyo** dhammaan dadkii i dulmiyey, kuwii dhintay Allaha u naxariisto, inta nool maantana waan cafiyay, waana midda keliya oo aan ku helay degganaansho nafsi ahaan iyo in aan iska hilmaamo.

Ujeedadu waa in aan taariikh ahaan u qoro waxyaalihii dulmiga ahaa ee ka dhacay taliskii kacaanka wax ka mid ah, iyo in ummadda Soomaliyeed ay garato in wanaagga iyo horumarku ay ku jiraan in bulshadu caddaalad hesho, taasoo weli aad uga fog, sababtoo ah waa arrin halgan u baahan, balse Soomaali dawladnimo hagaagsan weli ma hayno inta ay qabiil qabiil isu kooxaysanayaan awlaaddooduna mustaqbil ma laha, Soomaaliyana baylah waxay u tahay cadow iyo in dalkii kala tago.

HORDHAC

Buuggaan waxaa ku qoran qayb ka mid ah noloshayda oo aan is-leeyahay waxay tusaale u noqon kartaa nolol adag oo ay soo mareen rag iyo dumar aniga i la mid ahaa. In kasta oo qofka weyn noloshiisu leedahay waayo badan oo mudan in la wada xasuusto, dhawrka sano ee aan buuggan kaga sheekeeyey waxay kaga duwanaayeen sannadahaygii kale in ay dib u jiheeyeen noloshaydii. Waxaan maray ciqaab iyo xabsi aanan mudnayn. Waxaa iga jooogsaday waxbarashadii jaamacadeed ee ii socotey. Waxaa la igu xukumay 24 sano oo xabsi ah aniga oo aan gelin dembiga la igu eedaynayey, waxaana aan ku qaatay shan sano oo xabsi ah, intaa oo aan ku jiray xabsiyo kala duwan, sida Godkii Xisbiga Hangtiwadaagga Kacaanka Soomaaliyeed (XHKS), Xarunta Nabadsugidda (NSS) ee Xaafadda Shibbis (Maama Khadiija), Godka Cirday ama Jilacow, Laanta Buur iyo Qaybta Qamta ee Xabsiga Dhexe ee Xamar wakhtigii xukuumaddii Kacaanka ee uu madaxda ka ahaa Maxamed Siyaad Barre. Buuggu waxa uu muujinayaa hab-dhaqan ay lahaayeen raggii u shaqayn jiray dawladdii Kacaanka, weliba kuwoodii Nabadsugidda iyo Garsoorka joogay. Waxaan is-leeyahay dhibkaasu ku ma koobnayan dadkii Kacaanka hor boodayey, waayo haddii ay sidaas tahay micne ma samayseen in aan buuggan qoro, si looga faa'iidaysto oo aan dhibka aan maray dib ugu soo noqon. Waxaa jiray dad badan oo galayey dulmi, marka laga tago dadkii Kacaanka aamminsanaa.

Aalaaba, awoodda xukunka waa lagu sarkhaamaa. Qofku markuu ogyahay in uu awoodo in uu wax ku sameeyo oo uu weliba ku nadabgalo waxa uu samaynayo, waxa keli ah oo ka joojin kara waa shakhsiyad adag iyo dadnimo nadiif ah. Dhibkaas awooddu leedahay ku ma koobna goob iyo waqti cayiman (go'an ama la yaqaan). Waxaa qofka caadi u la muuqda xumaanta iyo gardarrada maaddaama dadka isaga ku hareeraysan ay sidaas samaynayaan. Raggii aniga i xirayey ama i ciqaabayey waxay ahaayeen koox shaqada ay hayaan ku salaysnayd fikirka ah in ay dadka ku helaan dembi ay maxkamad ku geeyaan, wax kasta ha ku qaadatee. Waddo walba oo loo mari karo ujeeddadooda way mari jireen. Waxay dabcan is-yiraahdeen qofka in la ciqaabo si uu u qirto dembiga ayaa ugu dhaw inaad u gudbisaan maxkamad, abaalna aad kaga heshaan Kacaankii "barakaysnaa".

Aniga oo buugga meelo ka mid ah ku sheegaya in aniga iyo dad badan oo kale loo bartilmaameedsaday in ay ka dhasheen beelo dawladda Kacaanku waqtigaas ka qabtay cuqdad, haddana ma rumaysni in mashiinka dhaqaajinaya Kacaanka uu ahaa qabiil. Waxa uu ahaa xukun jacayl iyo danaysi. Taas waxaa muujinaya in madaxda ugu sarraysa hay'adihii ku lug lahaa aniga ciqaabkayga iyo xabsigayga oo kala ahaa Nabadsugidda iyo Garsoorka ay ahaayeen sarakiil qabiil ahaan kala duwan oo qaarba , aniga ila qabiil ahaayeen. Qaarkood waxay ii arkayeen qof cadaw ah qabiil dartiis, qaarna shaqadii baa la gashay oo mararka qaarkood waxa aad ka dareemaysaa in waxa ay samaynaayaan ay ka xunyahiin balse ma diidi karaan oo naftooda bay u baqayeen. Laakiin waxaan qabaa in ilaashiga awoodda gacantooda gashay iyo jacaylka ay u qabaan derejada ay hayeen ay ku khasabtay in ay sidaas u dhaqmaan. Ilaa hadda siyaasiyiinta iyo dadka awoodda dawladeed gacanta ku haya ma qabo in ay u hiilliyaan qabiil laakiin waxay ilaashadaan danahooda shakhsiga ah waana arrin ay xukuumaddii Kacaanku caan ku ahayd. Haddeer waxa aad arkaysa kuwo dembi u gelaya in ay maqsuudiyaan kooxda ama qofka xukunka haya. Waa habdhaqan dalkaan fasahaadiyey oo laga soo minguurshay dawladdii Kacaanka .

Buuggaan waxa aad ka akhrisan doontaa noloshii ka jirtey xabsiyadii Kacaanka iyo sida dhibaatooyinka iyo ciqaabku dadka ugu saameeyaan, si togan iyo si taban labadaba. Waxa aad arki doontaa sida qabyaaladdu ugu dheertahay Soomaalida oo xataa haddii berri la tooganayo ay qabiil ugu kala faqayaan. Xabsiga waxaa lagu waayaa xorriyadda iyo wax walba oo la socda. Qofku ma dareemi karo nimcada xorriyadda iyo inaad galabtii gurigaaga uga baxdo go'aan aad leedahay kuna soo dhammaysato dantii aad u socotay, haddana aad guriga ugu soo noqoto go'aan aad adigu leedahay. Qofka intaas waaya waxa uu u doondoonaa si la mid ah raaxada lagu riyoodo meesha ugu sarraysa. Hurdada iyo raashinka ayaa iyaguna ah waxyaabaha maxbuuska ciriiri ka gala. Weliba hadduu ahaa qof markii hore magaalo iyo nolosheed la qabsaday waxaa ku adkaada in uu helo noocyadii raashinka ee uu la qabsaday. Naftu waxay barato ayay jamataa. Ciqaabka xabsiga waxaa ka mid ahaa in qofka la gaajeeyo dhawr beri si loogu khasbo in uu qirto dembi. Waxaa intaas loogu darayey in hortiisa lagu cuno cunto noocyo badan si xanuunka gaajadu ugu sii bato. Waa arrin xanuun badan oo uusan sawirikarin qof aysan ku dhicin.

Waxa kale oo aad buugga ku arki doontaa sidii dembibaarista iyo garsoorka Kacaanku u shaqayn jireen. Waxaan si gaar ah u tilmaamayaa kuwii qaadi jirey dembiyada kacaandiidnimada lagu sheegi jirey. Maaddaama aanay kacaaniidnimadu ahayn wax cad, sida tuugnimada iyo dilka, ma ahan yaab in qofka muuqaalkiisa, abtirsiimihiisa, socodkiisa iyo waxyaabo aan dadka kale u muuqan laga dhex arki jirey kacaandiidnimada. Dadka hadalka sarbeeba waxaa dhici kartey in looga shakiyo in ay dawladda wax ka sheegayaan. Intaas waxaa dheeraa in dembibaarista iyo garsoorku aanay kala soocnayn oo ay adkayd in garsoorku su'aal ka keeno waxii dembibaaristu u soo gudbiso caddayn ahaan. Waxaa dhacaysey in dadkii ku ciqaabayey ay maxkamadda yimaadaan iyaga oo adiga markhaati kugu furaya.

Maxaan ku doortay magac buugga *Ciil iyo Cafis*? Runtii waxa i soo maray way ka badnaayeen ciil, waayo waxaa ciil la oran karaa wax mar iyo labo lagugu sameeyey, laakiin ciqaab jirdil u badan oo sannad wax ku dhow kugu socotay waxay i la tahay in ay ciil ka weyn tahay. Haddii la soo uruursho, wixii aan soo maray oo ay igu sameeyeen dad Soomaali ah oo qaar maanta noolyihiin, oo ay weliba bulshadda Soomaalida ka rejaynayaa in ay hoggaanshaan, waxaan ka door biday in aan iska cafiyo Ilaahna u daayo. Waxaan qaatay go'aankaas oo iga la sahlanaaday inaan noloshayda ku noolaado hifasho iyo calooxumo iyo murugo aan u qabo dad kale. Runtii, cafiska ayaa aad igaga sahlanaaday inaan ciil qabo. Waa dhici kartaa in ay arrintaas iga caawintay fahamka diinta Islaamka oo si fiican iigu soo maaxday intaan xabsiga ku jiray. Aniga ma aha ee waa daahiro la yaqaan in xabsiyada laga fa'iido in diinta lagu barto.

Haddii aan soo kobo, shanta sano ee aan xabsiyadii kacaanka ku jaray waxay ahayd wahktigii iigu habboonaa marka la eego da'da aan jiray iyo meesha aan waxbarashada ka marayey. Markii aan aan dhankaas ka eego waxaa igu dhacday khasaaro weyn. Hase yeeshee, dhanka kale waxaan xabsiga ka soo helay khibrad dheer iyo diin raacasho. Ugu yaraan, waa tan i gaarsiisay in aan cafis ka doorto ciil. Qofka tan dambe doorta waxaa suure ah in dhacdooyin hore (past mistakes) ay ka xannibaan noloshiisa ama aayaha timaaddada. Taas waa aan iska diiday.

QAYBTA KOWAAD

XAMAR IYO KORRIIMADAYDII

Waxaan ku dhashay magalada Qardho dabayaaqadii 1950-maadkii. Magaaladda Qardho oo caan ka ahayd mandiqadda Bariga Soomaaliya, waa meeshii ay ku baxday "Nin walbaa waxa uu qabo Qardho ayuu la imaan". Waxaan ahaa curadka reerka sidaas baana la iigu bixiyay Maxamed. Aabbe iyo hooyo waxay isu dhaleen aniga iyo gabar iga yar oo Foos la yiraahdo oo hadda Qardho ku nool. Laakiin, guud ahaan, saddex wiil iyo gabar ayuu reerku ahaa. Anigaa u weynaa,Foos baa igu xigtay ,Cabdicasiis Cabdi Caynab(Ahn) baa ku xigay iyo Abshir Cabdi Caynab baa noogu yara oo hadda ku nool dalka Suisska.

Waqtigaas aan dhashay, sida aan taarikhda ku hayo, Aabbe waxa uu ahaa xubin firfircoon oo SYL Qardho ka tirsan, halkaas oo uu ka ahaa ninka labaad ee Xisbigaas. Isla markaana waxaa u furnayd makhaayad uu ka kiraystay nin la oran jiray Dhurre (Ahn).

Hooyo waxay ahayd qof sida haweenka Soomaaliyeed u badnaayeen ku mashquulsan agaasinka guriga iyo carruurta. Aabbahay iyo Hooyo waxay kala tageen 1961, waxaana aniga iyo walaashay na watay Aabbbe oo markaas helay fursad uu kaga mid noqday Golohii Wakiillada ee dalka (Baarlamaankii Soomaaliya). Waxa uu beddelay Xildhibaan Saciid Muuse Cismaan oo Dhooshaaq ku magac dheera (Ahn) kana soo geli jiray Baarlamaanka magaalada Bandar Beyla, bariga fog ee gobollada hadda loo yaqaan Puntland.

Waxaa na la keenay Xamar, xaafadda Waabberi, waxaana aannu degganayn guri aan ka fogeyn Sar Guduud ee uu lahaa Xasan Shuuriye. Waa guri wayn oo toddoba qol ka kooban, waxaana gacanta nagu haysay Aabbe ina-adeertiis, Xaajiyo Ardo Faarax Xasan. Guriga waxaa ka buuxay dad aad u badnaa oo ka yimid Qardho oo nooc kasta leh una badnaa arday. Abbe waxa uu ahaa nin aad u gacan furan oo deeqsi ah ood weliba dhallinyaradu ku soo hirtaan .

Ardo Quraantii (dugsi) iigu horraysay waxaan ka bilaabay xaafadda Waaberi, waana xasuusta macallinkii Quraanka noo dhigayay oo ahaa nin ka yimid Galbeedka. Dugsiga Quraanku waxa uu ku dhawaa ceelkii Cabdalla Calasow ee ratigu biyaha ka shubi jiray ee ku yiil Xaafadda Waaberi (horraantii 1970 waa la aasay balse burburkii ka dib baa loo qoday oo hadda xaafadda waaberi waa laga dhaansha biyaha, sida aan maqlay).

Noloshii Xamar waxay ahayd mid aad uga sarreysay tii Qardho oo waxaa na la ku qaadi jiray gaari yar, nooca Fiat-600 (Sey Jento) oo baluug ahayd, Aabbaana wadan jiray. Si kale haddii aan u iraahdo, waxaan ku jirnay dabaqadda dhexe ee nolosha Xamar. Aabbe wuxuu ii kaxayn jiray mararka qaarkood xarunta Baarlamaankii Hore oo waxaa macmacaan nooca doolshaha oo aan aad u jeclaa la iga siin jiray kafeteeriyadii Baarlamaanka. Waxaan aad u jeclaa nooca Biryooshka (nooc doolshe ah), maba ka dhergi jirin. Alla berigaas macaan badnaayaa! Qardho iyada maba laga aqoon. Ka dib, waxa aan caan ka noqday xarunta kafateeriyadda Baarlamaanka oo mar kasta oo Aabbe ii wadi jirey. Shaqaaluhu iyaga oo aan waxba i waydiin bay ii keeni jireen Biryoosh, keeg jilicsan oo macaan. Waxaa kale oo xasuustaa in Jimcaha na loo wadi jiray Caliyaale oo ah degmo ku taal waqooyiga Xamar. Geed wayn hoostiis ayaan ku soo qadayn jirnay. Badanaa, marka Caliyaale la aado, Aabbe waxaa la socon jiray rag ay asxaab yihiin oo meesha lagu casumi jiray kuna sheekaysan jireen. Waxaan weli xasuusta macaankii caanaha Caliyaale, quruxdii dariiqa laamiga ah iyo jawiga deegaanka, Sitayda ordaysa iyo dameeraha cawska wada oo ordaya dariiqa labadiisa dhinac. Cajiib! Qurux badnaydaa aagga Caliyaale berigaas!

Marka aan ciyaal xaafad u ciyaarayno, waxaannu aadi jirnay Buur Karoolle oo Geed Jinni baannu ka soo guran jirnay. Tan kale, waxaannu aadi jirnay xarunti UNESCO ee Xamar-Jajab oo mar kasta muusig ka shidnaan jiray. Mararka qaarkoodna waxaan u daawasho tegi jirnay Afisyoone oo diyaaradaha soo degaya ama kacaya waxay noo ahayd wax xiiso badan . Dhanka badda in aan u dhuunto mooyee la ii ma oggolayn, sababatoo ah Aabbe waxa uu ogaa in aanan dabaal aqoon oo sidii dhagaxa aan degayo. Balse waan u dhuuman jirnay, aniga oo carruurta xaafadda la socda. Kubbaddii suufka (bugle) baannu ciyaal xaafadda isla ciyaarnaa iyo wax la oran jiray dhuudhuumashow oo waxaan ku dhumaalaysan jirnay luuqyada xaafadda oo u badnaa carshaan digada lo'da lagu malaasay oo dadku waa dan yar balse berigaas farax baa lagu noolaa. Inta qof indhaha laga xiro baa inta kale is-qarinaysaa, ka dibna indhaha baa laga furayaa, ka dibna waxa uu raadinayaa ciyaalkii kale. Sharcigu waxa uu ahaa kan loogu hor helo in indhaha laga xiro, si uu isaguna u raadiyo markiisa intii kale .Guusha waxaa qaadan jiray qofkii aan indhaha marna laga xirin. Ciyaar bay ahayd berigaas 1961-63 caan ka ahayd xaafadda Waabberi.

Xamar waxaa kale oo aan ku jeclaa ciyaalka dhexdooda badanaa dagaal iyo isku goobasho ah ma jirin berigaas. Balse Qardho waa la is-dagaali jiray baadna waa la iska qaadi jiray, ama dhaqanku waxa uu ahaa sharciga kaynta, oo kii xoog leh baa Arbe ka ahaa. Haddii lagaa xoog waynaado ama lagu baqsado, waxaa lagaa qaadi baad, ma hubo balse Xamar arrintaasi ku ma arag. Macnaha meel xariifnimo lagu joogo bay ahayd, xoog warkiis daa.

Xamar waxaan ku sugnaa ilaa laga gaaro 30 May, 1964, markaas oo Baarlamaan cusub la doortay. Aabbe doorashada ka ma qaybgelin. Ka dib waxaa laga shaqaalaysiiyay Wasaaradda Maaliyadda, qaybta canshuuraha berriga, waxaana loo beddelay Boosaaso aakhirkii bishii May, 1964. Markaas ka dibna waxaan u soo guurnay Boosaaso annaga oo wadannay baabuur Sayroon ahaa. Safar qaatay toddoba cisho oo dhib badana baan soo galnay. Dariiqa inta aannu maraynay, laga bilaabo Matabaan ilaa Gaalkacyo, waxaa jirtay cabsi oo waxaa ka jiray wax la oran jiray Koofiyad Dhuub oo ahaa dad dadka dariiqa u gala oo wax dhaca. Aabbe wuu ka taxaddaray oo waxaa na la ku soo daray labo askari oo watay qoryo iyo rasaas. Wax dhib ah la ma annaan kulmin oo si nabad ah baan ku dhaafnay ilaa aan ka gaarnay meeshaan u soconnay - Boosaaso.

GEEDDIGII BOOSAASO

Bishii May, 1964, waxa aannu u guurnay Boosaaso. Babbuur la oran jiray "Il Popolo Sayroon" baan ku guurnay. Waa baabbuur xammuul oo ka yare mug waynaa Izuzu-ga. Gobolka Bari ayaa lagu wareejiyey. Dadkii hore ee reer Boosaaso waa garan karayaan Sayroonkaas, waxaana loo yiqiin Sayroonkii Cabdi Caynab keenay. Shaqaalaha dawladdu marka ay ka soo xagaa-baxayaan Boosaaso ayaa xaasaska lagu soo rari jiray Boosaaso-Qardho iyo Qardho-Boossaaso. Waxaan xasuustaa 1970 bartamahiisa in uu soo gaaray Sayroonkaasu. Macnaha, Caynab waxa uu ahaa nin gobolka Gaariwaa wax ku soo kordhiyay oo hal baabuur Xamar uga keenay.

Boosaaso waxaannu degganayn guri aan ka fogeyn isbitaalka wayn ee Boosaaso. Aabbe waxa uu u shaqatagaa xafiiska canshuuraha berriga, waxa uuna qaadan jiray Landrover noocii Geesolaha loo yiqiin (Series One) oo asagu lahaa. Jimcaha waxaannu ku aadi jirnay Biyo Kulule oo runtii ahayd meel loo dalxiis iyo raaxo tago, halkaas oo biyo kulul la soo dhex gali jiray. Guriga waxaa na la degganaa rag ay Aabbe saaxiib ahaayeen, sida Jaamac Aftaag (Ahn) iyo nin kale oo ay saaxiib wayn ahayeen oo Cagaqoyan lagu naanaysi jiray.

Aabbe Quraanka waa i baraa isla markaana malcaamad Quraan baan tagi jiray oo Boosaaso ku taallay, meel ku dhaw ceelkii marawaxadda dheeraa ee biyaha agtiisa. Ceelasha noocaas ahi ma biyo badnayn waxayna ku yaalleen dhowr magaalo ee Gobolka Bari. Tukashada salaadda waa uu igu ilaaliyaa in aan tukaday, gaar ahaan salaadda subax. Subaxdii, marka aan tukanno, Aabbe waxa uu ii wadi jiray orod iyo jimicsi oo waxaan orod ku tegi jirnay Aareef oo ah meesha hadda garoonka diyaaradda Boosaaso ku yaallo. Dhulkaas waa wada bannaanaa waxna ka ma dhisnayn. Aareef (RAF) waa meel ahaan jirtay xero ciidanka cirka wakhtiigii Ingriiska (Royal Air Force). Waxaa nidaamku ahaa in marka hore orod lagu tago Aareef, balse soo noqodka socod taabac ah lagu soo noqdo. Waan xasuustaa oo badanaa waxaa na raaci jiray Jaamac Aftaag.

Intii aan Boosaaso joognay aabbahay waxa uu guursaday eeddaday Muumino Aw-nuur oo ahayd hooyada walaakay Abshir.

1965 waxaa Aabbe loo beddelay xafiiska canshuuraha berriga ee Hargeysa, waxaana aannu u guurnay Hargeysa. Waxaan xasuustaa in aan ku guurnay Landroverkii Aabbe. Waa aniga, Aabbe, eeddo Muumino iyo Saynab Farax oo ah gabar ay dhashay eeddo Mumino. Waxaannu sii marnay Ceerigaabo oo waxaan sii booqannay dad ay Aabbe ilmo-adeer yihiin oo reer Ceerigaabo ahaa, Ilma Cali Jaamac. Dhaxan aad u xun oo dabayl leh baa ka dhacaysay. Waan xasuustaa in qol kasta uu ka shidnaa girgire ahaa bir wareegsan oo daldalool leh oo dhuxusha gudaha loogu shubo laguna shido oo kulkiisu qolka diirinayo, si fiicanna loogu seexan karo habeenkii. Labo beri baan joognay Ceerigaabo, haddana waanu ka tagnay oo ilaa Hargeysa is ma taagin. Ceerigaabo ilaa Hargeysa waxa ay nagu qaadatay afar beri. Ceel-Afwayn, Caynabo iyo Burco baan sii marnay.

HARGEYSA IYO DUGSIGII HOOSE EE RIIS

Markii aan Hargeysa gaarnay, toos waxaan u warsannay meesha ay ku taallo Wasaaradda Maaliyadda. Nasiib wanaag, waa na loo toog hayey oo guri baa na loo sii qabtay. Waxaannu degnay guri ku yaalla xaafadda New Hargeysa. Guri aad u fiican buu ahaa oo dayrku shamiinto yahay, labo musqulood, fadhi iyo qubays kala baxsanna leh. Waxa uu ahaa guri aad uga heer sarreeyey guriga aan ka degganayn Bossaso, dhan kasta.

In yar haddii aan joognay, waxaa la iga soo qoray malcaamadda quraanka al-Falaax oo ka soo horjeedday sayladdii xoolaha ee hore, wayna noo dhowayd. Malcamaddaas waxaa macallin ka ahaa Axmed Shiikh oo lagu naanaysi jiray Axmed Guray. Axmed shaqaale dawladeed waxa uu ka ahaa dawladda hoose ee Hargeysa, marna waxa uu ahaa ciyaartooy kubbadda cagta oo difaac ka ciyaari jiray, marna waa macallin Quraan. Reer-waqooyi way ka xariifsanyihiin baan is iri reer-bariga iyo koonfurtaba, sababatoo ah kuwa Quraan ka dhiga koonfurta badanaa waa dad iska wadaaddo ah oo aan hawaysan in marna ay shaqaale dawladeed noqdaan marna kubbadda ciyaarnaan, marna macallin Quraan. Malcaamadda kuraas iyo miisas baannu ka fariisan jirnay, meesha Xamar, Qardho iyo Boosaaso aannu salka dhulka dhiganaynay. Tan kale oo iigu darnayd waxay ahay in aan Quraanka ku baran jirnay buug, sida iskuuklada oo kale. Macnaha, alwaax iyo khad wax lagu qoro ma jirin. Gabdhaha iyo wiilashu isma dhex geli jirin oo way kala soocnayeen. Runtii, madarasada al-Falaax waxay ii ahayd meeshii iigu horreysay oo aan Quraan akhriskiisa ku fahmay ama ku bartay. Waxaa kale oo la isku bari jiray tajwiidka akhriska.

Muddo ka dib, sannadkii 1966 waxaan isku deyay in aan iska soo qoro iskuulka oo ciyaalka Quraanka aan isla baranno baan iska raacay, balse waxaa la i weyddiiyay inta jus Quraan aan bartay. Ma xasuusto intii aan marayay berigaas balse waa la ii diiday oo waxaa la igu xujeeyay soo baro Quraan fiican. Sannad-dugsiyeedkaasi waa i dhaafay.

Dhammaadkii 1966 Aabbe waxa uu u safray oo looga yeeray Xamar. Waxa uu nagu reebay nin aan biilka ka qaadanno iyo wixii aan u baahano oo ay saaxiibeen intii aa degganayn New Hargeysa oo la oran jiray Caydiid. (Magaciisa kale ma xasuusto). Biilka iyo wixii aan u baahanno Caydiid baa ka qaadanaa, Aabbe isaguna waa u soo diraa bil kasta waxa nagu baxa oo boostadda baa loo soo dhigi jiray. Waagaas boostada ayaa lacagta la isugu soo xawili jiray.

Sannadkii 1967 baan ku guulaystay oo la i qoray Dugsiga Hoose ee Riis, kuna dhawaa Dawladda Hoose iyo Saldhiggii Booliska. Markii aan is-qorayay waxaa la i weydiiyay imisa jus baad taqaannaa Quraanka? Markii aan u sheegay meesha aan Quraanka ka marayo. Waxaa la igu imtixaamay in dusha aan ka akhriyo Suuradda *Cabasa waa Tawallaa*. Waan dareeriyey oo waan ka soo baxay. Haddana akhri baa la i yiri suuradda *Iqra'*. Iyadana waana akhriyay, si fiican labadaba. Waa guushii iigu horreysay nolosha. Waxaa la igu qoray Dugsiga Hoose ee Riis oo ahaa dugsi caan ka ahaa Hargeysa. Magacaasu waxa uu ka soo jeeda Gaalkii Ingiriiska ahaa ee asaasay, sida na loo sheegay berigaas . Waxaan nasiib u helay fasalka kowaad ee "C". Markii la i qoray dugsigaas waxaa la ii dhiibay warqad ay ku qorantahay waxa la iga rabo oo dhan: dharka noocee, kabo midabkee, nikteyn, buugta, shanddad ama boorso buugta lagu qaado, xururufleyda qalinka rasaaska ah lagu qoro, masaaxad ama goomaha wax lagu tirtiro iyo waxyaabo kale oo badan. Aniga oo ordaya baan ku noqday gurigii. Aniga oo farxsan baan u sheegay dadkii guriga joogay in aan bilaabayo iskuul. Maashallah! Waxaan u tegay Caydiid aniga oo ordaya dalaqna iri dukaankiisii oo warkii farxadda lahaa baan u sheegay. Isla markiiba waxaan gacanta u geliyay warqaddii la i soo siiyay iyo wixii alaab ah oo aan u baahanahay. Caydiid waa uu ku farxay waana ii hambalyeeyay. Isla markiiba wuxuu u sheegay oo warkii gaarsiiyay dadkii deriska xaafadda. Waxaa xusid mudan sida la isu jeclaa berigaas Soomaali iyo sida maanta aynu nahay. Waa kaaf iyo kala dheeri! Caydiid waxa uu ii ballanqaaday in dharka iskuuka la ii tolayo, galabtiina waxa uu ii waday harqaanle waxaana la ii tolay labo isku-joog oo aan isku beddesho. Waxaa kale oo uu ii soo gaday kabo iskaarbbo ah, nikteyn, buugag, qalmaan iyo dhammaan wixii agab iskuul ahaa ee aan u baahnaa. Ciyaalkii xaafadda New Hargeysa baa warkii in aan bilaabayo iskuulku wada gaaray. Waxaa la ii yaqaannay Alloore. Meel kasta waxaa martay in Alloore isaguna wuu bilaabaya iskuulka. Ciyaalkii xaafadda

New Hargeysa oo aan isla bilownay waxaan ka xasuustaa Faalfaaliso oo si gaar ah saaxiib u ahayn, iyo walaalkiis Warsame oo naga yare weynaa, Rooda iyo Cali ama Xaaji.

New Hargeysa waxay ahayd meel dadku is wada jecelyahay la isna wada yaqaan. Annaga oo koox xaafadda New Hargeysa ah baan xaafadaha kale aadi jirnay, sida Daruuraha, dhanka Idaacadda, Hadhwanaag iyo mararka qaarkood dhanka Shacabka. Waxaan kubbad ku soo cayaari jirnay meel u dhow Xabsiga wayn ee Hargeysa, annaga oo ciyaal xaafado kale la soo ciyaarayna. Kubbadda cagta ku ma fiicnayn oo ma ahayn qof dheereeya, marka badanaa waxaa la iga dhigi jiray gool-haye ama waan iska daawan jiray.

Guriga aan degganayn waxaa naga soo horjeeday reero reer-galbeed ah (Ogaadeen), hooyo labo gabdhood oo aad u qurux badan haysata. Waxaan oran karaa waa markii iigu horaysay oo aan gabar jeclaado, aakhirkii 1967. Nasiib darro, ma u sheegan karayn oo gabadha aan jeclaaday way iga yarayd. Caashaq-digaag iga dheh! Kaliyah waxaan ku caddayn jiray kalgacalka simbaatiyadda aan u qabo in hadba meesha ay ku ciyaarayso aan ka soo ag dhowaan jiray oo haddii aan nacnac haysto waa u la soo ordi jiray. Haddii ay ciyaal maagaan waa difaaci jiray oo in la taabto ma oggolaan jirin. Arrintaas waxaa dareentay eeddo Muumino. Maalintii dambe bay igu tiri, Maxamed maxaad gabadhaas aad dadka ugu xigsataa? Cajiib! Hal mar baa waxaa iga soo baxay weer gabay ii la ekaatay oo ahayd tii iigu horreysay iiguna dambaysay in aan sidaas wax u cabbiro. Aniga oo Eeddo u jawaabaya baan ku iri, "Cuuran buuran anaa carbuunataye car yaa iga taabta!"

Dugsigii hoose ee Riis baan bilaabay. Waxa uu lahaa nadaam aad u fiican. Irridka marka aad ka gelaysid, nin ama qof haween ah baa illinka taagan, waxayna kaa eegayaan lebbiska, nadaafadda, kabaha, adiga oo dhan isha baa lagu la raacayaa. Haddii ay kaa muuqato wax ayan ishu jeclaysan waa lagu celinayaa. Dugsigu waxa uu lahaa barxad ay ku abuuranyihihiin ubaxyo kala jaad ah oo qurxoon, marka waxa aad ku socon meel loogu talagalay socodka lugta. Fasalkaagii marka aad tagto, kabaha waa la iska bixiyaa oo kaddiifad baa taallay. Cajiib! Kursiga iyo miiskuna waa isku dhegganaayeen oo arday kasta qof uu la fariisanayo ma jirto. Subaxdii baannu aadnaa dugsiga hoose, galabtiina annaga oo koox ah waxaan aadna madarasadii Al Falaax. Maalinta Jimcaha badanaa waxaa na loo wadaa buuraha Naasa Hablood ama Libaaxyada Hargeysa, sida loo yiqiin berigaas. Waxa na la joogay wade gaari (darawal) reer Afgooye ah oo Xamar ka yimid, Axmaddey; nin fiican buu ahaa oo noo wada Landroverka. Libaaxyadu waxay noo ahaayeen maaweelo aad u fiican oo dhammaan ciyaalka xaafadda baa na soo raaci jiray. Runtii waxay ahayd New Hargeysa meel heer sare ah oo aannu is wada jecelnahay. Waxaa halkaa ku jiray libaaxyo, shabeello, haramcad, daanyeerro, masas kala duwan oo dhammaan xayawaankaasu waxay ku jiraan meel guri oo kale ah oo shabaq silig ahaa leh. Daanyeerrada keli ah baa iska wareega, marna guri shabaq ah gala.

Waxaan xasuusta dhammaadkii 1966, ama horraantii 1967, maalin uu libaax ku cunay gabar Ingiriis ah oo isku sawiraysay libaax shabaqa ku jiray. Waa ay ku dhawaatay, libaaxiina waxa uu jeeniga kala soo baxay labada birood dhexdooda, gudaha ayuuna la galay inta uu kala gooyay. Maalintaas waan joogay oo inta aannu naxnay oo anfariirnay baannu cararnay. Ileen daanyeerradii oo iska wareegaya markii ay arkeen in la yaacayo bay naga daba soo yaaceen. Waa na cayrsadeen oo markaan waxaan ka baqaynaa daanyeerrada. Waxay ahaayeen waxa loo yaqaan gurdan-raac, laakiin aakhirkii way naga hareen. In yar ka dib, waxaa yimid Boolis, gaari gargaarka deg-degga ah (ambulance), libaaxiina waa la toogtay, gabadhii Ingiriiska ahayd meydkeediina waa la soo qaaday.

Sannadkii kowaad waxbarashada baa ii dhammaatay. Fasalka labaad baan u gudbay. Balse aniga oo ka xun, annaga oo koox ah waxaa na loo beddelay Dugsiga Hoose ee DAAMMI oo markaas la dhisay, sannadkii 1967. Isla sannadkaas, Aabbe mar labaad buu haddana waxa uu noqday Xildhibaan oo markii Dr.Cabdirashiid Cali Sharma'arke uu noqday Madaxwayne, Aabbe ayaa ahaa qofka labaad ee kursigaas ku qoran. Markii warka in Aabbe noqday Xildhibaan na soo gaaray, waxaa noo yimid ninkii Gobolka haystay. Dad badan oo qaraabo ah ama reer Hargeysa ah baan na soo booqday, sida Cabdi Ciise Maxamed Cabdi (Cabdulqaadir Caagadayste, Ahn, aabbihi oo dillaal ka ahaa Sayladda Hargeysa). Waxaa kale oo noo yimaada Adeer Gaaggaale oo bakhaar ku haystay Oryantalka Hargeysa agtiisa, iyo saraakiil kale oo badan.

Alloore si fiican buu ugu milmay dhallinyaradii xaafadda oo waxa uu ku hadlaa lahjadda reer waqooyiga. Runtii, waxay ahayd waqti aan aad u xasuusto oo wanaag badan dhan kasta. Badanaa, galabta Khamiista ama Jimcaha waxaa na la ku qaada Landroverka oo waxaa na loo wadaa ama Naasa Hablood ama meel kale, si aannu hawada u soo qaadano.

GAARIGII AABBE OO WIIL JIIRAY!

Maalin baan ka soo noqonay dhanka Naasa Hablood. Markii aad soo dhaaftid dugsigii Daammi, waddadu labo ayey u kala qaybsantaa. Marka la la gudboonyahay labo geed oo waawayn oo dhanka bidix kaa qabanaya, labada dariiq mid waxa uu dhex gelayaa xaafadda New Hargeysa midna toos buu u soconaaya oo waxa uu ka dhacayaa dhanka sayladda xoolaha oo waxa uu hor maraa madarasadii al-Falaax. Gaarigii oo xoog ku socda baa dareewalkii Axmeddey ahaa dhanka bidix u jaray isteerinka, meeshuna waa bacaad ciid badan. Hal mar baa darawalkii waxa uu lumiyay gacanku-hayntii iyo maareyntii gaariga. Inta uu is kala fireeyey ayuu ciyaal yar yar oo kubbad ku ciyaarayey meesha mid dusha ka maray. Naxdin weynaa! Inta uu joojiyay gaarigii ayuu cagaha wax ka deyay, dhanka Dooxa buuna u baxsaday oo waa fakaday.

Xaafaddii rag iyo haweenba waa la soo yaacay, mise waa aniga iyo Zaynab Farah kali ah oo dhex fadhina gaariga shirkiisa iyo dhallinyaro dhawr ah oo dusha saarnaa kana booday markii uu shilku dhacay. Dadkii waxay hoos galeen gaarigii oo wiilkii yaraa bay ka soo saareen. Ilaah mahaddii, ma dhiman wiilkii balse feerahuu ka jajabay. Waa meeshii ay jugtu kaga dhacday. Wiilka aabbihiis oo oday ah baa yimid oo wiilkiisii qabsaday, in yar ka dibna aniga buu i la soo degay oo kulleetiga buu i qabsaday. Baqdin baa i haysay, indhahana sare baan u taagayay bal in aan arko wax xaaladdaan iiga gargaara. Waxa uu ku dhaaranayaa in haddii aan dareewalkii la soo qaban uu aniga i dilayo. Dadka qaar baa waxay ku leeyihiin ilmaha yarka ah iska sii daa, ma isagaa waday gaariga! Kuwo kale baa i difaacaya oo ku leh ninkii wiilka dhalay waad khaldantahay ee ilmahaan Aabbahood ka maqanyahay iska sii daa.

Warkii baa sida dabkii u fiday oo waxaa meesha soo gaaray rag iyo haween fara badan. Raggaas waxaa ka mid ahaa Caydiid oo ahaa ninkii aannu biilka ka qaadan jirnay. Aakhirkii, markii uu buuqii batay baa waxaa goobtii soo gaaray nin deriskeenna ahaa oo qori xabbad kaliyaale ah sita. Waxa uu ku dhaartay haddii uusan faraha iga qaadin in uu shan xabbadood ku dhufanayo. Xaalkii waa cuslaaday oo dadkii oo dhan baa waxay ku leeyihiin waar Alloore muxuu galabsaday oo ka rabtaa? war Alloore ma isagaa waday gaariga, maad raadsatid ninkii gaariga waday? Ninkii waa lagu goobtay. Ugu dambayn, faraha ayuu iga qaaday dood badan ka dib. Waxaa aniga iyo Zaynab F arax na loo soo waday gurigii aannu degganayn. Gaarigii meeshii baa looga tegay, waayo waa la diiday in la wado. Xaafaddii oo dhan baa soo baxday oo warkii baa wada gaaray iyo "Alloore waa la haystaa!" Wiilkii yaraa isbitaalka baa loo la cararay oo Aabbihiis baa ku la raacay gaari, isaga oo dhabta ku haya. Beer wax dhalay.

Waan naxsanahay. Eeddaday oo markaas xaammilo ah baa guriga joogta iyo gabar shaqaale ah. Markii ay aragtay waxa dad na la socda way yaabtay, waxayna warsatay maxaa dhacay? Sidee wax u dhaceen? Fiidkii waxaa noo yimid Booliskii oo i warsaday sida wax u dhaceen, waana u warramay. Gaarigii waa la soo waday oo guriga hortiisa baa la keenay. Dad badan oo magaaladda degganaa oo reer ahaan aan is-xigno baa galabtii dambe noo yimid lana shiray raggii arrinta wax ka ogaa iyo kuwii na difaacaayay. Waxaa la isku afgartay in arrinta la qaboojiyo lagana war dhawro sida xaaladda wiilku noqoto. Aabbe waa la wargeliyay oo telegaraam baa loo diray.

   Labo beri ka dibna asaga oo socda ayuu Hargeysa noogu yimid. Aabbe oo Xildhibaan Baarlamaan ahaa ayaa arrintii la dhammeeyay reerkii dhibku soo gaaray ee wiilkooda gaarigu jiiray. Waxaa laga bixiyay wixii loo xakumay, arrintiina sidii bay ku degtay. Hase yeeshee, ninkii Axmeddey dib dambe noloshayda u ma arag mana maqal xitaa meel uu ka baxay iyo warkiis midna!

GEEDDIGII QARDHO

Waxaannu u soo guurnay Qardho markii ay soo dhawayd doorashadii "Wood Khasaaro" oo dhacday bishii Maarso 26, 1969. Aabbe ayaa ka sharraxnaa Qardho. Aniga oo fasalkii saddexaad dhexda kaga jira ayaa Qardho na loo soo raray. Waxaan beddel ka soo qaatay dugsigii Daammi (Hargeysa). Maalintii dambe oo Talaado ahayd ayaan aaday Dugsiga Hoose ee Qardho, aniga oo u lebbisan sidii dugsigii Hargeysa oo qaba surweel gaaban, shaar cad, nikteen iyo kabo iskaarbo ah oo dhalaalaya. Waxaan is dhex taagay Dugsigii Hoose ee Qardho, iyada oo ay galab tahay oo xisad lagu jiro. Macallin meesha marayay baan ku iri waa xaggee fasalka saddexaad, ka dibna waxa uu ii tilmaamay albaad. Waan garaacay waxaana iga furay macallinkii xisadda ku jiray. Waxaan u sheegay in aan Hargeysa ka soo beddeshay oo fasalka saddexaad aan dhiganayay. Wuu i waday waxa uuna ii geeyay maamulihii dugsiga. Waraaqihii aan watay baan hor dhigay, ka dibna waxa uu igu yiri, "Orod oo fasalka saddexaad gal" inta uu ii tilmaamay. Irridka fasalka markii aan marayay ayaan kabihii iska bixiyay aniga oo yaabban, sababatoo ah illinka fasalka ku ma arko wax kabo ah! Yaab baa Alle ii keenay! Irridkii markii la iga furay oo aan horay u galay fasalkii baa macallinkii waxa uu igu yiri, "Kabo ma gashanayn miyaa?" "Now! Oo kabaha miyaad la gashaan fasalka dhexdiisa?" baan ku iri lahjad reer waqooyi. Ardaydii oo dhan baa hal mar igu qososhay meeshiina waxaa ka abuurmay sawaxan. "Soo gasho kabahaaga," ayuu yiri, waxa uuna ku daray, "Qardho kabaha la iska ma bixiyo." Kabihii baan soo gashaday anigoo yaabban, ka dibna waxa uu i fariisiyay kursi iyo miis safka hore ah. Waan xasuusta oo waxay dhiganaayeen xisad Mudaalaco (sheekooyin) ah. Waxa uu i wayddiiyay dugsigii aad ka soo beddelatay xagee marayseen nashiidoonyinkii (qasiidooyinka)? Waxaan si degdeg ah ugu jawaabay Katakiitii! Haddana mar labaad baa ardadii oo dhan igu qosleen.

Casar ka dib bay ardadii dhammaysteen daruustii, waxaana loo fasaxay qof walba in uu gurigiisi aado. Macallinkii waxa u i weydiiyay in aan garanayo meesha aan degganahay? Haa baan ugu jawaabay. Markii aan xoogaa socdo aniga oo keli ah, kana yaabban dhaqanka ciyaalka reer Qardhood oo ay ka muuqato qosol badan iwm, baa koox arday ahi i soo weerareen. Sabab la'aan, waxay igu bilaabeen dagaal iyo feer wayna isugu kay tageen. Mid iga fura nikteenkii, mid shaarkii iga jeex jeexa, iyo mid buugtii aan watay iga tuura…! Si fiican baa la ii dilay maalintaas. Wax aan ku galabsaday in ay igu goobtaan haba yaratee ma garanayo! Waxaa igu hagoogtay rag odoyaal ah oo dariiqa dheer marayay ee hor mara dukaankii Siibad. Mid ka mid ah odayaashii baa intuu gacanta i qabtay meel gees ah igeeyey iyiri, "Adeer sidee wax kuu gaareen?" iyo su'aalo kale buu iga waraystay aakhirkiina waxa uu i waydiiyay, "Adeer aabbahaa magaciisu waa kuma?" Waan u sheegay magaca Aabbe, ka dibna qaar ciyaalkii ardayda ka mid ahaa oo maqlayay jawaabta aan ka bixiyay waa ku ma aabbahaa ayaa afka furtay iyaga oo isugu qaylinaya "Ar Cabdi Caynab aa dhalay, aar Cabdi Caynab aa dhalay, aar waa innaka ee iska daaya" iyo wax la mid ah bay ku hadlayeen. Balse aniga waxay ii ahayd in culays iga dhacay oo dilkii xaqdarrada ahaa la iga daynayo: Aar Cabdi Caynab aa dhalay! Kuwa i dilaya waxaa ku jiray qaar aannu ilma-adeer nahay, ilma-habreed nahay, ama qaraabo dhow nahay. Malaha waxaan eersadsay in aan cusbaa una lebbisnaa si ka geddisan qaabka yiil Qardho. Dad qaab daran baa i helay.

Gurigii baan tegay aniga oo kabna gashan midna lallaadinaya, shaarkii oo aan lagu ogeyn hal galuus ah, aniga oo dhan ciid iyo xagtin meel kasta ku leh, iyo jirkii oo dhan oo i xanuunaya. Gurigii markii aan tegay oo aan ka sheekeeyay wixii igu dhacay iyo dhibka i soo gaaray, waxaan go'aan ku gaaray in aanan mar dambe ku noqon dugsigaas. Ayaandarro, Qardho dugsi kale ma lahayn. Asbuucaas intii ka harsanayd oo dhan guriga ka ma bixin, dugsina ma aadin, waana diiday in aan ku noqdo meeshaas. Ugu dambayn, eeddo Muumino ayaa la hadashay nin ehelka ah ka dibna isagii baa u tegay maamulihii dugsiga oo ahaa marka Macallin Maxamed oo ahaa saciim reer Qardho ahaa, kana mid ahaa ururkii SYL. Ka dib, waxaan dib u bilaabay waxbarashadii dugsiga hoose.

Waqtigaas waxaan u gudbay fasalka afraad ee dugsiga hoose. Si rasmi ah baan u noqday ciyaal Qardhood waana la qabsaday dameero fuulka, dagaalka iyo gidaar fariisiga oo lagu caweeyo. Wax maaweelo ah ma lahayn Qardho sida Hargeysa, keli ah haddii riwaayad la keeno ama xaflad aroos la dhigayo oo aan Vimto ka raadsanno iyo marka xuska Nebiga (Csws) la dhigayo. Waxaa kale oo maaweelo noo ahaa markaannu aragno kaaha baabuur ka yimid dhanka Xamar. Waannu iska sugnaa ilaa inta uu baabuurkaasu soo gaarayo Qardho. Waqti bay qaadan jirtay oo annagana waxay noo ahayd waqti dhumis iyo xiiso in aan aragno wixii magaalada ku soo kordha iwm. Waxaa kale oo jirtay in Mire Aw Cilmi (Ahn)oo ahaa gudoomayahii ugu fiicna uguna waxqabadka fiicnaa ee Qardho soo mara . Markii uu Qardho ka ahaa Gudoomiyaha maagaladda uu ku soo kordhiyay ilbaxnimo cusub oo meel magaalada bartamaheeda aha oo ceelka agtiisa ah buu ka hirgeliyay barxad lagu ciyaaro "Boojada." Halkaas baa galabtii odayaasha iyo dhallintuba ay ku ciyaari jireen. Taasi magaalada maaweeladeeda xiiso wayn ayey u yeeshay oo galabtii waxa aad arkaysaa iyada oo dad badan isugu yimaadeen oo qaar daawanayaan, odayaal af Talyaani tuuranayaan oo leeyihiin "a bosto, sostituirlo, spara bene!" ama waan ag-dhigay yoolkii. Waxaa kale oo magaalada ka furnaa meelo lagu ciyaaro turubka (iskaallo, firo, iwm), sida maqaayadii Ardooyin oo xitaa habeenkii ilaa waqti dambe laga ciyaari jiray. Sigaarka waxaa Qardho laga heli jiray 24/7, taas oo ay kaga gedisnayd magaalooyinka kale. Eeddo Dhool (Ahn) baa gadi jirtay.

Maalmaha Jimcaha iyo fasaxyada waxaa dhallintu isku mashquulisaa in la cayrsado garangar, samayn baabuur ul lagu wado iyo kubbada suufka ah (bugle) oo lagu tartamo iwm. Maaweelo kale waxay ahayd markii roobku da'o oo ay biyo soo maraan dooxa u dhexeeya labada daan ee magaaladda Qardho. Annaga oo qaaqaawan baannu biyaha soo rogmaday isku tuuri jirnay, inta aan dharka dhigano geed dushiis. Dooxaas yar ee aannu isku tuuri jirnay, maanta aniga oo 60 sare u dhaafay weli biyihii sidii bay u maraan Qardho. Kaaga darane, waxa ay dhisteen dhulkii biyo mareenka ahaa markaas baa sannadka kasta biyahu ku rogmadaan magaaladda oo khasaare badanna u geystaan. Halkaas waxaan ka garan karaysaa in wacyiga dadku uu yahay mid aan is-beddelin. Waa horumar la'aan maalinta iyo habeenka uun isbeddelaan iyo ayada oo aanay wax kale soo kordhin, in qofku duqoobo oo keli ah. Qardho iyaduna waa sideedii. Waxaa kale oo jiray ceelal xareeddu buuxiso oo aan wakhti ku qaadan jirnay, sida Xingood Yare, Xingood Wayne, Shimbiraale, Qalqallooc iyo Conqortii Xorgoble.

Sannadkii 1970 waxaan ka haray waxbarashadii waxaana noqday Ciyaala Suuq. Waxa aan dhaamin jiray fuustooyinka biyaha. Inta aannu ceelka ka soo dhaaminno oo soo riixo baan ka qaadan jiray shilin ama shilin iyo bar, hadba inta masaafadu le'egtahay. Waxaa macaamiil ii ahaa makhaayadaha, sida makhaayaddii Baajuun, Jiir iyo Garagoos, iyo xaafadaha oo waxaan ka mid noqday ciyaalka fuustooyinka dhaamiya dhanka ceelka Kulleejada. Sababta igu kalliftay oo ugu waynayd waxay ahayd aniga oo la saaxiibay dad ciyaala-suuq ah iyo aniga oo is-lahaa turub lacag ku hel. "Inta nin yari geed ka boodo ayuu talo ka boodaa," oo da'da yari waxay leedahay khatarteeda. Tan labaad, waxaa igu dhacay hoggaan la'aan, maaddaama Aabbe iga maqnaa uusanna jirin ehel i la nool oo i jiheeya.

Saxiibkaygii iigu fiicnaa, Cali Cawke Yuusuf (Ahn), waxaan isku barannay isaga oo ka yimid Xamar ayaan fuusto la soo riixay oo gurigooda keennay. Ka dib waan la taagay fuustadii oo la furay. Markii aan iri, "Haye, i sii lacagtii halka shilin" ayuu igu booday, yacni ii diiday. Gurigoodii dhexdiisa baannu ku dagaallannay. Mar dambe ayaa na la kala qabtay lacagtaydiina waa la i siiyay, ka dibna waxaan noqonnay ceeshoo milix, saaxiibbo dhow. Habeenkii waxaan ciyaaraa turub lacag la isaga helo. Waxaan ku ciyaarnaa nalka waddooyinka ee loo yiqiin Baallayaasha ee jeexdinta u dhexaysa magalaada. Mar waxaan u hurdo tagaa gurigayaga, marna waxaan la seexdaa ciyaal-derbijiifka magaalada, sida Daacunle, Marya-badane, Lix-faroodle iyo walaakiis, iyo kuwo kale oo badan oo aan hilmaamay magacyadooda.

Warkii in aan saaqiday waxa uu gaaray Aabbahay, isaga oo Hargeysa u jooga dano. Aabbe waxa uu la soo hadlay Axmed Saciid Dhurwaa-la-hadal oo uu ku yiri wiilkii xaaladda uu ku jiro ka saar kuna dar hoyga seexashada (College), wixii kharaj ahna aan isaga nimaadno. Sannadkii oo dhan waxaa la iska qaadi jiray lacag dhan 450 shilin, jiif iyo cunno. Waan xasuustaa. Habeenkii dambe, aniga oo turub lacag ku ciyaarayna nalka baallayaasha korontada ee magaalada dhexdeda ah ayaan ku war helay iyada oo ay na dul taaganyihiin odaygii Xaashi Dalab (Ahn) oo Saldhigga Booliska Qardho haystay, Axmed Saciid iyo Ruug Shalow (Ahn kulligood) oo isla socda. Gacantaa la igu dhigay waxaana la ii waday xagga Saldhigga Booliska ee Qardho, waana la ixiray oo sheeladii baa la i dhigay. Midigta ayey kaa qabanaysaa marka irridka dhanka togga laga soo galo. Saddex beri markii aan xirnaa oo raashin uu ii keenayey Ruug Shalow, maalintii dambe goor barqo ah baa sheeladii la iga soo furay oo waxaa la i keenay xafiiskii Xaashi Dalab. Waxaa jooga Axmed Saciid, Ruug Shalow, Cabdullaahi Warsame Ducaale oo ahaa Maamulihii Dugsiga Dhexe ee Qardho. Waxaa la ii soo jeediyay in xabsiga wayn la ii gudbiyo ama aan ku xeroodo hoyga seexashada Qardho oo aan waxbarashadii dib ugu noqdo. Waxaan oggolaaday in aan dib u bilaabo waxbarashadii kuna xeroodo meeshii la ii soo jeediyey. Sidaa baan ku galay hoyga seexashada Qardho oo aan ku jiray labo sano, waxaana horjooge hoolka jiifka ka ahaa Axmed (Juqunam) oo hadda Qardho ku nool.

Intii aan dhiganayay Dugsiga Dhexe noloshu waxay ahayd mid isu wada eg. Maalin kasta waa sidii shalay. Qardho waxay ahayd meel aad u xiiso badan oo qurux badan marka roobku da'o. Waa deegaan cagaar badan oo ay ku noolyihiin xoolo fara badan. Dhulka cagaaran iyo xoolaha daaqaya oo ishu qabanayso ilaa il-ku-wareertay baa ahaa wax aan la illaawi karin, balse quruxdaas Rabbi abuuray waxay ku xirantahay waqtiga roobku da'o, marka abbaartu jirtana bus iyo foolxumo ayaa ka muuqanaya. Balse dadka reer Qardho maxay ku dareen quruxdaas dabiiciga ah? Waa waxba oo marka roobku da'o Qardho waxaa la taga daadka iyo khasaaro aan la isku deyin in la maareeyo.

BURCO: DUGSIGA FARSAMADA GACANTA EE BURCO

Sannad-dugsiyeedkii 1973-1974 waxaan u ambabaxay Burco iyo Dugsiga Farsamada Gacanta Burco. Burao Technical Institute (BTI) ayaa la igu qoray, iyo saddex sano oo waxbarasho ah. Reer Qardhood waxaannu ahayn: Aniga, Cali Axmed Cali Gamuute iyo Maxamuud Xaaji Aadan. Burco baannu tagnay oo waxaannu degannahay dugsi si casri ah u dhisan oo leh meelo la seexdo oo qurxoon, masjid, makhaayaddii cunnada (quraac, qado, casariye iyo casho oo intuba bilaash ahaa). Waxaa kale oo jiray meelo kubbadda kolayga, kubbadda teeniska iyo garoonkii kubadda cagta oo dugsiga gadaashiisa ku yiil. Sidoo kale, waxa jiray fasalladdii duruusta oo waawayn oo casri ah, hoolka shirarka iyo hoosooyinka waxbarasha farsamada. Sidaa oo kale, waxaa jiray guryo aad u qurux badan oo ay degganyihiin Maamulaha dugsiga iyo macallimiinta. Waxay ahayd meel leh ubax iyo geedo aad u qurux badan. Waxaaba na deeqay degaankaan cusub ee quruxda badan. Cajiib! Musqulo safan oo leh biyo qubeys (duush) waa markii iigu horraysay, iyo gidaarrada oo marmar buluug ah leh.

Sannadka hore waa asaaska farsamada (basic training) oo waxaa lagu baranayay soofaynta, alxanka iwm oo aan waxtar badan lahayn runtii. Sannadka labaad ayaa ardada loo ka la saaraa qaybaha: Makaanikadda Guud, Barashada Gaadiidka iyo Barashada Korontadda. Nasiib waxaan u yeeshay qaybta makaanikada oo ah toornadda, alxanka, iyo barashada cilmiga birta. Berigaas markii aan dhiganayay waxaan u haystay dugsi fiican oo waxaannu ku faani jirnay in aan dhiganno "dugsigii Jarmalku dhisay." Balse markii aan Faransa ku noolaaday oo dib wax barasho farsamo uga bilaabay, waxaan ogaaday in saddexdii sano ee Dugsiga Farsamada Burco ay ahayd saddex sano oo khasaaro ah, gaar ahaan makaanikada guud. Korontada iyo qaybta baabuurtu wayba dhammeen oo runtii dhallinyaradu waa ku shaqaysan kareen.

QAYBTA LABAAD

TAARIIKH NOLOLEEDKII CABDI CAYNAB XASAN

Aabbe Cabdi Caynab Xasan

CABDI CAYNAB: KACAANKA KA HOR IYO KA DIB

1969-kii, Aabbe waxa uu iska sharraxay Xisbigii Libaax, isaga iyo Xirsi Magan. Midkoodna ku ma guulaysan in uu Xildhibaan noqdo. Hase yeeshee, waxa uu markaas (Wood Khasaaro ka dib) dib ugu jeedsaday dhanka ganacsiga, waxa uuna u hayaamay Hargeysa iyo Gobolka Waqooyi Galbeed. 1969 qaybtiisi hore waxa uu sii kaxaystay saddex gaari (Landrover) oo uu ololaha doorashada kaga galay magaalada

Qardho. Aabbe waxaa sii raacay oo gawaarida la kexeeyey Ciise Cartan (Ahn) iyo Faacuul Ciise Abshir. Markii uu Aabbe Hargeysa gaaray ayuu labo gaari ka kireeyey labo nin oo beesha Isaaq ka dhashay oo reer magaladaas ah. Waxaa ujeedka lagu heshiiyey ahaa in Land-rover-rada qaad lagu guro, nimankaasina ay ijaar bixiyaan. Waxaa nimankii ayaga ahaa lagu wareejiyey labadii gaari oo la kala oran jiray Gantaal Bari iyo Juxa. Marka baabbuurtaasi jaadka ka soo daabbusho Wajaale, oo loo sii kala qaybiyo Hargeysa ama Burco, waxaa ragga hawsha wadaa ku soo mari jireen Aabbe guriga uu Hargeysa ka degganaa oo ay lacagta ijaarka ugu keeni jireen. Taasi waxay keentay in Aabbe noqday reer Hargeysa, Xamarna ka raystay intii muddo ah.

Ka dib waxaa dhacay inqilaabkii 21/10/1969, waxaana u suurtogashay inay kala warwaregeen Kacaanka intii muddo ah. Markii bartamahii 1970 la gaaray, nimankii gawaarida kireystay waa khayaameen Aabbe oo lacagtii ijaarka ayay kala aammuseen. Runtii, waxay u bareereen in ay dhacaan labada gaari, iyaga oo xitaa ku doodaya annagaa leh labada Landrover. Marna waxay dooddoodu ahayd wax lacag ah ka ma helno ama waa uu naga gatay gawaarida. Nimankii Aabbe waxay ku noqdeen xarig lama-sitaan. Aabbe waxaa la saftay nin lahaa goob gawaarida Jabbaanka lagu dayactiri tiray oo la oran jiray Xaaji Buursade (Ahn). Ninkaas oo ay nimanka Aabbe khiyaamay ay isku beel ahaayeen waxa uu mar kasta garab taagnaa Aabbe oo uu xitaa maxkamada la tagay si uu runta u sheego. Gacanta ninkaas Aabbe siiyey waxay keentay in dulmanahu ku guulaysto in uu labadii gaari dib u helo dhammaadkii 1970.

Ka dib markii labadii gaari oo kharaab ah ay u soo noqdeen Aabbe, arrintii intaas ku ma dhammaan ee Aabbe iyo raggii dhacay waxay isla fuuleen maxkamad bilaabatay bilowgii1971 oo muddo socotay. Dabcan, dacwada dambe waxay ku salaysnayd lacagtii gawaaridu shaqaysay oo la inkiray. Ugu dambayn, Aabbe waxa uu ku guulaystay kiiskii 1972, in kasta oo raggaas ay dhowr jeer isku dayeen in ay handadaan iyaga oo qabiil ahaan ugu gooddinaaya balse dheg jalaq u ma siin hanjabaaddoodii, wax dhib ah oo aan hadal ahaynina ka ma dhex dhicin. Waxaa xusid mudan in beesha hoose ee raggii lacagta dafiray ay buuq sameeyeen lana soo safteen nimankii wax dulmiyey. Dhanka kale, Aabbe waxa uu garab fiican ka helay ninkii Bursade iyo ninkii berigii hore biilka siin jiray reerkeenna, Caydiid, iyo rag ay xigto ahaayeen.

Taasi waxay sheegaysaa in aysan u badnayn in dadka Soomaalidu dulmi isku wada raacaan.

Xukunkii maxkamaddu waxa uu noqday in ay Aabbe u ceshaan lacagtii uu soo dalbaday oo ay ku jirto kharajkii ku baxay intii dacwaddu socotay, taasna waxay keentay in hanti ma-guurto ah laga qabsado ragggii wax dafiray. Ayaguna waa diideen oo rafcaan ayey ka qaateen. Ugu dambayn, aakhirkii 1972 ayuu labadii gaari oo liita midkood u xaraashay dayactir ahaan, waayo rejo badan ma lahayn. Waan xasuustaa in gaarigii Gantaal Bari lagu dhex furfuray garaashkii Bursade, Juxana waa uu iska iibiyey. Waxaa u soo haray kii saddexaad oo uu asagu markaas gacantiisa ku wadan jiray. Waa gaariga marka dambe asaga oo wata lagu xiri doono.

Aabbe waxa uu codsaday in kiiska Xamar loo wareejiyo. Asaga oo weli dacwadii Xamar ka sii wada oo ay qaadayso Maxkamaddii ku tiil Via Egito, aysanna dhinac u dhicin ayaa waxaa daba galay NSS-tii Kacaanka oo nafta u keentay. Waa tii markii dambe ay ku khasbeen in uu Hotel Savoia khasab ku degganaado. Kiisaskii dacwadaha ee kala dhaxeeyay nimankii reer waqooyi waa ay iska baabba'een iyada oo aan go'aan laga gaarin, sababta ugu waynna waxay noqotay in uu la wadi waayay duruufo dhaqaale oo jiray.

Marka dugsiga la xiro ama fasaxa la galo, badanaa waxaan aadaa Xamar iyo Aabbahay oo xabsi maagalo iska ah oo lagu khasbay in uu seexdo Hotel Savoia (Safooye oo ahaa meeshii laga dhisay daartii Jirde Xuseen) mana uu shaqayn jirin. Cajiib waxaa ahayd in taliskii Kacaanku dadka si toos ah iyo si dadbanba waa u la dagaallami jiray. Aabbahay oo aan shaqayn, shaqana u oggolayn ayuu haddana ku khasbay in meel aan ahayn hoteel uusan seexan karin ama degi karin. Taasi waxay sababtay in guri toddoba qol ah oo aannu ku lahayn xaafadda Waabberi lagu xaraasho qiime aan u dhigmin.

Aabbe markaan ugu tago Xamar oo aan la dego Savoia, waxaan ku arki jiray isaga oo intaas buug akhrisanaya oo xiriir fiican waxa uu la lahaa maktabaddii safaaradda Maraykanka ee ku tiil xaafadda Shingaani. Aabbe waxa uu ahaa qof si fiican ugu hadla afafka Ingiriiska iyo Talyaaniga, wuuna isku tarjumi jiray. Markii uu ahaa Horseedka SYL ayuu bilaabay in uu dadka ama dhallinta reer Qardhoodka ah rag iyo haweenba uu u ahaan jiray macallin bara af Ingiriiska, Talyaaniga iyo

19

asaaska xisaabta, si mutadacwacnimo ah. Waxaan la kulmay dad badan oo hadda ku nool London, Qardho oo arrintaas iiga warramay. Waxaa ka mid ah dadkaas Eeddo Xaawo (marwadii Yuusuf Axmed Khayr) oo hadda bariga London deggan, nin lagu magaacabo Jundi oo London degan iyo dad badan oo ku kala nool Qardho, London iyo meelo kaleba.

Waxaa is-weydiin mudan, sidee Aabbe ku bartay afafkaas isaga oo Qardho ku noolaa waqtigaas? Waxaan ka helay gurigayaga Qardho sanduuq dhan oo ay ku jiraan buugag nooc walba: xisaab, luqadaha (afafka), arrimaha siyaasadda, barashada sharciga iyo buug ka hadlaysa ololaha doorasha ee USA berigaas. Buugaggaas aad bay ii anfaceen markii aan dhiganaayay Dugsiga Dhexe ee Qardho (1970-1974). Buugaggaas badankoodu waxay ahaayeen nooc kasta ee ICCS (International Cambridge Correspondance School), waxaana buugtaas looga soo diri jiray UK oo boostadii berigaas baa u keeni jirtay.

Waxaan xasuustaa in 1973, bishii Agoosto, maalin aan aniga iyo aabbahay iska soo raacnay xaafadda Hodan. Waxaannu soo qaadnay dariiqii dheeraa ee Maka Al Mukarrama goor casargaab ahayd. Waxaan xoogaa yar ku nasannay jardiinkii Dhagaxtuur. Aabbe waxa uu iga waraystay waxbarashadayda oo markaas waxaan u gudbay Dugsiga Sare, waxaana la igu qoray Dugsiga Farsamada Gacanta ee Burco. Berigaas Kaacaanku waxa uu bilaabay in ardayda ku fiican tacliinta loo weeciyo farsamada. Siday i la tahay, waa halka ay ka bilaabataay burburkii tacliinta Soomaaliya waayo ardayda lahayd fahamka fiican waxaa lagu mashquuliyay farsamo, halka kuwa caadiga ahna ay jamacadahii cilmiga galeen. Waana mushkiladda maanta na haysta oo aan xal loo hayn. Dal kasta waxaa anfaca ardayga IQ-ga sare leh.

Ugu dambayn, Aabbe aad buu ugu farxay in aan ku fiicnaaday waxbarashadii markii uu arkay natiijadii fiicnayd ee aan kaga baxay Dugsiga Dhexe. Sheeko dheer oo wiil iyo aabbihiii dhex martay ka dib, waxaan ka codsaday Aabbe in uu iiga jawaabo hal su'aal. Aabbe waa adiga bilaa shaqada ah ee maxaad shaqo dawladda uga raadsan wayday oo sidii berigii hore ugu noqon wayday Wasaaradii Maaliyadda, qaybtii canshuuraha berriga? Waxa uu iigu jawaabay: Aabbe Maxamad Siyaad Barre iyo Kacaankiisa la ma shaqaynayo, waxuuna ku soo koobay sidan: Aabbe, wax shaqo ah ka ma rabo e haddii aan ka nabad galo baan buro sidaa.

CABDI CAYNAB IYO DOORKIISII SYL

Aabbe waxa uu iiga sheekeeyay sidii uu uga soo qayb qaatay halgankii SYL ee Qardho iyo in Xaaji Cali Salaad ahaa madaxa ururka isaguna ahaa ninka labaad. Xaaji Jaamac ayaa ahaa ninka saddexaad, ahaana ninka bixiyay boqcaddii laga dhisay xisbigii SYL ee Qardho. Waa meeshii berigii dambe Kacaanku ka dhigay Hanuuninta Dadweynaha Qardho. Waxaa kale oo uu iiga sheekeeyay dhammaan dadkii reer Qardho ee ay isla soo halgameen, isaga oo ii sheegay inay ka mid ahaayeen (kulligood Ahn):

1. Xaaji Cali Salaad (Gudoomiye SYL Qardho)
2. Cabdi Caynab Hassan (Ku xigeen gudoomiye)
3. Xaaji Jaamac Maxamud Derri.
4. Axmed Maxamuud Cali Rooble (Axmed Tumey)
5. Axmad Khayr Muuse.
6. Maxamuud Yusuf.
7. Ciise Maxamud Jaamac(Ciise-dheere).
8. Siciid Aw Nuur Cali.
9. Siciid Xuseen Nuur Dhegay.
10. Culimmo Afyar.
11. Kood Dhaan .
12. Salaado Sharma'arke
13. Caasha Cali Dhuux
14. Faadumo Dhalac
15. Macallin Maxamed Saciid oo ahaa macallinkii Quraanka baray reer Qardho, ahaana macallin Dugsiga Hoose ee Qardho.
16. Muuse (Afgub) .
17. Shiikh Mahamed Cali Xareed.
18. Salaado Sharma'arke.
19. Barni Cabdi Maxamed (Cali Dheere).
20. Xaajiyo Ardo Ismaaciil Xasan.
21. Muuse Qarbad .
22. Barre Arbush.
23. Shiikh Maxamuud Saciid Faay.
24. Cartan Ilyaas.
25. Muuse Maxamed Maxamuud

26. Cabdi Ducaale
27. Salaad Cabdullaahi (Gaajo)

Sheekh Maxamuud Saciid Faay marka uu i arko waxa uu oran jiray: "Kaalay wiilyahaw, aabbahaa waxa uu ahaa walaalkay adna wiilkaygii baad tahay. Macnaha, marka aan arko waxaan dareemi jiray naxariista uu i tusayo Sheekh Maxamuud. Waxaa kale oo dhacday in wiilkiisii gabayaaga ahaa ee Khaliif Sheekh Maxamuud Saciid Faay uu doorashadii u dambaysay ka mid ahaa dhalinta Xisbiga Libaax ee Aabbe Cabdi Caynab iyo adeer Xirsi Magan Ciise, kana gabyi jiray isu-soobaxyada Xisbiga Libaax. Arrintaas waxa ay keentay xiriirkii walaaltinimo iyo saaxiibtimo ee ka dhaxeeyay labada aabbe. Intaan iyo kuwo kale oo badan waxay ahaayeen wiilasha neefta ku dhejin jiray Pro-Italianka Qardho SYL-na dhidibbadda u taagay. Waxa kale uu Aabbe ii sheegay in dadkaas uu ka dhexeeyay hiil iyo hoo iyo nafta oo la isu huro. Halgan dhab ah bay ku jireen wayna is-taageri jireen oo waxay ahaayeen sidii walaalo is-jecel.

In yar oo aan dhawaan ogaaday oo Aabbe iyo halgankiisi SYL Qardho ku saabsan waa tan:
Waa maalin 2019, bishii Maarso, aniga oo bartamaha magaalada Boosaaso maraya ayaa waxaa la i baray nin oday ah oo reer Qardhood ahaa oo hadda geeriyooday, Dr.Yuusuf Maxamed X. Faarax (Majabe) (Ahn). Waxa uu la socday Eng: Khaliif Mohamed Barre oo ah qoraaga wargeyska Kaaha Bari. Waxaa i la socday Eng. Saciid Cawl iyo Maxamed Shariif. Kaftan yar oo na dhex maray ayuu yiri: Kaalay timihii Cabdi Caynab ma lihid oo quruxdii aabbahaa kaa ma muuqato, iwm. Isla markiiba waxa uu i weyddiiyey su'aalihii soojireen ahaa ee Soomaalida: Xaas iyo carruur ma leedahay ? Goorma ayaad timid iyo xaggee ka timid oo ku nooshahay?
Dhammaan su'aalahaas waan ka jawaabay. Nin bashaash ah oo ay ka muuqdeen khibrad iyo aqoon buu ahaa. Hadalkii inta uu qaatay ayuu waxa uu igu yiri: Ma ogtahay in aabbahaa ceelka biyaha ee bartamaha magaalada Qardho uu si xun ugu garaacay ninkii Talyaaniga ahaa ee Indhacaad la baxay? (Daarta dheer ee xerada askarta Booliska ee Qardho ee afarta rukun leh waxaa loo yaqiin berigii aan Qardho joogi jiray daartii Indhacaad). Waxaan ku iri: Ma maqal ee adeer bal nooga sheekee sida ay ku dhacday? Run ahaantii waan la socday in Aabbe uu

berigii uu dhallinta ahaa uu ku dhex qaraacay Qardho bartamaheeda gaalkii Talyaaniga u fadhiyay ee Indhacaad. Mudane Majabe hadalkii waxa uu ku sii daray: Cabdi Caynab oo ka soo noqday dhankaas iyo Ogaadeeniya baa dib u soo degay Qardho, markaasna Talyaaniga ayaa dalka xakuma. Odayaasha nabaddoonnada qabiillada Qardho ayuu ku hayey gumaysi xun iyo cadaadis xun gaalka loo yiqiin Indhacaad. Ninkaasi dadkii ayuu xorriyaddii ka qaaday. Waxa uu ahaa nin Talyaani ah oo gumayste xun ah, dadkana dhibaato ku hayey. Dhibaatadii uu ku hayey Indhacaad magaalada Qardho ayaa loo sheegay Aabbe Cabdi Caynab (Ahn). Waxa uu kulan la qaatay dhammaan nabaddoonnadii qabiillada, waxa uuna u sheegay odayaasha in aan la qaadan karin dullinnimada gumaysiga oo ay tahay in laga hortago. Cabdi Caynab, ugu dambayn, waxa uu u hanjabay odayaal qaar Pro-Talyaaniga ahaa oo odayaasha reer Qardho ka mid ahaa. Waxay isla garteen in gumaystahaas aan la raalligelin uuna la dagaallamayo ama uu magaalada ka saarayo qofkii u nacamleeya gaalka. Sidii bay ku istaagtay in dadku raalligeliyo gumaystaha Talyaaniga.

Majabe waxa uu ku daray hadalkiisii: maalintii dambe baa Indhacaad oo socda oo dhowr ilaalo ah wata soo aaday magalaada. Askartu hub ma wadato, sababta oo ah Qardho waxay u badnayd Pro-Talyaani. Indhacaad oo halkaas iyo ceelka biyaha maraya ayaa Cabdi Caynab la kulmay oo isla markiiba feer iyo laad kala daalay. Indhacaad waa xanuusaday afkuuna qaylo ku shubtay, isaga oo ku qaylinaaya Il Fouco! Il Fouco! Il Fouco! (War hubeey! War hubeey!) Nasiibwanaag, askartu hub ma wadan wayna ka baqayeen Cabdi Caynab. Sidaas baa keentay in uu magaalada ka baxsado oo uu muddo baaddiyaha ku noolaa, walow uu habeenkii magaalada soo geli jiray marka uu rabo. Rag badan baa la shaqaynayey Cabdi Caynab oo caawinaayay, sida Muuse Afgub oo kale oo saaxiib ay ahaayeen. Runtii, sheekadaan waan ku farxay in Aabbe lahaa taariikh qurux leh. Ma hubo in aan ayada oo kale u sheegi doono wiilkayga.

Khaliif Shiikh Maxamud oo ahaa gabayaa caan ahaa, gabaygiisi Magalooti ayuu beydadka 4-6aad ku soo qaatay Cabdi Caynab, ka horna waqtigii Wood Khasaaro, Khaliif waxa uu ka mid ahaa horseedka Xisbiga Libaax ka gabyi jiray.

Khaliif Shiikh gabaygiisii Magalooti ee uu ka soo tiriyey Kulmis, asaga oo Soomaalida kicinayay, waxaa ku jira baydkaan:

Wiilkii majaruhuu qabsado loogu mari waayey
Wiilkii mar soo-baxa sidiis looga kala maagey
Ma illowday Ina Caynabkii marada loo qooyey? (lagu dilay xabsiga).

CABDI CAYNAB OO XABDSIGA LAGU DILAY!

25kii Feebarwari, 1975, aniga oo Burco arday ka ah baa waxaa i soo gaartay in aabbahay lagu xiray Gaalkacyo, ka dibna si degdeg ah baan ugu safray Galkacyo. Waxaa la igu la dardaarmay in marka aad tago magaaladaa dadka waydiiyo Cali Biixi Xanaf. Sidii baan yeelay oo dadkii baan weydiiyay Cali Biixi xaggee laga helaa? Waa la i waday oo waxaa la ii geeyay hoteelkiisii oo ku yiil bartamaha magaalada, agagaarka Isbitaalka Guud ee Galkacyo. Nasiibwanaag, isaga oo meel bannaanka ah la fadhiya odayaal baa lagu yiri,"Caliyow wiilkaas baa kuu socda oo ku raadinaya." Waa uu ii soo istaagay, salaan ka dibna waxaan u sheegay in aan ahay Ina Cabdi Caynab, magacayguna waa Maxamed. Si ehelnimo ah buu ii soo dhaweeyay. Adeer soo dhawow. Hoteelkiisii buu qol iga dejiyay waana i sooray.

Waxa uu iiga sheekeeyay waxa Aabbe lagu haysto oo loo xiray iyo meesha uu ku xiranyahay oo ah saldhiga Booliska, gaari Landrover ah oo uu watayna waxaa la dhigay meel oo dawladda baa la wareegtay buu ii sheegay. Waxaan weydiiyey, Aabbe maxaa lagu xiray, sideese loo xiray? Aabbe iyo rag kale baa rabay in ay u fakadaan dhanka Itoobiya, balse baabuurkii baa ka xumaaday oo halkaan buu ku soo noqday, si baabuurka loo hagaajiyo. Markii aannu u dhammeynay oo loo hagaajiyayna waa uu baxay. Waxaannu ku war helnay Cabdi Caynab waa la soo qabtay. In kasta oo aan weli walaacsanaa, haddana waan gartay meesha Aabbe laga soo galay. Rabbi talo ku filan.

Subaxdii baan Aabbe ugu booqasho tegay saldhigii Booliska, iyada oo uu i la socdo adeer Cali Biixi. Maalintii oo dhan waan iska la joogay aabbe, Cali Biixina wuu naga tegay. Duhurkii markay tahay, aabbe waxa uu ii sheegay sidaan,"Waxaan rabay in aan Soomaaliya ka baxsado. Waxaannu isla baxsannay niman aannu saaxiibbo nahay, balse baabuurkii baa cilladi naga gashay. Waxa aannu Xamar ka soo baxnay 23/02/1975, goor habeen ah. Waxaa i la socday dhowr nin oo kala ahaa Cusmaan Nuur Cali Qonof, Danjire Goomey iyo saddex nin oo kale oo aanan hadda xasuusan magacyaddooda oo beesha Habargidir ka dhashay. Waxaan soo wadannay Landrover-keennii. Dabcan, waxa loo aadayay Itoobiya waxay ahayd magangelyo siyaasadeed, dabadeedna dawladda Maxamad Siyaad Barre mucaarad lagu noqdo. Habeenkii ay baxsadeen, isla barqadii dambe waxay gaareen soohdinta Soomaaliya iyo Itoobiya ee dhanka Gaalkacyo. Waxaa ku dhacday nasiibdarro ah in gaarigii cilladi gashay, cilladaas oo ahayd in diinamadii u shaqayn waydo. Baabuur aan diinamo u shaqaynayn meel dheer ku ma gaari karo batari. Talo waxay noqotay in Aabbe ku soo noqdo Gaalkacyo oo soo hagaajiyo gaarigii. Waxay ku heshiiyeen in haddii waqtigaas lagu waayo, Cabdi Caynabow, waxaan u qaadanaynaa in aad gacan ku jirtid, wixii kaa dambeeyana ay iska tagaan oo meesha ay ku sugayeen ka lugeeyaan.

Cali Biixi waxa uu ka caawiyay in si dhakhso ah baabuurka loo sameeyo oo isla maalintiiba waa la dhammeeyay cilladii. Isla galabtii, Aabbe waxa uu ka ambabaxay Gaalkacyo oo waxa uu iska dhigay sidii nin Xamar u socda. Saddexda Higlo marka uu marayay ayuu u leexday dhanka xadduudka Itoobiyaa iyo meeshii ay raggii kale ku sugayeen foodda saaray. Xudduudaha oo dhan waxaa ka jira heeggan asaga iyo gaarigiisa ku aaddan, aakhirkiina waxaa soo qabtay ciidankii fadhiyay aaggaas. Isla makhribkiiba waxaa lagu so ceshay Galkacyo waxaana lagu xiray Saldhigga Booliska oo ku yiil waqooyiga magaaladda. Waa meel markaas magaalada geeskeeda waqooyi ahayd, haddase lagu tiriyo bartamaha a magaaladaas.

Sirdoonka Soomaaliya berigaas si fiican buu u shaqaynaayey waana la ogaaday in hebeenkii ay baxsadeen iyo inta qof ee is-raacday. Saaxiib ka ag dhawaa oo jawaasiis ah baa la shaqaynayey NSS-ta, laguna magacaabo Axmed M, asaga oo warkaas bixiyay, ninkan oo hadda ku nool USA, ayaa ahaa ruux aabbe iyo Savoia ka ag dhowaa habeen iyo maalin .

Kooxdii Cusmaan Nuur Cali Qonof waxay ka lugeeyeen meeshii, waxayna galeen Itoobiya. Aakhirkii waxay asaaseen SODAF 1976, taa oo mar dambe u xuubsiibatay SSF 1979, magacaa oo asaguna gadaal ka noqday SSDF 1981.

Intii aan joogay Gaalkacyo, Aabbe mar kasta booqashaan ugu tegayey. Meel barxad ah baa waxaa u yiil joodari, wuxuna ii sheegay in maalintii barxaddaas iska joogo balse habeenkii qol lagu xiro. Murugo wayn baa i qabatay markii aan arkay aabbahay oo maxbuus ah oo xiran. Maxaan u qaban karaa? Ciil iyo caro waynaa! Raashinka quraac, qado iyo casho waxaa u keena dad ehel ah oo degganaa Galkacyo, dhawr beri ka dibna waxaa u timid xaaskii aabbe, eedo Muumino Aw Nuur (Ahn) oo dhaqaalayntiisa u timid. Muddo asbuuc ah markii aan la joogay, Aabbe waxa uu igu amray in aan ku noqdo waxbarashadii oo Burco aado.

Abriil, 1975, ayaa Aabbe loo soo gooyay bilaa maxkamad 10 sano oo xarig hayn ah, sabata oo ah wax dembi ah oo maxkamad lagu geeyo ma jirin oo soohdinta Soomaaliya ka ma bixin marka la qabtay. Isla bishii May waxaa loo soo wareejiyay Xabsiga Dhexe ee Xamar oo aan ku soo booqan jirnay. Aabbe waa uu ku xanuunsaday Xabsiga Dhexe oo beerka ayuu ka jirraday, waxaana loo soo wareejiyay dadaal badan ka dib isbitaalka Martiini, qaybta maxaabbiista, halkaas oo uu ku dhintay 05/11/1975 (Ahn). Sababta geerida waxaan ogaannay in lagu sumeeyay walxo loogu daray dareere uu xididka dhiigga ka qaadan jiray.

Meydkii Aabbe waxaa diiday in aan aasanno dowladda, gaar ahaan NSS-ta, sida aan warka ku helnay. Dadkii ehelka ahaa ee Xamar joogay baa olole fiican sameeyay iyo saraakiil badan oo uu ka mid ahaa Gaashaanle Saciid Jaamac Nuur (Ahn) ka mid noqday saraakiishii inqilaabkii dhicisoobay ee 9 Abriil 1978kii, aakhirkiina waxa shardi looga dhigay (dhanka xukuumadda) in la aaso marxuumka iyada oo aan la baarin sababta dhimashada. Waa midda aannu ku xaqiiqsanay in la dilay Aabbe. Waxaa lagu aasay meel ku dhaw qabrigii Cabdirashiid Cali Sharma'arke ee Xamar, 14/11/1975 oo ahayd maalintii la buddhigay marxuumka.

Sagaal beri ka dib geeridiisii baan Burco ku soo noqday, aniga agoon noqday balse waxkale iga ma maqnayn. Waxaan u fariistay imtixaankii u dambeeyey Dugsigaas Farsamada 07/07/1977, ka dibna waxaan galay Xalane oo saddex bilood oo tababar ciidan lagu qaato waana dhammaystay.

Shaqada Qaranka waxaa la iigu qoray Burco, Gobolka Togdheer, balse waan ka bedeshay oo waxaan maalin si qallafsan ugu galay xafiiska Saleebaan Maxamuud Aadan (Saleebaan Gaal) oo markaas ahaa Agaasismaha Guud ee Wasaaradda Waxbarasha Soomaaliya, haddana ah Guddoomiyaha Aqalka Guurtida ee Somaliland. Waxaan ka codsaday in Burco la iga beddelo oo Qardho la igu qoro. Hal su'aal buu i waydiiyay Saleebaan oo ahayd, "Maxaad ku diidaysaa in aad Burco tagto oo u rabtaa in aad tagto Qardho? Waxaan ugu jawaabay, "Qardho waa meeshii aan ku dhashay oo waxaan rabaa in aan dadkayga soo barto kana soo shaqeeyo. Waxaan ugu daray in Burco aan ku noolaa saddex sano oo aan xiisaynayo Qardho." Inta uu warqad ii qoray ayuu igu yiri u la tag warqaddaas xafiiska beddelka macallimiinta shaqada qaranka, haddii uu kuu diiddana igu soo noqo. Aad baan ugu mahadceliyay, markii aan sii baxayayna waxa uu iga soo daba tuuray weedh ilaa maanta aan xasuusanahay oo ahayd: "Adeer, orodoo soo baro oo u tag tolkaa." Hadalkaasu marka uu dhagahayga ku dhacay baa dib u soo jalleecay, aniga oo dhoollacaddaynaya. Mahadsanid adeer baan ugu warceliyay, waxaana la igu qoray Qardho, magaalo aan hore ugu soo barbaaray xiiso fiicanna u qabay. Sanad aad u xiisa badan buu ahaa, macallin waxaan ka noqday dugsiga dhexe ee Qardho, waxaana kawada shaqaynaynay isla dugsigaas shaqao qaran ahaan :

Dr. Yusuf Axmad Cali .
Cabdinuur M Ali (Korsaariye Gaab).
Cabdushakuur X cismaan (baqayt)
Maxamuud Maxamed Adan (Ahn)

Shaqadii qaranka ka dib, Sibteembar 1978 waxaan bilaabay Kulliyaddii Macallimiinta ee farsamada ee loo yiqiin Polytechnico ee Xamar ku tiil. Sannadkii kowaad waan dhammeeyay waxayna ii ahayd sannad aad iigu fiicnaa dhan kasta. Xamar baan dhex mushaaxayey oo dhan kasta Xamar waxay ahayd meel noloshu ku maacanayd.

QAYBTA SADDEXAAD

ANIGA IYO XABSIGII NSS-TA

Waxaan ahaa arday dhigta kulliyaddii macallimiinta ee Farsamada Gacanta ee loo yaqiin Polytechnico. Waxay ahayd maalin Talaado ah oo bishu ahayd 29/01/1980. Sannadkii labaad ee waxbarashadaydii kulliyadda ayaa ii socday oo bisha Agoosto ama Sibteembar ayay ahayd qalinjebintu. Waxaan ku jiray xisad Thermodynamics ah, oo uu ku jiray macallin Eng: Axmed Maxamed Kaahiye (Bikolo) oo hadda ku nool Edmenton Green, London, ka dibna Hormuudkii (Dean-kii) ama madaxii kulliyadda oo ahaa Eng. Afey ayaa albaabka soo qaraacay. Dhammaan ardaydii waxay eegeen dhankii sharqanta albaabka. Markii uu salaamay macallinkii xisadda ku jiray, waxa uu la so baxay warqad wuxuuna yiri: aaway Maxamed Cabdi Caynab? Waxay ahayd dareen la'aan bilowgii, laakiin anigaa la yaabay oo is-iri muxuu iga rabaa Afey maanta? Waxaan ka yaabay Dean-ka i raadinaya! Waxyaalo badan ayaa maskaxdayda ku soo dhacay balse aniga oo aan wax welwel ah qabin ayaan ku iri "waa aniga."

Waxa uu yiri, "Soo bax", wuxuuna ku daray, "soo qaado buugaggaaga." Waxaan is-weydiiyay sababta uu ii yiri: buugaggaaga soo qaado! Wax dareen ah igu ma jiro markaas. Nin faraxsan ayaan iska ahaa. Waan ka soo baxay fasalkii aan ku jiray. Waxaa iga horreeya oo aan daba socdaa Eng. Afey. Markii aan ku soo dhowaannay xafiiskii madaxa kulliyadda ayaan arkay ilaa toddoba nin oo hor dhooban xafiiskii madaxa kulliyadda. Markii aan la sinnayn ayuu Afey waxa uu raggii ku yiri: "Waa kan Maxamed Cabdi Caynab." Inta ay i wada fiiriyeen ayuu nin gaaban oo maarriin ah, indho cas, af-guriga waqooyina ku hadlaya igu yiri, "Fuul gaadhigaas!" Isagu waxa uu markaas ii tilmaamay gaari meel dhow yiil oo noociisu ahaa Landrover (Familiare). Markii aan galay, kuraasta dhexe ayay labo nin labada dhinac iga kala fariisteen. Qaar kale waxay fariisteen kuraasta gadaale, midna waxa uu fariistay kursiga hore ee dareewalka dhinaciisa ah. Xaalku caadi ma aha ee maxaa jira ayaa maskaxdayda ka guuxaysa! Sidii aan u soconnay, laga soo dhaqaaqo dugsigii Ex. Industriale, Dekadda la soo hor maro, dariiqa dheer ee hor marayay Jubba, waxa aannu ka dhacnay ilaa iyo Boondheere iyo Godka Jilacow (xabsi). Albaabkii waynaa ee casaanka ahaa baa la furay, gudaha baan u galnay.

La iga ma dejin baabuurkii, waana iska fadhiyay. Waxaa ka degay ninkii gaabnaa ee watay toddobada nin iyo dhawr kale oo NSS-ta ahaa. Raggaas waxaa ka mid ahaa nin la yiraahdo Cabdullaahi Ismaciil Cirro. Waxay galeen qol ka mid ah xafiisyadii meesha ku yiil. Cabbaar dabadeed, Cabdullaahi ayaa ii soo noqday. Waxa uu igu yiri, "Waxaannu doonaynaa in aad na gayso qolkii aad ka degganayd kuliyadda." Waa kulliyaddii farsamada ee xaafadda Kiloomitir 4 (Lambar 4) ay dowladda Kuuriyada Waqooyi ka dhistay (Dugsigii Farsamada Gacanta). Ujeedkoodu waa in ay soo baaraan, si cad bayna iigu sheegeen. Su'aal ayaan ku celiyey, aniga oo leh: "Oo maxaad ka soo baaraysaan?" Si jeesjees ah oo islawayni ku irto ayuu iigu jawaabay. Waxa uu igu yiri: "Adiga ayaa ogaan doonaa haddii aadan hadda garanayn waxaa aan baaraynno!" Cabdullaahi Ismaciil Cirro baa sidaas igu yiri. Aniga xaalku waa i la sahlanyahay oo arrinku waa meeshii laga yiri, "Libaax nin aan aqoon baa lax ka rita."

Machadkii Farsamada ayaannu dib ugu soo laabannay. Qolkii aan ka degganaa ayay baaritaan ugu dhaqaaqeen. Meel kasta oo uu agab yiil iyo xagal kasta oo qolku lahaa ayay faraha la galeen. Howsha toddobadoodiiba waa hayeen oo sidii qof denbiile ah oo denbi-baaristu heshey ayay u dhaqmayeen. Maba mooddid in la dhex joogo xarun waxbarasho! Marka ay xaaladdu caynkaas tahay, anigu fajac iyo amakaag ayaan ku sugnahay! Si la yaab leh ayaan u daawanayay ficilladooda. Wax kasta oo gacantoodu qabato waa ay tuurayeen: buugag, kutubbo, dhar, kabo iyo wixii agab ahaa oo qolka ii yiil. Xataa kitaab Quraan ah oo miiska dushiisa ii saarnaa way tureen! Markaas ayaan inta kitaabkii dhulka ka soo qaaday si hoose u iri, "Inkaari idin ku dhacday!" Hoos u hadalkaygu waxa uu ahaa mid aan sina loo maqli karin. Dabcan, markaas waan dareemay in aan af libaax ku jiro.

In kasta oo qol qur ah uu ahaa meesha ay wax ka baarayeen, misana muddo aan yarayn ayay ku qaadatay, si ay u helaan wax dembi-uyaal ah oo ay igu ciqaabaan. Handadaad iyo cagajugleyn ayay igu hayeen muddadii uu baaritaanku socdey. Laakiin xaqiiqadu waxay ahayd in aan anigu ahaa arday la mid ah boqollaalka arday ee Machadka dhiganayay, nolosheyduna aanay ka duwanayn ardayga caadiga ah ee waxbarashadiisa oo keli ah ku mashquulsan.

Ugu dambayntii, si aan hufnayn ayaa mid askartii ka mid ahaa iigu yiri: "Soo bax waryaa oo ina keen!" Waa aan raacay oo gaarigii ayaan la fuulay. Laakiin markaan waxaa la i saaray baabuur ah Nissan Datsun oo midabkiisu ahaa cagaar khafiif ah (light green), kaas oo uu wadan jiray Cabdullaahi Ismaciil Cirro. Mar kasta xagga dambe labo askari baa labada dhinac iga fadhiya. Maskaxdeyda waxaa ku soo degdegtey su'aasha ah xaggee ayaa laguu wadaa? Ma Godkii Jilacow bay igu celin? Ma garanayo balse markii aan marayno taallada Sayidka bay u leexdeen dhanka Hotel Bulsho oo dhinac mareen waddada u dhexaysa Golaha Shacabka iyo meel dhexe. Waxay socdaanba, waxaa la i geeyay xaruntii dhexe ee Xisbiga Hantiwadaaga Kacaanka Soomaliyeed. Waxaa la ii dhaadhiciyey meel dhulka hoostiisa ah. Waxay ahayd meel ileysku ku yaryahay, laakiin wax walba waa muuqdaan. Dhawr albaab oo biro ah oo rinji madow marsanyahay ayaa ii muuqdey. Saddex dhanka midig ayay iga qabanayeen, saddexna horteyda ayay ka muuqdaan, qaar kalena dhanka bidix ayay igaga aaddanyihiin.

Waan fiigsanahay dhan kastana waa eegayaa. Waxaan la yaabbanahay meesha ay i keeneen waxay tahay! Saddexdii qol ee dhanka midigta iga qabanayay ayaa albaabkii ugu shisheeyay oo gees ah waxaa furay nin askari AK47 haysta oo dhar rayid ah ku lebbisan, kaas oo meesha ilaaliye ka ahaa. Ma hadlayo keliya wuu i fiirinayaa oo kor iyo hoos ayuu ii eegayaa, isaga oo aad mooddo in uu isha igu intixaamayo. Sida uu ii eegayo oo aanan libiqsi lahayn ayaa waxaan is iri ninkani miyuu ku garanayaa! Markii qolkii la furay baa la igu yiri " Gal qolkaan!" Waa hadal cabsigelin ah oo arxan iyo naxariis ka maran. Goortaas ayaan dareemay in la ii hanjabayo oo ay jirto arrin la i la damacsanyahay. Hadalkaas oo ahaa mid cabsi igu abuuray waxa uu ka soo yeeray mid ka mid ah raggii i waday. Aniga waa la i xiray oo talo gacan iigu ma jirto, iyada oo aanan ogeyn cidda i soo xiratay iyo sabab aan u xirnahay ayaa qolkii yaraa la i geliyay. Waxaa markiiba iska daba-dhawaaqay qamqamtii qufullada, kuwaas oo dhegahayga ka sii sharqamayey. Qolkaas yarka ah ayaa la igu xiray. Qolku waa maranyahay oo wax yaalla ma laha, waana sagxad shamiito ah oo malaasan. Waxa uu ku fadhiyaa masaaxo ah qiyaastii 3 x 2 mitir. Ranji cad buu lee yahay qolku. Meel aanan gaari karin darbiga qolka waxaa ka muuqda wax loo malayn karo dariishad balse aan ahayn, aadna u yar oo furan silig shabaq ahna ka dambeeyo. Halkaas ayay hawadu ka soo gashaa qolka.

Cabbaar aniga oo ku jiray qolka ayaa nin ii soo galay. Waa uu i baaray; waxa uu iga qaaday qalimmo aan watay oo jeebka iigu jiray, saacaddiina waa la iga furay wayna qaateen. Saacaddaas oo ahayd nooca Austin loo yiqiin weli way iga maqantahay. Meel gees ah baan salka dhigtay abbaarta 12-kii duhurnimo. Dharkaygii baan gashanahay; surweel, shaar iyo funaanad hoose. Waa ku yare kululaaday, markaas baan iska bixiyay shaarkii oo inta aan duudduubay barkin ka dhigtay. Jeegada ayaan u seexdey, aniga oo is-leh waa xilligii qadada oo iyaga ayaa qado kuu keeni doona. Casarkii baa la gaaray iyada oo aan xataa biyo la i siin. Aniga oo gaajadii igu caddaatay ayaa gabbalkii dhacay. Waxaa ii muuqatay in aan la ii soo socon cid aan u cawdana ayan jirin.

Markii uu xaalku halkaas marayo, goor ay fiidkii tahay ayaa waxaan is-iri: inta aan lagaa kala hoyan bal sheego cabashadaada. Markaas ayaan bilaabay in aan garaaco albaabkii qolka aan ku jiray. Waa aan ogaa in ilaaladu iga fogtahay. Sidaa darteed, si xoog leh ayaan u garaacay albaabka oo xataa lugta ku garaacay. Qof baa meel dheer ka soo qayliyay oo codkiisu waa ii soo dhowaanayay. Waxa uu ku dhawaaqay: "Waryaa, maxaa dhacay oo albaabka u jebinaysaa?" Ninkii ilaalada ahaa, inta uu furay albaabkii ayuu igu yiri: "Maxaad rabtaa oo u jebinaysa albaabka?" Waxaan markaas ugu jawaabay: "War ninyohow meeshan waa la igu soo tuuray waxna ma cunin ilaa maanta. Xitaa biyo la i ma siin, qolkuna waa kululyahay." Jawaabtii uu i siiyey waxay ahayd, "adeer anigu cunno kuu ma hayo ee haddii aad rabto orod oo inta musqusha aaddid biyo ka soo cab." Ninkaasi si naxariis leh ayuu iigu yiri hadalkaas. Musqushu waxay ku tiil qolka dibaddiisa. Dareenkaygu markaa waxa uu aad u la socdaa dhacdooyinka aan la kulmayo iyo dadka matalaya riwaayaddooda.

Waa cishihii oo sii gaabanaya. Qolkii baan ka soo baxay. Meel saddex qolal safanyihiin baan hor maray. Musqushii buu ii tilmaamay. Waan galay oo biyo baan ka soo dhergay. Aad ayaan u oommanaa oo harraad xun ayaa i hayay, maaddaama uu dhidid badan iga baxay. Askarigii musqusha buu hor taaganyahay, qori AK47 oo dabalaab ahna waa uu haystaa. Dareen adag baa markaas i galay in xaalkayu Bariga Dhexe yahay. Waxay ahayd xaalad aad ii cabsi gelisay oo iyada oo kale aanan horey u soo marin. Weligey la ma kulmin wax i dhiba. Waxay ahayd arrin igu culus oo cabsi xooggan xambaarsan sida uu gabbalku iigu dhacay habeenkaas iigu horreeyey ee aan xabsiga u hoyday. Askarigii i la socday qolkii ayuu igu soo celiyey iyada oo caloosha biyo iiga buuxaan baahidiina iga yara-qabowdey. Jirjir ayaan isu legdey aniga oo doonayay in aan seexdo. Laakiin mushkilad hor leh ayaa igu soo baxdey oo waxay ahayd ciidammo kaneeco ah oo igu soo yaacay. Guuxooda iyo qaniinyadooda ayaan ka seexan waayay. Shaarkii oo nasiib wanaag gacma-dheere ahaa oo aan horey isaga siibey ayaan dib ugu gashaday, si aan kaneecada qaar uga nabadgalo. Si kastaba xaaladdu ha ahaatee, habeenkaas hurdo fiican ma seexan oo waxaa u dhexeeyey kulayl iyo huur, marna kaneeco iyo qaniinyo, marna feker iyo welwel. Aroortii markii ay labada aadaan dhacayeen waan soo jeeday. Subaxdii waxaa ii bilaabatay maalintii labaad ee xabsiga.

Goor kaahii waabberigu uu si wanaagsan u soo muuqdey ayaa albaabkii la iga furay oo musqusha la ii kaxeeyey. Sidii xalay oo kale ayaan biyo ka soo dhergey. Quraac ma jirto, calooshu waa haawanaysaa, waxaana u dheer welwel iyo walaac. Waxaan dareemay in xaalku culusyahay, sababta oo ah qof qol lagu so xiray oo xitaa wax cunno ah aan la siinayn. Soomaalidu waa tii ay isa soori jirtay. Sidee ayay wax u jiraan? Ma duul kale baan gacanta u galay? Maxaa jira? Waa su'aalo aan jawaab u waayey.

Isla xaaladdaas baa waxaa iigu dhashay maalintii saddexaad, wax isbeddel ahna ma soo muuqdaan. Duhurkii mar ay ahayd ayaa albaabkii la iga furay. Sidaan wax kale u sugayay, waxaa la iigu dhaqaaqay baaritaan tin iyo cirib ah. Waxaan is-iri, malaha waxay kuu qariyeen bay kaa baarayaan. Markii aan weyddiiyey waxay iga baarayaan aniga oo dhowr maalmood u xirnaa, waxay iigu jawaabbeen: "Aammus! Shaqadaada ma ahan inaad wax na weyddiiso ."

Makhribkii, sidii caadadu ahayd, musqul baa la ii sii daayey. Markii aan soo noqday oo albaabka aan gelayay baa ninkii waardiyaha ahaa oo afguriga Mudug ku hadlaya igu yiri: "Xaalkaaga meel looga hadlayay baan joogay, xaaladdaadu waa khatar." Waxaan ugu jawaabay: "Yaah, maxaad tiri, sabab, maxaan sameeyay, maxaa sidaan la iigu ciqaabayaa? Saddex maalmood oo cunno la'aan ah maxaan ku galabsaday? Waxa uu iigu jawaabay, "Adeer xaalkaagu ma sahlana." Intaas ayuu hadalkii nooga ekaa oo waxaan soo gaarney albaabka qolkii aan ku xirnaa, ka dibna qolkii baan horay u galay oo dusha la igaga xiray. Xilligaas maskaxdeyda waxay soo celcelineysey ereygii ugu dambeeyey oo ilaaliyuhu uu igu yiraahdo, kaas oo ahaa "Adeer xaalkaagu ma sahlana! Adeer xaalkaagu ma sahlana! Adeer xaalkaagu ma sahlana!"

Aniga oo rejadu iga xuntahay ayaan iska fariistay qolka gudihiisii meel xagal ah. Gidaarka qolka marka aan eego, waxay i la noqotaa in aan daawanayo sawirro qurxoon oo ay ka mid yihiin degmooyin cammiran iyo xoolo hortayda daaqaya. Waxaas waa indhasarcaad ay maskaxdu ii sawireyso.

Hadalkii askariga ilaalada ah waxa uu igu abuurey welwel. Oraahdii ahayd "Adeer xaalkaagu ma sahlana" waxay iigu muuqatay mid xiriir la leh saddexda cisho ee gaajada la i baday. Waxaan iska qiyaastay in waxa igu soo socda ee la iga damacsanyahay in uusan lahayn ifafaale wanaagsan. Balse haddana si ayaa kalsooni iigu jirtaa oo in aanan wax dembi ah gelin waa hubaa.

Maalintii saddexaad, abbaarta 09:00 fiidnimo, ayaa albaabkii la iga furay. Dhowr nin ayaa ii yimid. Mid ka mid ah ayaa igu yiri, "Soo bax oo wixii alaabtaada ah soo qaado." Waxba ma wato aan ka ahayn inta aan gashanahay" baan ku iri, waxana aan u raaciyay, "Ha la i siiyo saacaddaydii oo la iga qaaday haddii aad meel kale ii wadaysaan." Jawaab la i ma siin. Saacad la'aan baan kaga tegay Godkii XHKS, waana caddayd in ay iga reebteen.

Katiinad ayaa gacmaha dhab la iiga siiyey, waxaana la igu qaaday baabuurkii Nissan Datsun-ka ahaa ee Cabdullaahi Ismaciil" Cirro" wadan jiray, isagaana shukaanta haya oo wada gaariga baas. Waa la dhaqaaqay.

Waxaannu tagnay Godka Jilacow. La iga ma dejin baabuurkii, Cabdullaahi Ismaciil Cirro iyo nin kale baa aaday dhanka xafiiskii xarunta looga taliyay ee uu fadhiyay Aadan Cirday. Wax yar dabadeed, waxaa la ii waday meel kale oo aakhirkii noqotay xaruntii NSS-ta ee Shibbis. (Hadda waxaa loo yaqaan xarunta Maama Khadiija). Markan dhowr baabuur baa i daba socda oo waxaan noqdey nin la gelbinayo. Ma aha gelbintii qof leh mudnaan iyo maammuus ee waxaa looga gol leeyahay sidii la ii cabsiin lahaa la iina dhibaatayn lahaa.

Waxaa la igeeyay xafiis wayn oo ay ku qorantahay ***Taliyaha Qaybta Baarista NSS ee Jamahuuriyadda Dimuqoraaddiga Soomaaliya.***

Xafiiska Waxaa dhex yiil miis wayn oo ay kuraas badan dhinacyada ku safanyahiin. Waxaa iga yaabiyey raashin nooc kasta waa la sii dhigay miiska. Waana xafiiska uu fariisto: Gaashaanle Sare: Cali Xuseen Diini (Magaca u qoran xukunkii Maxkamada Badbaadada waa Gaashaanle Sare Cabdi Cismaan Diinle). Magaciisa wuu beddelay markii qoraal-xukunkii maxkamaddu soo baxay, waxa uuna iska ilaalinayay in dib loo raaco oo in badan oo ka mid ahaa NSS-ta dhammaan magacyo been ah baa loogu qoray qoraalkii xukunka. Sida u caadada ah cid walba oo jawaasiis ah, dadkii u shaqaynayay hay'adda NSS-ta waxay ahaayeen kuwo is-dabamarin badan oo miriqshaaleyn iyo hufnaan la'aan ayay kula dhaqmayeen bulshada ay ahayd in ay sugaan nabaddooda. Xilligaas la ixirayo saraakiishii u shaqaynayay waxaa ugu sarreeyey Jeneraal Maxamed Jibriil Muuse oo aan goor dambe ogaadey in dad badan oo Soomaaliyeed ay sannadkii 1972 dalka dartiis uga dhoofeen ama uga baxsadeen. Sababta ay u baxsadeen waxay ahayd iyaga oo sabab la'aan inta la xiray dembi been ah maxkamad lagu saaray. Dembigaas waxay ku sheegeen in ay dil u maleegayeen hoggaamiyaha afgembiga (Maxamad Siyaad Barre). Markii lagu waayay dembigii, waxay khasabtay in ay dalka ka baxsadeen si aan mar kale loo xirin. Xilligaas ay hay'addu cusbeyd, Jeneraal Maxamed Jibriil waxa uu ahaa ku-xigeenka taliyaha hay'adda. Raggaas dalka ka baxsadey waxaa ka mid ahaa nin la yiraahdo Cismaan Xaaji Nuur oo hadda ku nool dalka Kanada iyo nin dhintey oo la oran jiray Cali Xaaji Yuusuf Maxamuud oo ku magac dheeraa (Cali-Islaan) iyo rag kale oo aanan helin magacyadooda. Waxaa markaas Taliyaha guud ka ahaa Jeneraal Axmed Saleebaan Cabdalla (Dafle).

Hay'adda NSS-ta waxaa la dhisey sannadkii 1970. Qaabka loo dhisay waxay ahayd qaabka ay u dhisneyd hey'addii sirdoonka ee Midowga Soofyeeti (KGB). Saraakiisha sare ee hay'adda u madaxda ahaa waxay ahaayeen kuwo aad ugu dhowaa madaxda sare ee kacaanka. Xarumaha dulmiga oo ay dadka ku bahdilaan waxaa ka mid ahaa Godka Jilacow ee Banaadir, Godka Xisbiga Hantiwadaaga Kacaanka Soomaliyeed, xaruntii NSS-ta ee Shibbis ama Mama Khadiija, iyo Xabsiga Dhexe oo dhammaan Muqdisho ku yiil. Waxaa kale oo jiray xabsiga Laanta Buur oo magaalada Afgooye iyo Marka u dhaxeeya, Xabsiga Mandheera oo degmada Burco dibaddeeda ku yiil, iyo Xabsiga Labaatan-Jirow oo degmada Xuddur baaddiyaheeda ku yiil. Intaas oo meelood baa dadka loo arko "kacaandiidka" loo samaystay in lagu ciqaabo ama lagu xiro.

Meelaha qaar maxaabbiistu dad ma arki karin oo waxay ku noolaayeen kadeed siyaado ah.

Haddii aan dib ugu laabto sheekadii xarunta NSS-ta: raashinkii quruxda badnaa baan indhaha ka qaadi waayay. Nin saddex cisho qatanaa ayaan ahay oo u hamuun qaba wax jidiinka la mariyo. Mar kasta oo aan raashinka eego hunguri mareenkeygu waxa uu soo tufayaa gaas afkana dhareer baa buuxinaya aan isku celinayo.

Madaxda ciidanka NSS-ta Xamar ee xafiiskaan fadhiya caawa waxaa ka mid ahaa taliyihii qaybta Gobolka Banaadir, Gaashaanle Sare Aadan Jaamac Cumar (Cirday), Gaashaanle sare Cali Xuseen Diini ,ku-xigeenkii Aadan Cirday oo isagana la oran jiray Gaashaanle Sare Shariif Zeyn(ama Barawaanka sida loo yaqiin). Saraakiisha NSSta ee u xilsaarnaa ee Soomaalida dhibi jiray(ama kooxda jirdilka) waxaa ka mid ahaa:Qaasim Yuusuf Cali (Calooley), Abuukar Qoorey, Cabdullaahi Ismaciil Cirro, Yuusuf Cige, Axmed Daqarre, Axmed Cali Cabdi, Nuur Daalac, Axmed Timajilic, Maxamed Cabdi, Dhuxulow iyo kuwo kale oo badan oo aan hilmaamay magacooda .

Dhammaantood indho arxandarro leh ayay igu hayeen, iyaga oo aad mooddo in ay ku raaxaysanayaan diifta iyo gaajada iga muuqata.

Hadalkii waxaa qaatay Qaasim Calooley. Waxa uu ahaa nin dheer oo xooggan, aad u madaw badan, buuran oo calool wayn leh, tima jilicsan, indhuhu casaan yihiin oo u muuqda dadka ay Soomaalidu yiraahdaan ma-naxayaal. Waxa uu hadalkiisii ku bilaabay sidan:

"Maxamed i maqal," inta uu gacanta ku tilmaamay ayuu hadalkii raacshay, "raashinkaas adigaa iska leh, waadna ka dhargeysaa, waa haddii su'aalaha aan ku weydiinayno aad si wanaagsan uga jawaabto."I weydii su'aalaha baan ku iri". Dabadeed su'aalihii ayuu bilaabay.

Qaasim Calooley,"Habeenkii 28 Janawari 1980 Jimce oo Sabti soo gelaysay maxaad qabatay"? Xagee ku sugnayd?

Aniga: Habeenkaas Sabtidu soo gelaysay aniga iyo ardey kale waxaannu isu diyaarineyney imtixaan xisaab ah (Calculas). Macallimaddii Ruushka ahayd oo lagu naaneysi jirey Cambaro ayaa noo dhigi jirtey maaddadaa. Imtixaankaas waxa uu ahaa qaybta integral, differential iyo analytical geometry. Ardeydii aannu isla baranaynay waxay ahaayeen Cabdullaahi Cabdulle iyo Maxamed Cabdi Miriq (Ahn). Iyaga habeenkii oo dhan ilaa kowdii ayaannu wada joogney, annaga oo isu diyaarinaynay imtixaanka.

Qaasim Calooley: Fiidkii hore maxaad qabatay?

Aniga: Waxaan aaday magaalada abbaarihii 5tii galabnimo, waxaana aan iska soo warwareegay xaggaas iyo Dabka oo waxaan ku soo caweeyey qaxwahii Eeddo Qarshi Miina-Daar oo dhallinta jaamacadda reer Barigu badanaa ku caweeyaan. Dabadeed waxaan ka soo casheeyay maqaayadaha muufada, ka dibna waxaan galay shineemada Equatore. Markii aan filimkii dhamaystayna waxaan aaday meeshaan seexanayay oo waxaan diyaarinayay imtixaankii xisaabta ee aan kuu sheegay.

Qaasim Calooley: Filimkii aad daawatay manoo sheegi kartaa waxaa uu ahaa, magaciisa, atoorihii filimka iwm?

Aniga: Filimka magaciisu waxa uu ahaa Papillon ama balanbaallis, atooruhu wuxuu ahaa Steve McQueen, xabadka waxaa kaga sawirnaa Balanbaallis. Sidaas baana filimka magacaas loo siiyay. Filimku waxa uu ku saabsanaa nin Fransiis ah oo qabay aragtida shuuciyadda oo loo maleegay dil uusan gelin, ka dibna waxaa lagu xirayaa xabsi adag oo ku yaal jasiirada French Guyana . Waxaa halkaas loogu geysanayaa jirdil, rafaad, ilaa la gaarsiiyo in uu baranbaro cuno . (Waxa aad akhrin doontaa anigoo baranbaro ku la noolaaday Xarunta G.Banaadir ee NSSta Xamar). Dabadeed waxaan hadalkii u raacshay: Filimku waxa uu ka hadlayay qof la dulmiyay, sida aad ii dulminaysaan oo saddex beri raashin la'aan igu haysaan, haddana aad igu walacsanaysaan cunto, idinka oo og gaajadda i haysa. Waa yaab e maxaa isku beegay ninkaas la dulmiyey iyo aniga oo markii aan daawaday dulmi igu bilowday? Waa xigmaddii Ugaas Wiilwaal ee ahayd "Saca Naasa Adag iyo weedha maxaa kulmiyey?"

Sarkaal la yiraahdo Cali Xuseen Diini oo ah madaxa Baarista NSS-ta ee Soomaaliya ayaa markaas hadalkii qaatay. Isaga oo i cabsigelinaya ayuu hadal handadaad ka muuqdo waxa uu igu yiri, "Runta waannu ognahay, waxa aad sheegayso waxba ka ma jiraan. Haddii aad run sheegto waannu ku caawinaynaa."

Waxaa ku jawaabay, "Runtu waa inta aan idiin sheegay, run kale ma jirto. Soo baara idinkaa dowladdii ah oo xitaa u taga makhaayaddii aan ka casheeyay, sababtoo ah odayga lahaa (Ahn) ardayda dayn buu siin jiray, habeenkaasna wuu igu qoray ee orda soo arka in buugga deynta uu magacaygu ku jiro iyo in kale."

Markii ay arrintu halkaas marayso, Qaasim Calooley ayaa hadalkii ku soo laabtay. Isagu markaan waxa uu i wareysanayaa dad uu magacyadooda wato, kuwaas oo uu doonayo in uu ogaado in aan is-naqaan iyo in kale. Waxa uu iga codsaday in aan u kala sheego kuwa aan garanayo iyo kuwa aanan garanayn. Waa aan ku khasbanaa in aan oggolaado.

Qaasim Calooley: Ma taqaan Axmed Cabdi Dhicisow (Ahn)?
Aniga: Ma aqaan.

Qaasim Calooley: Axmadey Xasan Shuuriye (Ahn) ma taqaan?
Aniga: Ma aqaan.

Qaasim Calooley: Ma taqaana: Axmed Qasaali?
Aniga: Ma aqaan.

Qaasim Calooley: Ma taqaan: Maxamed Warsame Cilmi?
Aniga: Haa wa aqaan, ilaa dugsiga sare ee farsamada Burco waan is-naqiin.

Qaasim Calooley: Cabdulqaadir, Ina Caarre, ma taqaan?
Aniga: Ma aqaan.

Qaasim Calooley: Faarax Goobbe ma taqaan?
Aniga: Ma aqaan.

Qaasim Calooley: Ma taqaan Cabdirashiid Shire Bile?
Aniga: Ma aqaan.

Qaasim Calooley: Ma taqaan Saciid Faarax Gaalooti?
Aniga: Ma aqaan.

Dhamaan su'aalihii kale oo badnaa waxay ku koomeen hebel ma taqaanna iyo ma aqaan. Waxaa ka mid ahaa su'aalaha uu i weydiiyey kuwo la xiriirey dhaqdhaqaaq mucaarad hubeysan ahaa oo la yiraahdo SSDF ama Kulmis. Waa arrin aanan weligey daqiiqadna ku fekerin in aan taageero waxa uu i weydiinayo. Jawaabihii wax kasta waxaan ku soo koobay maya, maya, maya iyo ma aqaan. Dhab ayayna iga ahayd oo waxa ay i weydiinayaan waxba ka ma aqoon.

Dood ayaa aniga iyo raggii nagu dhex martay goobtaas. Hadalkii waxaa qaatay Cabdullaahi Ismaciil Cirro. Isaga oo hadalka kor u qaadaya xanaaqna ka muuqdo ayuu waxa uu igu yiri: "Waaryee, runta waannu ognahay, waxa aad ka mid tahay dadkii daadinayay waraaqaha kacaandiidka ah. Waannu la soconnaa in aad howshaas wadday tan iyo 1977- 1979-kii. Waa wax kuu roon ee runta sheeg!"

Inta aan fiiriyay baan ku iri, "Wax jira ma ahan in aan waraaqo daadiyay, weligayna ma maqal waraaqo ayaa la daadiyaa. Teeda kale, 77-kii Xamar maba joogin oo marna Burco baan arday ka ahaa marna Xalane baan ku jiray, marna magaalada Qardho ayaan shaqo qaran ka hayay. Marka waad khaldantahay waadna iga gardarantahay."

Markii uu arkay in warkiisii aan beeniyay, inta si jeesjees ku jiro u qoslay ayuu i soo eegay oo igu yiri, "Adiga iyo aabbahaaba kacaandiid sow ma aydaan ahayn?" Waan u jawaabay oo waxaan ku iri, "Sidaasi waa sida aad adigu jeceshay ama aad aamminsantahay ama lagaa dhaadhiciyay. Allah ha u naxariisto aabbahay, kolba gacan ka xaq daran buu ku baxay, Ilaahay hortiis ayuuna u aayayaa. Balse adigu ma waxa aad igu soo xiraty aabbihiis baa kacaandiid ahaa?. Adiguse ma kacaan baad tahay? Mise dan kale baa kuugu jirta in aad been igu eedayso?"

Markii ay sheekadu halkaas noo marayso ayuu Aadan Cirday (Ahn) soo booday oo indhihiisuu waawayna inta uu caddeeyay buu igu yiri, "Haddii aad sida aannu rabno noogu jawaabto, ogow dembiga waa ka khafiifinaynaa oo markhaati baannu kaa dhigaynaa. Haddii kale waad ka shallaynaysaa, runtana waad sheegin adiga oo maanta sidaa tahay ka il xun."

Isla-hadal keligay ah iyo welwel baa igu soo kordhay. Waxaa ii caddaatay sababta la igu haysto iyo ragga i haysta. Si degdeg badan ayaan maskaxda iska la hadlay. Waxaan aamminay in Ilaah iga badbaadinayo dulmiga iyo mixnadda ay i la doonayaan. Sidaa darteed, go'aan ayaan qaatay in aan Ilaah aan magangalo runtana aan u sheego. Markaas, aniga oo caro iga muuqato ayaan ku dhawaaqay, "Waxa aad sheegaysaan oo dhan waa been aanay waxba ka jirin. Anigu run baan idiin sheegay!"

Qaar ka mid ah saraakiishii ayaa hadalkeygii ku qosley. Mid ka mid ah ayaa markaas yiri, "Isagaa runta i noo sheegaya." Iyagu waxay markaas jilayeen riwaayad la igu cabsi gelinayo. Laakiin, run ahaantii, aniga waa ay cabsi gelisey oo waxaan ka qaaday anfariir. Waxaan la yaabay saraakiil dawladeed oo anshaxoodu sidaas yahay. Arrintaasi waxay ahayd mid aanan horey u la kulmin, isla markaasna aanan ka fileyn masuuliyiin magac iyo maamuus ku leh bulshada dhexdeeda in ay xafiisyada dawladda dhaqankaas la dhex fadhiyaan. Waxaan is-weydiiyey, miyeynan ahayn nimankan kuwo aqoon leh oo garanaya xilka ay u hayaan bulshada? Miyeynan jirin saraakiil ka sarreeya oo la xisaabtama, NSS-ta shaqadeedu ma caynkan-baa!

Waxa aan goobtaas kala kulmey ihaano iyo foolxumo badan oo aanan weligey fileyn in ciidammada dalku ay caynkaas u shaqeeyaan. Waxaan ku qiyaasi karaa jilayaashii filimadii lo'leyda Mareykanka (American Cowboys), kuwaas oo marka ay soo qabtaan qof ay ka adkaadeen inta meel barxad ah dhigaan ay kuwooda ugu axmaqsan ku bahdilaan intooda kalena ay ku qoslaan. Aniga oo ahaa markii ay i soo qabanayeen arday fasalkii aan wax ku baranayayna fadhiyay, wax dembi ah oo la igu sheeganayana uusan jirin, in ay caynkaas ii la dhaqmaan waxay igu noqotey filan-waa. Habdhaqankaasi dib ayuu ii xusuusisey gocasho la xiriirta aabbahay iyo sababtii uu u dhintey ama loo dilay.

Waxaa maalintaas aan goobtii ku qaatay cashar ka duwan casharradii Machadka aan ku dhiganayay. Cashar ku saabsan xeerarka Soomaaliya lagu maamulo, kaas oo ayan waxba ka ogeyn in badan oo dhallinyarada da'deyda ahayd ee xilligaas hiigsanayay mustaqbal aayatiin wacan. Marna ma aanan illaawin aniga oo wiil yar ah kuna jira xaaladdaas adag, misana aan ahaa saddex-qad, in Qaasim Calooley uu tago miiskii cunnada oo waslad hilib ah soo qaato oo markii uu afka ka buuxsadey ku tiraabay, "Haa, isaga keliyaa runta sheegaya." Dabadeed qosol ayuu raacshey. Qaasim Calooley waxa uu ahaa nin aad moodeyso in uu ka arradanyahay dhaqankii hufnaa ee Soomaalidu ay raashinka ku cuni jireen, sida in aan qof gaajeysan hortiisa lagu cunteyn, in aan afka la gelin raashin ka badan inta uu qaado, in aan la hadlin iyada oo afku kuu buuxo. Isagu mar kasta oo uu hilib afka ka buuxsado waxa uu bilaabaa in uu igu qeyliyo ama uu igu yiraahdo hadal jeesjees ah.

Riwaayaddaas dhaqan xumada ah Qaasim Calooley waxaa la wadaagey askari kale oo la yiraado Nuur Daalacay. Waxa uu ahaa nin dheer oo cas oo garbo-rog wayn leh, bidaar wayn leh oo caato ah, gobalka Awdal ayuuna u dhashay. Dhoollatuskiisu waxa uu ahaa mid lagu xoojinayay ficillada uu Qaasim Calooley igu bahdilayay. Nuur Daalacay inta uu bariis iyo hilib soo qaato ayuu inta uusan afka gashan waxa uu yiraahdaa, "Huunno muxuu ka yidhi? Anigaa runta sheegaya maahoo huuno? Huunno sidaas buu yidhi?" iwm

Dhaqankan ah in qofka lagu ciqaabo isaga oo baahan in la hor keeno raashin waa arrin xanuun badan oo aanan garan meesha ay ka soo minguursheen. Waxaase jirta sheeko carruureed Iiraan ka soo jeedda. Waxaa lagu sheegay in suldaan ka mid ahaa boqorradii ka talin jirey Beershiya ciqaabta ugu xun ee uu dadka ku ciqaabo ahayd sidaan la igu sameeyey oo kale. Sheekooyinkaas Iiraaniga ah waxaa la yiraahdaa, "Indhaha ka buuxso cuntadaan badan laakiin dhadhamo ma jirto." Qasrigiisa ayaa maxbuuska la keeni jirey markii la qadaynayo, maxbuuskuna isaga oo ay gaajadii ku sii badatay ayaa lagu ceshaa xabsiga. Aadami kuu awood sheegtey, kaa itaal roon, arxanna aan kuu hayn waxa uu ka mid yahay kuwa uu Nebigeennii Maxamed ahaa (Naxariista iyo nabadgelyada eebbe dushiisa ha ahaatee) Ilaah ka magangalay.

Marka ay ciqaabta intaas le'eg igu dhacayso, saraakiishii goobta joogay dhammaantood waa ay i daawanayeen, waana ay u hoorinayeen hadallada Qaasim Calooley iyo Nuur Daalacay. Kuwa iyagu madaxda ahaa, Cali Xuseen Diini iyo Aadan Cirday, way iska aammusnaayeen. Dhankooda ayay riwaayadda ka daawanayeen waxna ku ma ayan darsan howsha hortooda lagu hayo, laakiin waxaa muuqatay in ay raalli ka ahaayeen. Anigu waxaan ahaa dhibbanaha qur ah ee qolka ku sugan ee nafsad ahaan iyo jir aahbaanba loo xanuujinayay. Waxay ahayd inta ayan i ciqaabin in ay hubsadaan sababta ay ii ciqaabayaan. Waxaan aamminsanahay in ay horteyna jireen dabadayna jireen dad i la mid ah oo dulmigaas loo geystey, ayaga oo aan waxba galabsan.

Markii ay u muuqatay in ay ii dhammaatay ciqaabtii nafsadeed ee maalintaas ay igu xukumeen, ugu danbayntii waxaa hadlay Cali Xuseen Diini oo ka mid ahaa saraakiishii sare ee NSS-ta. Cali Xuseen Diini waxa uu markaas yiri, "Si fiican baad howsha u waddaan ee naga wada shakhsigaan, isagoo farta igu soo taagaya!"
Gacanta ayaa la i qabtay aniga oo tamar intii igu hartay ay igaga baxdey raashinkii inta la i tusiyay misana la iga hor joogsaday. Aniga oo xanniban ayaa nin raggii ka mid ah inta soo joogso i yiri gacanta i qabtay oo albaabkii xafiiska iga la baxay. Dhowr raggii ka mid ahna waa ay na soo raaceen. Markii aan dibadda u soo baxnay oo aannu in yar soconnay, bidix baan u leexannay, haddana irrid kale baannu ka baxnay. Waxaa nagu soo baxay barxad yar, hortayadana waxaa ka muuqday labo albaab, meel gees ahna albaab kale. Dhanka midigta waxaa ka muuqday albaab wayn oo baabuurtu soo geli karto oo leh rinji cagaar ah. Albaabku waa labo fidqo oo dhexda ku leh albaad yar oo dadku ka soo galaan kana baxaan. Labadii albaab ee hortayda ka muuqday kii dhanka midigta xigay baa la furay. Irriddu waxay lahayd xatabad saddex tallaabo ah. Qolkii baannu wada galnay, ka dibna raggii i waday way iga tageen, keligay iyo qol kale oo cidla ah ayaa ii bilaabatay.

Qolkan cusub waxaa iigu bilaabatay saddex cisho iyo saddex habeen oo hor leh oo aan keligey cidla' yuururayo. Maalintaas ugu horreysey gaajo iyo hurdo xumi ayaan la il darnaa. Markii la iga tegey salkaan dhulka dhigtay, labada ruugna garkaan ku qabsaday. Ka dib, markii ay ii caaddaatay xaalku sida uu yahay, feker ayaa igu bilowday. Meel aan talo u dhaqaajiyo ma aqaan, wax aan sameeyana ma garanayo, balse dareen xoog leh baa igu abuurmay, iyada oo dareenka ay cabsidu weheliso uu iigu darnaa. Waxaan ka baqayo ma garanayo, balse baqdin wayn baa i soo gashay. Qolkii igu dhegganaa baa qof gidaarka qaraacay. Waxaan gartay in qolka dhinacayga ah uu qof ku jiro. Waa u jawaabay oo aniguna waa qaraacay gidaarkii. Aniga iyo qofkaasi waxaanu nahay laba dhibbane oo naf ka raadinaya in mid walba uu dhibaatadiisa u sheegto midka kale. Laakiin jugta dhawaaqa gidaarka wax ka badan isma dhaafsan karno.

Isla habeenkaas, nus saac goortaan qolkeygii fadhiyay, abbaaraha 10:30-kii fiidnimo goor aan ku qiyaasay (saacaddii waa tii la iiga reebtay godkii XHKS) ayaa albaabkii la soo furay. Waxaa soo galay ilaa shan qof oo wejigu u qarsoonyahay. Labada indhood ayaa muuqda oo keliya. Waxaa igu soo dhacay ma tuugadii filimmada ee bangiyada dhici jiray baa? Mid ka mid ah shantooda baa gacanta waxa uu ku watay katiinad cad. Waa u jeedaa, mar waxaan eegayaa dadkaan marna katiinnadda. Ereygii ugu horreeyey oo ay iyiraadaan waxa uu ahaa, "Waryaa istaag!" Waan istaagay, ka dibna katiinaddii bay labada gacmood igaga xireen oo igu adkeeyeen, indhahana maro ayey iiga xireen. Gacantaa la i qabtay, iyaga oo i hagaya, sidii qof indhaha la'. In badan maba aannaan socon e gaari baa la soo hor istaajiyay qolkii aan ku jiray. Gaarigii baa gadaal la iga saaray oo sagxadda ayaa salka la ii dhigay. Waxaan dareemayay in labada dhinac ay fadhiyaan askar fara badan. Ma arko balse waxaan dareemayay hugunkooda. Qof ka mid ah oo hadlaya ma jirin. Dhammaan waa aammusanyihiin. Horayna dad baa fuulay oo waxaan maqlayaa albaabbadii gaariga oo la xirayo. Waxaan maqlayay matoorkii gaariga oo la shiday, aniga oo aan ogayn meel la ii wato. Markii uu gaarigii dhaqaaqay waxaan dareemay in albaabkii waynaa ee cagaarka ahaa la furayo. Waa la i wataa balse xaggee la ii wadaa? waanu soconaa , soconaa !

Waa col igu miranaya goor habeen ah. Socodkii iyo ruxankii baabuurka ayaa waxa uu sababay in maradii indhaha iiga xirnayd dhanka isha bidixda ay hoos u yare dhacdo. Araggaas yar waxa uu ii ahaa wax weyn oo waxaa ii muuqday in sartii Dabka aan hor marayno iyo dariiqii Maka Al-Mukarrama. Waxaa si diiq ah iigu muuqdey dadkii dhoobnaan jiray waddooyinka dhinacyadooda in ay sidii u dhoobanyihiin oo ay nolol caadi ah ku jiraan balse anigu aan ku jiro wakhti aan caadi ahayn. Ishii ii furantay baan wax ku arkaa oo meesha la maraayo waa u jeeda, walow isha kale iga xirantahay, waana aan soconnaa, meelaha la marayana waa garanaaya , balse meel loo socdo ma garanayo. Cabdullaahi Ismaciil Cirro baa iiga muuqday kursiga hore ee gaariga.

Goortii aan shaneemada Equatore maraynay waxaa igu soo dhacdey xasuusta goobihii aan sida xorta ah ku mari jiray aniga iyo ardeydii aannu asxaabta ahayn, dhallinyaradii aannu xaafadda wada degganayn iyo eheladii aannu isku faca ahayn. Goobihii aan aniga oo xor ah ku caweyn jirnay, ku fiidsan jirany, ku ballami jirnay ayaan caawa marayaa iyada oo aan gacan cadow ku jiro; iyada oo aan hubo in qaar ka mid ah asxaabtii iyo eheladii ay fadhiyaan meelahaas lagu caweeyo. Laakiin, nasiibdarro waxaa ah in aanay ogeyn in gaarigan hortooda maraya gudihiisa uu dhex-fadhiyo Maxamed Cabdi Caynab oo dulman, isla markaasna ka xiran addimmada iyo indhaha. Iyagu(shicibka dhobanhalkaan) ma ay ogsoona in aan ku jiro gacanta rag nacab ah oo ii geysanaya hagardaamo, jirdil, gaajo iyo silic-dilyeyn.

Aragtidii jidka Maka Al-Mukarrama waxay ii keentay murugo iyo dareen, maaddaama aan hiigsanayey mustaqbal iyo dhulkayga oo aan aad u jeclaa, meeshaasna ay ahayd meelihii aan ku cawayn jiray. Qof keli ah oo ka mid ah waalidkay, asxaabtaydii iyo ehelkaygii kale oo i ogaa ma jirin habeenkaas afduubka la igu kexeysanayo. Barta yarayd ee aragga iiga furan waxay i siisey fursad ah in aan la socdo socodka gaariga iyo meesha uu marayo. Shaneemadii Equatore baa la dhaafay oo dariiqii garoonka diyaaradaha baa lagu leexdey. Garoonka qudhiisii waa la dhaafay oo irriddii Xalane baa la hor maray. Goor cabbaar markii la dhaafay ayaa laamigii laga degay oo bacaad iyo boholo yar yar la dhex maray. In yar ka dib waxaan dareemay mowjado iyo neecawdii badda. Ugu dambayn, waa la istaajiyay gaarigii, matoorkiina waa la damiyay. Askartii gaariga saarneyd waa ay degeen. Dabadeed aniga ayay gaarigii iga soo dejiyeen. Waa la i hagayaa oo sidii qof indha la' baa la ii wadaa balse wax kasta waan u yara jeedaa. Gudcur ma ahayn oo dayax ifaya ayaa jiray.

JIRDILKII NSS-TA

Waa la i istaajiyay oo waraysi gaaban ayay i la yeesheen. Waxaan taagnahay meel xeeb ah oo horay iyo dhinacyada ayay iga taaganyihiin askartii. Dhammaan wejigu waa u qarsoonyahay. Mid ka mid ah ayaa i la hadlaya. "Waryaa waa fursaddii kuugu dambaysay, dhibkaaga ma rabno, in lagu dilo ma rabno. Wixii aan kuu sheegno noo qiro oo noo saxiix, dembigana waan kaa khafiifinaynaa ama markhaati baan kaa dhigaynaa." Aniga oo aan leexleexin hadalka ayaa waxaan ugu jawaabay: Waxa aad i weyddiinaysid waxba ka ma ogi. Warqado ma daadin mana aan ka warqabo ciddii daadisay.

Askarigii wejiga dahsoonaa: Iska qiro oo wixii aan kuu sheegno waa run iska dheh oo saxiix. Hana isku dhibin nolosha.

Aniga: Wax aanan falin oran maayo waan falay. Yeeli maayo mana aan qiranaayo, xataa haddii aad nafta iga qaadaysaan.

Waxaa la i fariisiyay meel bataax xeebeed ah. Waa meesha marka baddu soo caarido ay dib uga laabato. Ciidankii i waday xarig bay soo qaateen, aniga oo fadhiya ayay xariggii surka inta iga soo mariyeen labada canqaw ku soo xireen. Garbahaygii waxay ku soo xirmeen garka dhankiisii. Xariggii ayay si xoog ah isu dhaafiyeen. Gebigey intay isku soo kay ururiyeen ayaa waxaan noqday sidii giraangir wareegsan oo kale. Duudka ayaan u dhacay, markaas ayay madaxii gadaal ii jebiyeen. Intaas markii aan marayo, labaadii lugood oo soo laaban, qoortana ku xiran, korna u taagan ayay wax culeys badan korka iga saareen. Waxaan u malaynayaa in ay ahaayeen jawaanno ciid ah. Nin ka mid ah askartii ayaa dusha iiga fariistay. Marka ay sidaas ii gelayaan anigu duudka dhabarka oo keli ah ayaa dhulka ii yaal oo korkeyga oo dhan ayaa isku cabbursan ama isugu guda jira si cadaadis ah oo neefta ayaan sare u jiidayaa.

Aniga oo xaaladda caynkaas ku sugan ayaa nin askari ah wejigeyga ku soo dhowaadey. Inta wejiga gacan iga saaray ayuu madaxayga dhulka ku riixey oo taabsiiyay oo i sur-jebiyay, si aanan madaxa u nuuxnuuxin. Dabadeed sanka ayuu iga qabtay, si aan afka oo keli ah uga neefsado. Mid kalena weel ay biyo badda ka buuxaan ayuu bilaabay in uu afkii aan ka neefsanayay iiga shubo biyihii badda ee cusbada badnaa. Marka aan biyaha ku hafto oo neeftu igu adkaato waa iga joojiyaan biyaha, si ayan naftu iiga bixin. Waxaa intaas ii dheer haraatida korkeyga ku dheceysa iyo hadallada handadaadda ah ee aan maqlayo. Addunyo waa igu soo yaraatay.

Waxaa wada socda culeys aanan qaadi karin oo weliba aan u duudduubnahay, lugihii oo i laaban oo i xanuunaya, dhabarkii oo i la xanuunaya culeyska saaran, biyaha aan ku hafanayo, madaxa la i hayo oo dhulka lagu celinayo iyo haraatida iyo usha la i la dhacayo.

Iyada oo ay xaaladdu sidaas tahay ayaa midda iigu daran waxay ahady markii nin raggaas ka mid ah uu labada xiniinyood si xooggan iiga qabtay. Xanuun aad iyo aad u daran ayaan xiniinyaha ka dareemay, kaas oo i illawsiiyey wadarta wixii dhibaato ahaa oo la igu hayay.

Markii ay in cabbaar ah sidaas ii ciqaabaan, waxay ii fasaxaan in aan si xor ah u neefsado, garaacana way iga daayaan. Laakiin waa i la hadlaan, iyaga oo ii sheegaya in ay iga deynayaan ciqaabta haddii aan ku markhaatifurayo kuwo u eedeysan oo dembiyadooda aysan caddayn u hayn, isla markaas ayan doonayn in ay sii daayaan oo xorriyaddooda u celiyaan.

Muddo afar ama shan jeer ah ayay inta nasasho i siiyaan haddana ciqaabtii igu celiyaan. Mar kasta oo ay i weydiiyaan in aan markhaati u noqdo, si ay iiga daayaan jirdilka, aniguna waan ka diidaa oo dad aanan garanayn in aan markhaatibeenaale ku furo ma oggolaan. Waayo, waxa aan dareemayay in xataa haddii aan yeelo sida ay doonayaan aanan ku kalsoonaan karayn ama ka ammaan helayn.

Xilligaas ay ciqaabtu igu socoto, anigu xanuun dartiis ayaan qaylo iyo cabaad isku-darayay. Dabadeed, markii ugu dambaysay, goor aanan ogeyn ayaan miyir beelay habeenkii kowaad ee jirdilka. Waxa aan soo baraarugay oo ku miyirsaday aniga oo qolkii dhex jiifa oo dusheydu ay ku dheggantahay ciiddii badda iyo biyihii milixda ahaa. Waxay ahayd goor hiirtii waabberi ah. Xanuunnada aan ka dareemayo jirka oo idil waxaa ii weheliyay korkeygii oo meelo badan dhaawacyo iiga yaallaan. Waxaase iigu sii darnaa xanuunka iga haya labada xiniinyood.

Waagii baa beryey oo diiqii baa ciyey, cabbaar ka dibna, waa addinkii kowaad ee salaadda subax. Dharkii aan gashanaa waa igu qoyay, ileen biyo badan bay afka iiga shubeene. Cabbaar ka dib baa qofkii ku jiray qolkii igu dhowaa uu soo garaacay gidaarkii u mase jawaabin oo runtii way igu adkayd in aan wax garaaco. Mar dambe waxaan ogaadey sababta ka dambeysa derbi garaacan saqda dhexe la isku baafinayo. Maaddaama qofka ku la deriska ah uu dareemayo in xalay lagu la baxay, garaacidda gidaarku waa farsamo la isku garto oo hubin ah inaad qolka ku soo noqotey adiga oo nool. Waa uu ku celceliyaa oo ku celceliyaa, aakhirkii markii aan dhibsaday baan is dhibay oo u jawaabay. Qofkii waa aammusay oo mar dambe ma soo celin garaacii gidaarka habeenkaas.

Subaxii Jimce oo bishu ahayd 01/02/1980, abbaarta 08:00 subaxnimo baa albaabkii la iga furay oo la igu yiri, "Haddaad musqul u baahantahay dibadda u soo bax. " Musqusha waan u baahnaa oo waan soo baxay. Meel leex ah oo qolkayga u jirta ilaa 50 tallaabo ayay ku taal. Waa dhisme yar oo albaab alwaax ah oo gaaban leh. Waxaa i wada nin waardiye ah. Tooskayga waxaa ah daar wayn oo u muuqata meel maxaabbiis ku jirto, sababta oo ah meelo shabaq ah baan ka arkaa wejiyo i soo eegaya. Dharkii baan iska bixiyay; surweelkii la igu soo xiray, shaarkii, nigiskii, wax kasta waan mayray oo biyihii baan ka faa'iideystey, si ciiddii badda iyo milxdii ay iiga baxaan. Aniguna waxaa ku mayrtay biyo keli ah. Run ahaan, qubaysashsadaas waa ku nafisay oo milixdii iyo ciiddii ayaa culeyskoodii iga haray. Nafiskii aan heley dartiis, Alle ayaan u mahadceliyay. Dharkaygii oo qoyan baan soo gashaday oo dibedda u la soo baxay. Askarigii wuu i la yaabanyahay, waayo waxaan soo baxay aniga oo biyuhu iga tifqayaan. Waxaa laga yaabaa in uusan xaaladdeyda war u hayan. Xaalad xarrago ku ma jiro, nolol iyo geeri baan u dhexeeyey. Markii aan musqusha ka soo noqday baan arkay qofkii ku jiray qolkii igu dhegganaa oo albaabka ayaa u furnaa. Waxaan la fajacay in qofkaasi uu noqdey qof haween ah. Iyada dibadda ayaa loo soo saaray oo cabbaar la fariisiyay. Indhahayaga ayaa isku dhacay, dhoollacadayn yar bayna igu salaantay. Gacanta way yar dhaqaajisay, iyada oo isticmaalaysa qaabka salaanta durugsan gacanta loo ruxo. Iyadu wax hadal ah i ma oran aniguna afkayga ma furin oo aniga oo aammusan ayaan ka gudbay.

Cabbaar ka dib baa quraac la ii keenay. Quraacdu waa rooti ismaris ah iyo baaquli shaah ranji ah oo kulul. Waa afar habeen inta aanan afkayga waxba saarin, marka biyo laga reebo, oo dilkii xalay uu ii dheeryahay. Maalinta la iga soo waday Jaamacadda waxay ahayd Talaado 29 Jenawari1980, Subaxa la i siinayo rootiga iyo shaahuna waa subax Jimce ah oo bishu tahay 01-Febarweri-1980 ah. Si kastaba xaaladdu ha iigu adkaatee, waxaa dhab ah in shaah i hayey. Waan ku diirsaday shaahii oo badnaa balse rootigu waa yaraa oo gaajadii i haysay wax wayn ka ma tarin. Markii ay caloosheydii marnayd ay ku dhacdey xoogaagii aan helay, waxaan la dhacay hurdo aan dareemey macaankeeda. Duhurkii waxaa la ii kiciyay qado baasto ah iyo xabbad moos ah.

In kasta oo aan ku nafisey hurdadii iyo xoogaagii raashinka ahaa, misana waxaan ahaa nin uurka ka welwelaya. Waxaa igu soo dhacay feker, waxaa ii muuqata in caawana ay soo noqon doonaan raggii i ciqaabayay oo isla sidii la ii soo jirdili doono. Waxaan ka fekerey, haddiiba ay soo noqdaan, maaddaama aanan ka baxsan karin, sidaan uga badbaadi lahaa ninka xiniinyaha i qaban doona. Waayo, ciqaabta kale oo dhan waa wax xanuunkeeda loo adkeysan karo. Feker ayaa igu soo dhacay ah in aan wax uun difaac ah u sameeyo xiniinyahayga. Taladu markay ciirto waxaa kugu soo dhacaya qaabka xayawaanku u noolyihiin, maaddaama ay mar walba ku jiraan xaalad aan ammaankoodu sugnayn. Waxaa igu soo dhacay sida doorshaanku u samaysto kubbadda yar oo uu dilindillaysto iyo kubbaddii ciyaalku ka samayn jireen iskaalsada oo ay buglaha ka dhigan jireen. Talo waxa aan ku dhammeeyey in aan kubbad yar samaysto oo inta xarig ku xiro aan dhexda ku xirto kuna beego labada xiniinyood oo xarigga ku la xiro ka dibna aan nigiskayga iyo surweelkayga gashado. Wallaahi fekerkaas markii aan helay anigaa isku qosley. Culays wayn oo cabsi ah ayaa iga haray. Runtii guul ayaa dareemay oo Ilaah ayaan u mahadceliyey. Waxaan arkayay in ay tahay wax aan hirgelinkaro. Yaa Rabbi adigay mahadi kuu sugnaatay. Waxaan jeex-jeexay shaarkii aan qabay. Intaan ilkaha ku jaray ayaan isagii oo dhan waxaan ka dhigay daliigyo dhaadheer oo fara badan. Waxa uu ahaa shaatiyadii warshadda Balcad ee xarragada ahaa oo saraawiisha jiiniska ahaa ku qurxoonaa.

Dabadeed waxaan bilaabay in aan ka dhigo labo kubbadood oo xiniinyaha le'eg. Laynkii ugu horreeyay oo aan duuduubay oo ah midka dhexda ama gudaha ku jira baan ka soo taagay in yaroo dheer oo aan rabo in aan ku xiro xarigga goorta aan farsamada dhammeystiro oo aan dhexda ku xiranayo. Hawl baan bilaabay iyo shaqo, oo waan dhididayaa mase kala jecli, waxaana aan rabaa in aan howshaan dhammeeyo inta aan la gaarin casarka oo aan tijaabiyo.

Goor ay ku dhowdahay abbaarta 13:00 duhurnimo ayaan isku tijaabiyay oo inta aan dhexda ku xirtay nigiskii iyo surweelkii ka daba gashaday. Alle ayaa mahad leh, qorshihii waa ii hirgalay. In kasta oo aan dhibbanaa, waxaan ku dadaalay in aan jimicsi sameeyo si aan u tijaabiyo in calalladaan isku xiray aysan ka dhaqaaqayn meeshaan ku xiray. Dabac kasta oo ka yimaada waxaan ku dadaalay in aan adkeeyo. Farxad baa i gashay markaan hubsaday in ay ii muuqatay in aan ku guuleystey qorshihii. Waxaan ku niyadsamaadey, haddiiba ay caawa i la baxaan nimankii arxanka darnaa, in aanan u dhibaatooneyn sidii xalay dhacday.

Waxaan xasuustaa aniga oo gacmaha kor u taaga oo Ilaah ka baryayay in sharkooda uu dhinac iga mariyo. Jirdil aan naxariis lahayn, gaajo, dayac, bal maxaan ku galabsaday? Sabab aan ahayn reerka aan u dhashay oo la igu eedeeyo ma jirin. Waxaa jirtay oraah xilligaas baxday oo ahayd "Kacaandiid", taas oo lagu asteeyey reerka Majeerteen. Xilligaas Soomaalidu saddex qaybood ayay ahayd. Labada qaybood ee kale waa qayb Kacaan ah iyo qayb dhexdhexaad ah. Qaybtan dambe waa qayb ay ka suurowdo in ay kacaan noqdaan iyo in ay Kacaandiid noqdaan. Sidaa darteed, qaybta ugaarsiga labada kale ku hayeen waa reerka aan ka dhashay. Xataa kooxda kacaanka ah ee reerkaas la ugaarsanayo ka dhashay waxa ay xilligaas ku noolayd cabsi iyo shaki. Si kasta oo uu kacaan u yahay qofku, haddana wax baa si ka ah oo dadka kale waxay oran jireen wuxuu iska dhigaya kacaan kacaan!

Ciidanka NSS-ta waxaa u caado ahayd in ay raadiyaan qof u dhashay reerkan oo ay xataa tuhun iyo masabbidasho ku xiraan. Sababtu waxay ahayd arrimo dhowr ah oo isu raacay ayaa jira. Iyada oo reerku uu hormood ka ahaa dawladdii la afgembiyay; iyada oo xilligaas ay ku badnaayeen indheergaradka iyo aqoonyahannada; iyada oo odayaasha reerka ay ahaayeen kuwa ugu badan ee Maxamed Siyaad yiqiin; iyada oo reerka si gaar ah loogu eedeeyey iskudaygii afgembigii fashilmay ee Abriil 9, 1978; iyo iyaga oo horkacayay jabhaddii mucaaradka ahayd ee SSDF oo xilligaas ka hawlgalaysay Itoobiya. Taasi waxay dhalisay dad badan oo aan ka mid ahay in dembi laga galo oo ay u eedoobaan reerka ay ka dhasheen. Goor dambe waxaa bilaabatay in xataa la ugaarsado ciddii la qaraabo ah qof reerkan u dhashay oo kacaandiidnimo, lagu suntay. Gabaygii ugu horeeyey ee uu Khaliif Shiikh Maxamuud (Ahn) ka tiriyey dhibaatada reerka lagu hayay ayaa waxaa ku jirey tix uu lahaa:

Majeerteen Ilaah wuxuu ka dhigay malab sidiisiiye
Sida miraha Doocaan ka baxa muudsey aadmiguye
Nin waliba waxa uu mihindisaa in uu maggowshaaye.

Tixdaasi waxay tilmaamaysaa xaaladda i haysatay in aanan keli ku ahayn ee ay jiraan dad badan oo eheladey ah ama aan tolnimo wadaagno oo dulmiga iyo dhibka i la wadaaga. Kacaandiidnimo halbeega NSS-tu ku jaangoyso waxaa ugu muhiimsaanaa: ma dhalay, ma la dhashay, ehel ma la yahay iyo ma soo koriyay qof kacaandiidnimo caddaystay, qabiilka aad doonto ahaw. Markaas in lagu ciqaabo, lagu xiro iyo in aad noqoto bilaa xuquuq daw bay u noqotay dawladdii Kacaanka. Waxaan xasuustaa nin u dhashay Shiikhaal oo uu soo koriyay nin ku xirnaa Labaatan Jirow oo dhib wayn loo geystay iyo xabsi dheer, keli ah ninkaas baa u ahaa abti soona koriyay! Dadka waxaan dheeraa in uu i dhalay Cabdi Caynab. Waa aabbahay oo loogu dilay xabsiga dhexdiisa kacaandiidnimo awgeed. Meydkiisii toban cisho ayay dowladdu haysatay oo ay diiddanayd in qoyskiisii ay aastaan.
Taasi waxay keentay in aan noqdo kuwa ugu fiican oo la ugaarsado xilli aan ahaa nin dhallinyar oo ku mashquulsan waxbarashadiisa. Dilkaas Aabbe loo geystey, walow aanadeedii ay utun igu reebtey, misana ka falcelinteeda waxay iigu muuqatay arrin iga culus oo aanan waxba ka qaban karin. SSDF, Itoobiya oo aan u baxsado iyo ka qaybqaadasho mucaarado hubeysan midkoodna diyaar u ma aan ahayn. In kasta oo aanan wax wanaag ah u hayn dawladdii Kacaanka ahayd, misana weligey ku ma aanan fekerin in aan si qayaxan uga hor imaado dowladdii Maxamed Siyaad madaxda ka ahaa, sababtoo ahayd qof keli ah mucaarad wax ku ma taro, bulsho wacyi lehna ma jirin oo arkaysa hagardaamada Kacaanka.

Dadka aadka ugu firfircoon in reer la ugaarsado waxaa ka mid ahaa Weheliye, madaxa hoyga Machadka KM4. Isaga oo kacaan iska dhigaya, waxa uu aad ugu fogaaday xumaatada iyo cadownimada uu u qabo reerka aan ka soo jeedo, dhab ha ka ahaato ama is-tustus ha ka ahaato . Dhibkiisu waxa uu gaaray ardaydii reerkaas u dhashay ee soo galay Kulliyadda Macallimiinta Farsamada. In badan waxay sheegan jireen qabiillo kale, si ay ugu marinhabaabiyaan in uusan ku mashquulin ama uusan luggoyn.

DOORKII CABDI XASAN KU LAHAA XARIGGAYGA

Tan labaad ee aan dib u xusuustay oo maskaxdayda soo gashay in meesha la iga soo maagay ay noqon karto waa in Cabdi Xasan uu been iiga warbixiyay. Ninkaas bishii Nofeembar 17, 1979, ayaannu goor fiid ah ku kulannay Safaaraddii Yementa Koonfureed ee ku dhowayd Equatore . Waxa uu igu yiri Cabdi Xasan, "Ina Caynabow waxaa jira urur la shaqeeya SSDF oo waraaqo daadiya, dhallinta wixii baxayana taakuleeya ee ninyahaw adiga oo kale baa halganku waajib ku yahay oo aabbahaa waa tii xabsiga lagu dilaye ka soo qaybgal ururkaan. Cabdi Xasan waa nin reer Mudug ah. Markii aan ahaa fasalka 5-aad iyo 6-aad ee Dugsiga Dhexe ee Qardho ayuu ii ahaa macallin ii dhiga maaddada Diinta (Tarbiyadda Islaamka), 1971 – 1973. Ka dib, markii aan soo galay Kulliyadda Macallimiinta ee Farsamada ayaannu dib isu arangay. Anigu waxaan rumaysnaa in isagu xariggayga qayb ka ahaa, sababta oo ah waxaan gadaal ka ogaaday in wakhti isku dhaw na la wada xiray ka dibna la sii daayay. Wuxuu sheegay magacyo oo weliba oggolaaday in uu ku markhaatifuro dad aan ka mid ahay. In kasta oo aanan helin magacyada dadkaas kale, misana arrinteyda ayaa goor dambe ii caddaatay in uu lug ku lahaa, sida aad ka arki doontaan dooddii Xeer-ilaalinta iyo NSS-ta oo wada shaqaynayey. Cabdi Xasan dalka wuu ka baxsaday waxa uuna ku biirey halgankii hubeysnaa ee SSDF.

Cajiib waxaa igu ahaa, aniga oo ka tegay London (UK) oo imid Gaalkacyo maalintii Axad ah ee 07/01/2007 ee Itoobiyaanku soo galeen Soomaaliya meel kasta (calool xumo iyo qarrancan waynaa) ayaan waxaan Taxi ka kiraystay Gaalkacyo ilaa Garoowe. Salaaddii makhrib baa noogu soo gashay degmada Buurtinle. Meherad baan fariistay, si aan shaah uga cabbo salaaddana aan isaga saarno. Mise waxaa hortayda maraya Cabdi Xasan! Waan hubsaday in uu isagii yahay. Mise wallaahi waa isagii! Waan ka daba tegay, aniga oo u tannaagoonaya baan cod dheer ugu yeeray, "Cabdi Xasanow Salaamu Calaykum!" Inta uu ii soo jeenstay buu salaantii igu soo celiyay: "Wacaylaykuma Salaam." Waan yare warsaystay caafimaadkiisa, xaaladdiisa iyo meesha uu ku dambeeyey. Aniga oo sii wada ayaan su'aal ahaan ku iri, "Cabdiyow ma i garanaysaa?" Waxa uu iigu jawaabay, "Maya, ku ma garanayo." Ka ma aanan rumaysan jawaabta uu i siiyey, waayo marka uu i la hadlayay, sida ii muuqatay, waxa uu ahaa nin khalkhalsanaa. Waxaan ku iri, "Waxaa isugu kaaya dambaysay bishii Nofeembar 1979, safaaradda Cadan ee Muqdisho horteeda. Macallinna waad ii ahaan jirtay markii aan dugsiga dhexe dhiganayay; waad i garanaysaa balse waad i inkiraysaa."

Dood gaaban dabadeed, waxaan ku iri: "Waxaan ahay Maxamed Cabdi Caynab." Intaas markii ay afkayga ka soo baxady ayuu afka furtay, isaga oo oranayaa, "Ani ku ma xirin, markhaatina kugu ma furin. Been ayaa la iga sheegay. Anigaaba dhib la ii gestay." Marka uu sidaas ii la hadlay ayaan hadalkii ka dhex galay oo ku iri, " Cabdi wax dembi ah oo aan kuu haysto ma jiro. Dawladdii Soomaaliya way duntay. Soomaali way is-laysay maantana waa aad u jeeddaa oo Soomaali oo dhan ayaa cadaw u gacan gashay."

Intaas dabadeed, waxaan ugu dhaartay in markii aan magaalada Gaalkacyo ku arkay askar Itoobiyaan ah oo suuqa yaacaya aan ku ilmeeyay calool xumi darteed. Marka waxaan ka codsanayaa in aad sheekada dhacday runta iiga sheegto oo sidii rag asxaab ah oo kale aannu isugu warranno.

Cabdi: Xaggee u socotaa hadda?

Aniga: Waxaan soo arkayaa hooyo oo Qardho joogta.

Cabdi: Anigu hadda Jaamacadda Garoowe baan ka ahay bare. Marka waxaan Qardho kuugu imaan maalinta Talaadada ah oo bishu tahay 9-ka Janawari, 2007.

Ka dibna sheeko baan isla yeelannay iyo is-waraysi ka baxsan xabsigeygii. Waan is-macasalaamaynnay, aniga oo ku sii adkaynaya in aan Qardho ku sugayo. Ayaandarro, ballantii waa uu iiga baxay dibna u ma arag, nolol iyo geeri midkoodna ku ma maqal.

Sidaan soo sheegay, anigu ma aamminsani in Itoobiya la aado in ay keenayso xal wanaagsan. Marnaba u ma socon in aan mucaarad hubeysan ka mid noqdo ama Itoobiya u cararo. Xaqiiq ahaan, dhallinyaro badan oo facayga ahaa ayaa ii sheegay in ay u baxsanayaan dhanka Itoobiya. Waxay ahayd xilli Itoobiya dareen laga qabay oo Soomaali oo dhan ay cadow u aragtay. Laakiin, xaalad foolxun oo gudaha ka abuurantay ayaa dhallinyarada u eryeysey dibadda. Gaar ahaan kuwa aannu isku reerka nahay, dulmiga loo geysanayay iyo cadaadiska saaran qoysaskooda ayaa ku khasbayay in ay helaan meel ay ku ciil baxaan. Balse anigu waan ka waanin jiray oo weligay ku ma raacin taladaas ah in Itoobiya la aado oo weerar laga soo qaado. Waxa aan u arkayey arrin khasaaro u keeni karta waddanka Soomaaliya oo aayo darro ku dhammaanaysa.

Cumar Khaalid Yuusuf Boqor oo aannu saaxiib isla ahayn ayaa ka mid ahaa dhallinyarada aan wax badan ka sheekeysannay arrinkaan anagga oo ku wada sugan Xamar, waanse ka waaniyay in uu Itoobiya aado. Laakiin ugu dambayn, Cumar Khaalid waa uu baxsadey oo waxa uu ku biiray jabhaddii mucaaradka ahayd ee SSDF. Maxaase ku kallifay Cumar in uu baxsado?

Cumar Khaalid waxa uu ahaa arday tacliinta aad ugu fiican oo wax fahamkiisu (IQ-giisu) aad u sarreeyay. Arday waxa uu ahaa Xisaab, Saynis iyo maaddo kasta keeni jiray boqolkiiba boqol. Waxa uu ahaa arday tacliin nooc kasta guul ka gaari karay: Engineer, Dhakhtar, Cirbixiyeen, noocii la doonto ha noqoto xirfaddaasu, sababtoo ah Ilaah baa siiyay IQ aan caadi ahayn. Saaxiibkay aniga oo ku wada waano, tusaalayn in uusan aadin Kulmis oo uu dhammaysto waxbarashadiisa oo uu markaas dhiganayay Kulliyadda Beeraha ayaa waxaa ku dhacday arrin aad niyadjab iyo caro ku ridday saaxiibkay kuna kalliftay in uu u baxsado cadawgii Soomaaliya ee Itoobiya, halkaasna uu kaga dhaqaaqo waxbarashadii iyo IQ-giisii sarreeyay oo Soomaali ka faa'iidi lahayd.

Cumar waa uu iga qariyay qorshahiisa baxsadka waxaana dib isugu aragnay London 2005, haddana waxa uu ku noolayahay Qardho iyo London. Saaxiibkii Cumar Khalid ee Mr. Geelle Dheere oo la socday marka Cumar go'aanka fakadka gaarayo waxa uu hadda ku noolyahay gobolka Puntland .

Cumar maxaa ku dhacay oo ku kallifay in uu u baxsado Kulmis?

Waa goor fiid ah, bartamahii bishii Nofeembar 1979. Cumar wuxuu ku caweynaaya baarkii ku yiil Maka al-Mmukarama ee loo yiqiin Wardheer; waxaana weheliyay nin kale oo la lagu magacaabo Geelle Dheere oo u shaqayn jiray Wasaaradda Warfaafinta Qaranka, qaybta filimmada, waxa uuna wadan jiray mooto Zuzuki ama Vespa, marba mid. Waxaa is-raacay Cumar iyo Geelle Dheere oo Cumar mootadii buu gadaal ka saaranyahay, waxayna u kaceen dhankaas waddada Via Liberia ee xaafadda Waabberi. Waxaa soo daba kacay oo korka ama dusha kala socday nin baabbuur wayn wata. Markii ay dhaqaaqeen buu soo daba galay mootadii oo marba marka ka dambaysaa mootadii buu ku ciriiriyay dariiqii oo waxa uu rabay in ay ku dhacaan dhanka dadku ku lugeeyaan(Marcha peiddo-ga), aakhirkiina waxay ku dul dhaceen meeshaas oo waxay ku daateen dariiqii dadku socday. Mootadii halkaas bay ku dhacday.

Cumar inta uu soo booday ayuu ku soo fakaday ninkii baabuurka watay ee sida xun u galay. Ninkii waxa uu ka soo degay baabuurkii. Markii uu arkay in Cumar dagaal ku soo wado ayuu jeebka waxa uu kala soo baxay bastoolad oo inta uu ku qabsaday gacanta midig kuna soo taagay Cumar gacanta bidix ku leeyahay, "Car i taabo kacaandiidyahow!' Waa uu dhaaranayaa. Cumar maba arko ninkaan in uu bastoolad haysto e waxaa isha la helay Geelle Dheere oo weli yaalla meeshii uu ku dhacay. Geelle Dheere inta uu soo booday ayuu Cumar waxa uu ku dhegay lugta oo uu iska laallaadiyay surweelkii jiinaska ahaa ee uu Cumar gashanaa. Cumar oo ku leh Geelle Dheere i sii daa aan ninkaan ina dili lahaa iska dhiciyee buu Geelle ku yiri, "Waryaa miyaadan u jeedin bastooladda uu kugu hayo?" Ninkaan waa na dilayaa hubna waa uu haystaa ee ina ka dhaaf, kolba waa dadka dawladda kacaanka haystee. Ninkii marka uu warkaas maqlay buu yiri, "Anigu nin kacaan ah oo ah Koofiyadcas baan ahay, haddii aan idin dilo deero deero u ma hardiyayso ee haddii aad intaas raalli ku tahiin iska baxa, mahbaryahow!"

Sida uu Cumar Khaalid mar dambe iiga sheekeeyey, habeenkaas buu go'aan ku gaaray in uu ka baxo Xamar oo u kicitimay Itoobiya iyo Kulmis. Ayaandarro, ardaygii IQ-ga fiicanaa waa kaas u baqoolay jabhadayn! yaa ka cayriyay dalkiisii?hubanti waxaa ahayd in dad badan lagu kalifay in ay ka baxsadaan Somaliya una galaan Ethiopoia iyo Kulmis! ayaan darro iga dheh.

Muddo dheer dabadeed, waxaan ogaadey arrin kale oo sabab u ahayd in la i xiro. Nin la yiraahdo Jaamac Warsame-Cadde Cilmi oo arday ka ahaa Machadka Farsamada, kaas oo ogaalkey ku noolaa magaalada Garoowe, ayaa waxa uu ka mid ahaa dhallinyaro magaalada ku daadiyay waraaqo. Dhallinyarada uu Jaamac Warsame la socdey waxay ahaayeen macallimiin ka soo baxay Kulliyadda Lafoole. Iyagu waxay ka mid ahaayeen dhallinyaro macallimiin ah oo dowladda ku mucaaradsan dhibaatooyinka eheladooda loo geystey dartood. Xaafado kala duwan oo magaalamadaxda ah ayay warqado ku daadin jireen, iyaga oo isla markaas gidaarrada ku qori jirey hadallo mucaarad ah oo dawladda lagaga soo horjeedo. Dhallinyarada macallimiinta ka ahaa waxaa ka mid ahaa Aadan Shiikh-doon Cali oo hadda ka mid ah madaxda shirkadda Golis iyo Maxamuud Shiikh Xaamud oo isaguna hadda ah madaxa Jamacadda Puntland State University (PSU).

Waxaa dhacday saddexdaas dhallinyaro in ay habeen waraaqo ku daadinayeen agagaarka dugsigii 21ka Oktoobar. Boolis ilaalo ah ayaa ku soo baxay markiiba wayna kala carareen. Waxaa ka mid ahaa ragga waraaqaha daadinayey Jaamac Warsame-Cadde oo inta la soo cayrsaday orod ku soo galay meeshii aan degganaa ee Machadka Farsamada. Ka dibna NSS-tii ayaa inta yimaadeen Jaamacaddii wareysi la yeesheen ninka qaybta hoyga la seexdo xakuma oo la oran jiray Weheliye. Ninkan oo ardeydu ay ku xaman jireen in uu yahay askari dhar-cad ah oo u shaqeeya NSS-ta waxa uu masuul ka ahaa raashinka iyo hoyga jaamacadda. Weheliye markii NSS-tu u timid waxay u sheegeen warqadaha la daadiyey iyo ninka u soo cararay hoyga ardayda Jaamacadda. Weheliye waxa uu u sheegay NSS-ta haddii ay arday warqado daadiyeen waxaa hubaal ah in uu ku jiro ardayga la yiraahdo Maxamed Cabdi Caynab. Arrintaasi waxay ahayd masabbidasho toos ah oo uu ii geystey ninkaas.

Warbixintaan oo dhan waxaan dhawaan ka ogaaday Youtube-ka. Wareysi uu Cabdi Faarax Juxa uu la yeeshey Aadan Shiikh-doon Cali oo qiranaaya in uu ka mid ahaa dhallinyaradii waraaqaha ku daadin jiray magaalada Xamar. Walow aan Aadan in badan ku la kulmay magaalooyinka Jiddah, Qardho iyo Boosaaso, misana weligiis ii ma sheegin in isaga iyo Xaamid ay ka mid ahaayeen dhallinyaradii waraaqaha daadin jiray. Goor dambe, labaduba waa ay baxsan doonaan oo waxay ku biirayaan jabhaddii SSDF. Waxaa iyagun wakhtigaa fakaday koox reer Lafoole ah oo reer Gaalkacyo ah kuna biiray SSDF. Falkaas ma ahi keligey cidda loo dhibaateeyey e dad badan ayay dawladdu ku dulmisay oo aan arrinkaas raad ku lahayn. Aadan Shiikh-doon wareysigii uu Juxaa siiyey waxaa ka mid ahaa sidan: "Dadka warqadaha daadiyey waa ay ku guulaysteen hawshoodii, laakiin dad aan war iyo wacaale ka hayn ayaa loo dhibaateeyey falkaas sida Mohamed Abdi Aynab."

JIRDIL SOCDA IYO GACANTII CALI CARAYS

Haddii aan dib ugu noqdo qolkii xabsiga, xusuus iyo aniga oo ku dhex fekeraya ayaan maqlay qolkii aan ku jiray albaabkii oo la furayo. Waxaa gudaha la ii soo dhigay saxan baasto ah iyo xabbad moos ah. Xilligu waa duhur dabadiis. Raashinkii waan cunay oo calooshii wax baa ii galay waana maalintii 4aad. Eebbe ayaa mahad leh. Markii aan dhammaystay baan qaraacay albaadkii, si aan alaabta u saaro. Waa la iga furay albaabkii, alaabtiina waxaa qaaday nin raashinka qabbilsanaa. Nin farxaan ah oo aad u wanaagsan buu ahaa. Xabbad sigaar ah intuu shitay ayuu ii tuuri jiray mar kasta oo uu baxayo. Waxa uu i oran jiray "ku dhufo hee." Hadalkaas ayaa u ahaa nabaaddiino.

Markii saxanka la iga qaaday ayaa askarigii ilaalada ahaa waxa uu ii fasaxay musqusha. Waxaan galay iyada oo musqushaa dhexdiisa uu yaallo raashin badan oo kala nooc ah; hilib, bariis, moos iyo weliba doolshe. Af-kalaqaad iyo yaab baa igu dhacay! Waayo qofka raashinkaan kuu dhigay musqusha? Markiiba waxaan bilaabay in aan cuno oo cuno oo cuno. Hilib baan ka dhergay. Baahi igu raagtay ayaan qabay. Wixii aan qaadan karayna waxaan ku gurtay jeebabka, qaarna bac baan ku gurtay oo bowdada iskaga xiray. Waan dhergay, Alle waa deeqsi irsaaqaddiisuna way badantahay.

Malahaygu waa kolba maxaabbiista ku jirta meesha u dhow musqusha baa ii dhigay. Askarigii waa yaabbanyahay, sababtu waa in aan ku daahay musqushii. Soo bax buu intaas i leeyahay askarigii. Waxaan ugu warceliyaa askariyow caloosha! Caloosha! Waxaygaa waa cunayaa ama waan guranaya. Marar badan baa daruuftu kugu khasbi wax aadan caadi u samayn karin. Qolkii baan ku so noqday aniga oo calooshu si fiican iigu buuxdo. Hurdo baan jirjir u dhacay ilaa maqribkii. Mar labaad baa musqusha la ii fasaxay oo waardiyahii baa is-beddelaya. Mar haddii maqribka la gaaro wax musqul ah oo ka dambaysa oo la aado ma jirto. Haddii shuban kugu dhaco habeenkii ama musqul aad u baahatid, waa qolkaaga ku hayso .

Qolkaygii baan ku soo noqday oo waxaan isu diyaarinayaa habeenkii labaad ee jirdilka. Kolba way imaanayaan baan is leeyahay. Sidii aan filaayay, abbaarta 09:00 fiidnimo baa albaabkii la soo furay, isla sidii habeenkii hore, niman wejigu u xiranyahay oo si degdeg ah indhaha iiga xiray gacmahana katiinad iiga xiray. Waa la i waday, isla sidii ayuu baabuurkii soo istaagay qolka aan ku jiro hortiisa oo la i saaray. Isla sidii, niman baa ka buuxa baabbuurka. Kursi dheer baa ku samaysanaa gaariga dhankiisa dambe waana shiraacle dhigo leh. Sidii caadadu ahayd, sagxadda baa la i fariisiyay. Waan soconnay, isla meeshii xeebta ahayd ee kaawada Xalane ka dambaysay baa la i keenay. Isla sidii jirdilka ahayd baa la igu sameeyay balse caawa Alle mahaddiis xanuunkii xiniinyaha waa ka raystay oo kubbadihii aan samaystay waa shaqeeyeen. Marka ay iga qabtaan xiniinyaha ayaa qaylada ugu badan iyo fargasho badan sameeyaa, si aan la ii fahmin. Alxamdulilaahi, way shaqaysay. Jirdilka kale waa u adkaysan karay. Qolkii baa la igu soo celiyay. Isla sidii, milix, jir xanuun, qoyaan, rafaad, balse caawa waxaa ii dheer in aan katiinadda la iga furayn, amarna waxaa lagu bixiyay in marka aan wax cunayo ama musqusha aadayo keli ah la iga furo inta kale oo dhanna waa in ay igu xirnaataa. Katiinaddaas aakhirkii waxaa la iga furay habeenkii la ii gudbiyay Xabsiga Laanta Buur ee 24/11/1980,taban bilood oo xiriir ah bay igu xirnayd labada gacmood,habeen iyo maalin.

Markii qolkii la igu xiray oo ay askartii jirdilku tageen ayay gabadhii deriska i la ahayd darbigii soo qaraacday, dhug…dhug…dhug! U ma jawaabin oo tabcaan baan ahaa, tan kalena katiinad baa igu xiran oo si allaale iyo si aan isu kala bixiyo ma garanayo. Waa dhib cusub. Waxaan is iri, kolba waxay hubsanaysaa in nolol igu jirto iyo in kale, sababta oo ah marka aan u jawaabo dhugdhugta gidaarka, mar dambe ma soo celiso. Waxaan rafaado, xanuun, hurdo la'aan, kaneeco iyo katiinad igu cusub ayuu waagii beryay. Musqushii baa la ii fasaxay subaxdii anoo wax hurdo fiican ah aanan seexan habeenkaas , katiinaddiina waa la iga furay. Waxaan iska soo mayray ciiddii badda iyo milixii igu dhegganaa. Waxaa ugu xun marka ciid milix leh ay jirkaaga ku dhaggantahay. Wax baa ku cunaya mana is-xoqi kartid oo katiinad ayaa kugu xiran. Allow dhib badnaydaa!

Quraacdii xabbad rooti ah iyo shaah baa iigu xigay iyo xabbadii sigaarka ahayd oo ninkii odayga ahaa inta uu ii shido, haye iska hay dee! Habeenkii saddexaad waa sidii oo kale iyo si la mid ah; habeenkii afraadna la mid buu ahaa, jirdilkii baa igu socday. Maalmihii waxa aad moodaa in ay noqdeen isku mid. Yaab!

Habeenkii shanaad cid ii timid ma jirin, walaw aan diyaar iska ahaa. Waxaan sugayay ilaa iyo saq dhexe, cid ii timid iyo waax jirdil ah ma jirin

Alxamdulillaah. Ka dibna dilkii waa istaagay balse hadda waxaa iigu daran ilaa iyo maalintii la i soo xiray waxaan ku seexdaa shamiintada oo wax gogol ah ma haysan. Habeenkii markii dhulku qaboobo bay iigu xuntahay. Noloshaydii waxay noqotay mid aan qolkaas iskaga xirnahay, katiinaddu igu xirantahay habeen iyo maalim oo keli ah la iga furo markaan musqusha aadayo ama aan waxa yar cunayo. Dadka waardiyaha ka qabta meesha aan ku xiranahay waxaa ka mid ahaa oo wardiye soo galay Cali Carays Ciise oo ah nin aannu is naqiin oo degganaa Waabberi, Hotel Jannaale agtiisa. Cali waxaa dhalay Abwaankii weynaa, Carays Ciise Kaarshe. Cali Carays Ciise marka uu igu arkay in aan xiranahay waa uu igu naxay runtii waxayna ku noqotay lamafilaan.

"Maxaa laguu soo xiray?"

"Ma aqaan, wax aanan ka war hayn bay i weydiinayaan, jirdilna waa la igu sameeyaa oo ilaa hadda afar habeen waa la i soo garaacay."

"Maxaad samaysay?"

"Wax aan sameeyay haba yaratee ma jirto."

"Kaalay, adigu ma Majeerteen baad ahayd?"su'aal uu i weydiiyay isagoo yaaban!

Cali waa nin aannu muddo badan is-niqiin. Deris ayaan ahayn oo sidii dad walaalo ah ayuu xiriirkeennu ahaa. Weligaya qabiil is ka ma aannan wareysan. Waxaan dareemey ugaarsiga reer tolkay ku socdey oo aanan anigu war u hayn in uu iiga xog ogaalsanyahay. Sidaa darteed, waxaan ugu jawaabay, "Maxaad ii weydiinaysaa qabiilka aan u dhashay?" Isaga ayaaba la soo boodey jawaabtii oo waxa uu yiri, "I maqal, dadka meeshaan ku xiran oo dhan waa Majeerteen. Tiradoodu waa 34 qof. Kulligood waa reerkaas, aan ka ahayn gabadha ku jirta qolkaan kugu dheggan ee Madiina la yiraahdo. "Madiina aa! Oo gabadha magaceedu waa Madiina, waa gartay."

Cali Carays: Madiina Xuseen Jayte baa la dhahaa, Caymiska Qaranka baa laga soo xiray. Lix biloed bay qolkaas ku xirantahay. Iyada ruuxeeda waa la la baxaa. Cali Carays marka uu arkay in aan qolka waxba ii ool, waxa uu aaday qol ay ku jiraan maxaabbiis badan. Waxa uu iiga keenay buste, macawis, barkin, iyo go' aan huwado. Waxaan filayaa rag maxaabbiis ah oo aan isku reer nahay in uu ii soo shaxaaday. Markii aan intaas ka helay waan u mahadceliyey. Waxaan ka codsaday in uu si degdeg ah iigu keeno saabbuun, saliid iyo caday. Waxaa iigu darnaa caday la'aan. Af muddo caday la'aan ahaa dhibta haysata waa la dareemi karaa.

Waxay ii ahayd habeenkii kowaad oo aan si fiican u seexday. Subaxdii markii uu baxayayna, Cali Carays Ciise waa i soo maray oo i macasalaameeyay waxa uuna ii sheegay xilliga uu ku soo noqonayo waardiyaha. Maalintaas wixii ka danbeeyey Cali Carays habeenka uu ilaalada soo galo, katiinadda waa uu iga furaa, barxadda baan ku la caweeyaa oo waa isla sheekaysannaa. Waxaa ii xigay gabadhii aan deriska ahayn, Madiina Xuseen Jayte, oo aannu si wanaagsan isu barannay. Madiina waxay ka shaqaynaysay Caymiska Qaranka, horayna waxay ka mid ahayd gabdhiihii kubadda kolayga (Basketball) cayaari jiray oo ka gaaray heer qaran. Waxay ii sheegatay in lagu eedeeyey lacag la xaday oo iyada dusha laga saaray. Madiina albaabkeedu mar walba waa u furnaa oo waa loo caaddifoonayay, maaddaama ay qof haween ah ahayd. Habeenkii ayaa albaabka loo xiri jiray. Sidaa darteed, habeennada uu Cali Carays shaqaynayo ayaan fiidkii waxaan la kulmi jiray Madiina. Arrimaha ay ii sheegtay waxaa ka mid ahaa in iyada qudheeda loo geysto jirdil. Waxaa lagu ciqaabaa xeebta badwaynta oo Xalane gadaashiisa ah. Waa meesha la i geeyo marka la i ciqaabayo. Madiina waxay ii sheegtay in lagu sameeyay wax ka baxsan bani-aadannimada (qofnimada) oo aad loo jirdilay. Waxay ii sheegtay in ayan waxba qiran oo u adkaysatay jirdilkii. Siday noo sheegtay, wax cadna lagu ma hayo oo dembi been-abuur ah baa loo sameeyey. Waxaa cajiib ah, qofka sidaas u dulman lacagta lagu eedeynayo ninka qaatay waa xor oo waa masuul ku xarragoonaya dawladnimada. Lacagta waxaa xaday niman kacaanku aamminsanyahay oo wax kasta xalaalaystay, sida ay tiri Madiina

Madiina waxaa raashinka looga keenaa guriga reerkeeda. Waxay degganayd, sida ay ii sheegtay, Boondheere oo aan ka fogeyn Shibbis. Waxaa raashinka u keena gabar ay dhashay iyo wiil walaalkeed ah. Wakhti adag iyo goob xun ayaan aniga iyo iyaduba soo wada marnay. Waxaannu noqonnay labo qof oo dhibbanayaal ah xaaladdayaduna meelo badan bay isaga ekayd. Madiina khayr badan Allah ha siiyo, muddadii gaabnayd ee aan deriska ahayn waa ay i dhaqaalaysay oo cuntada iyo macmacaanka loo keeno ayay wax iga siin jirtay. Madiina waxaa iigu danbeysay araggeeda markii la iga wareejiyey xarunta Shibbis, Nofeembar 4, 1980. Waxa aan ku maqlay in ay ku nooshahay Kanada.

Noloshaydii waxay noqtay mid iska xirnow ah. Waxaa jiray dad tira badan oo ku xirnaa wax la yiraahdo "ii hay." Qofka intii la doono ayaa xabsiga lagu haynayaa, iyada oo aan wax dembi ah oo cad lagu hayn. Maxaabbiista dowladda u xirnaa waxay u badnaayeen noocaas ii hayda ah. Anigu, maaddaama aan ku dhibbanaa xabsiga, waxaan is baray xirfad ah iska furidda katiinadda. Katiinaduhu ma ahayn kuwo tayo leh. Haddii la qooyo oo la isku xoqo way kala dhaqaaqaqayeen. Si fudud ayay u furmaysaa. Waxaan iska furi jiray markii aan qolkayga galo, waxaana aan isku xiri jiray markii albaabka la igu soo furayo. Nefis aan caadi ahayn baan ka helay. Cali Carays waxa uu ii keenay dhar badan, funaanado, labo macawis, shukumaan, saabbuun, garxiir iyo waxyaalo kale oo fara badan. Khayr badan Alle ha siiyo.

Noloshii maxbuusnimada caadi bay iska noqotay. Dad badan baan ku bartay oo ku xirnaa barxadda oo aan qol ama sheelo la gelin. Waxaa ka mid ahaa Shiikh Ciise oo ahaa nin indhoole ah, haddana Australia ku nool. Waxa uu ahaa xaafid Quraan. Luuqado badan buu ku hadli jiray waxa uuna u shaqaynayay Raabidadda Caalamka Islaamka oo laga soo xiray. Sababta loo soo xiray ma xasuusto balse kolba waxa uu ahaa nin u dhashay qabiilka dadka kacaandiinimada lagu calaamadeeyey. Intaas baa dembi ugu filnayd waagaas.

Sheekh Ciise waxa uu ii yaqiin Qulux-quluxle oo uu u la jeedo katiinadda mar kasta igu xiran. Waxaan xusuusta maalin uu ka yaabsaday NSS-tii, sababta oo ah telefoon meel dibad ah ku yaal oo ay adeegsadaan ilaalada xeradu ayuu dirsaday oo kolba dad ku la hadlay. Maalintaas waxay nagu dhigeen cadaadis daran. Waa ay aammini waayeen in uu keligiis dirsaday telefoonka. Waxay ku yiraahdeen sheeg qofkii kuu diray. Isaguna waxa uu yiri, "waa sahal in aan telefoon dirsado, cid ii dirtayna ma jirto." Arrintaas darteed in ay badda u qaadeen iyo in kale ma sixi karo. Sheekh Ciise waxaa la sii daayay laba biloob ka dib meel uu ku danbeeyeyna ma ogayn. Laakiin Sheekh Ciise waxaan la kulmay sannadkii 1991-kii. Waxaan tagnay magaalada Perugia oo magaalamadax u ah gobolka Umbria ee dhaca bartamaha dalka Talyaaniga. Waxaa halkaas ku noolaa gabar la yiraahdo Fowsiyo Muuse oo xaaskayga ay labo walaalo ah kala dhaleen. Halkaas ayaa Fawsiyo ii sheegtay in uu joogo nin la yiraahdo Sheekh Ciise-Indhoole. Fowsiya ayaan ka codsaday in ay i la kulansiiso Sheekh Ciise. Maalintii dambe waa la i waday waxaana la i geeyay gurigii uu degganaa Sheekh Ciise iyo reerkiisu. Markaan salaamay dabadeed, waxaan ku iri,: Sheekh Ciisow ma i garanaaysaa? Sheekh Ciise: wuxuu yiri, "Codkaas igu ma cusba." Ka dib madaxa intuu leexleexshay, sidii nin wax soo xusuusanaya, ayuu ugu dambayntii yiri, "Waa Qulux-quluxle!" Waxa uu raacshay, "Maxamad Cabdi Caynab." Sheekh Ciise markaas waxa uu u shaqeeyaa Raabidadda Caalamka Islaamka. Waxa uu u joogaa xafiiskii ay Raabidaddu ku lahayd degmada Perugia ee dalka Talyaaniga. Ugu dambayntii, waxa uu u guuray Australia oo uu ilaa hadda ku noolyahay. Waxaa kale oo barxadaas ku xirnaa gabar la yiraahdo Ina Yuusuf Firin Abees. Magaceedii ma xasuusto. Waxaa kale oo jiray nin ka yimid gobolka Soomaalida ee Itoobiyaa oo la soo xiray. Waxaa na loo sheegay in ninkaan uu Soomaalida Itoobiya lacag kaga urursaday in uu dhalay Dr. Cabdirashiid Cali Sharmarke. Nin aad u qurux badan oo midab furan oo timo jilicsan buu ahaa. Waxaa na loo sheegay in ilma Cabdirashiid ay soo xirteen; ma run baa ma been baa, ma aqaan, keli ah waxay ahayd wararka maxaabbiista ku xiran NSS-ta Shibbis. Waxaa kale oo jiray labo nin oo calooshood-ushaqaystayaal ahaa: nin u dhashay Yugoslaafiya iyo nin u dhashay dalka Benin oo ka soo baxsaday Jabbuuti.

Eheladeydii dhowr maalmood ayay i baadigoobayeen markii la i xiray oo ayan ogeyn meel aan ku sugnahay. Waxaa jirtay gabar eeddaday dhashay oo la yiraahdo Safiya Cabdullaahi. Waxay dhigan jirtay iskuulka 15 Mey waxayna isku fasal ahaayeen wiil ka tirsan ciidamada NSS-ta ah . Wiilkaas waxa uu ka shaqaynayay xarunta aan ku xirnaa. Waxay u sheegtay in aan u xirnahay NSS-ta. Sidaa darteed, waxay ka codsatay in uu i soo raadiyo. Isaga ayaa Safiyo u sheegey meesha aan ku xirnahay. Habeenkii marka qolkayga la igu xiro, mar walba waxaan ahaa nin u toog haya goorta ay imaan doonaan kuwii i jirdili jiray. Welwelkaas ilaa 10-ka fiidnimo waa i hayn jiray. Welwelkaas aniga oo ku jiray ayaamo ayay kooxdii jirdilku igu soo noqdeen.

Taariikhdu waxay ahayd 16/06/1980. Waa maalin Isniin ah. Nasiib wanaag, habeen kasta waxaan isku xiri jiray kubbadahii yaryaraa. Waxaa kale oo guul ii ahayd in markaan aan haysto dhowr nigis oo difaaca ii sii badinaysa. Dareen-ku-joog baan ahaa iyo dhegta oo mar walba ii taagan. Anigoo diyaarsan baa albaabkii la soo furay. Sidii caadada u ahayd, indhihii bay iga xireen, katiinaddu horey bay iigu xiranayd. Sidii ay ahaan jirtay, markay ii soo galeen wejigoodu waa uu qarsoonaa. Meeshii xeebta Xalane ka dambaysay baa la i geeyay. Isla su'aalihii ay horay ii waydiin jireen ayay i weyiiyeen, kuwaas oo ah: qiro waxa aan ku weydiinayno iyo markhaati aan kaa dhigano iwm. Habka jirdilku waa isla sidii ay samayn jireen. Waxba ka ma ayan beddelin. Jirdilkaan waxa uu igu socday lix habeen oo toos ah, ilaa sabtidii 21 Juun, 1980. Si aad iyo aad ah ayaan u tabar darreeyay, waxaana iigu darnaa dhabar xanuun.

Madiina Xuseen Jayte habeen kasta marka qolka la igu soo celiyo waxay hubsan jirtay in nolol igu jirto iyo in kale oo gidaarkii bay so garaaci jirtay. Waxay ii sheegtay marka ay jawaab iga hesho in ay seexan jiraty. Madiino garaacidda ay gidaarka soo garaacayso ayaa ii noqday mid aan weheshado. Nafis iyo naruuro ayaan ka heli jiray oo sidii qof qaraabo ah oo i soo booqday ayay iiga dhigneyd, waayo waxaannu ahayn laba dhibbane oo isu danqanaya.

Habeennadii ku xigay cid ii timid ma jirin, laakiin anigu diyaar iyo heegan baa iska ahaa ilaa ay gooreysadu dhaafto ama u dhowaato habeenka bartamihiisa. Markaas ayay naftu i siisaa jawaab ah in aan caawa la ii soo socon.

Waxay sidaa ku socoto, ilaa toban habeen oo isku xiga kooxdii jirdilka ma hayo. Niyadda ayaan ka inkaaraa oo ka iraahdaa meel xun iyomeel daran ka baxa. Waan iska nastay oo naftaydu way so noqotay. Waxaa si wanaagsan ii baanatay gabadhii aan deriska ahayn Madiina Xuseen. Iyada si caadi ah ayaa raashinka loogu keeni jiray, anigase la iima oggoleyn in raashin dibadda la iiga keeno. Hooyaday iyo gabadhii eeddaday dhashay ee Safiya raashin bay ii keeni jireen laakiin waa marka Cali Carays Ciise uu ilaalada ku jiro keliya.

Waxa aan xaaladdaas ku jiray jirdil la'aanta ah ilaa iyo maalin Talaado ah oo taariikhdu ay ahay 4-tii Noofeembar, 1980. Maalintaas waxaa la ii wareejiyay Godkii Jilacow oo laga xukumey qaybta Gobolka Banaadir ee NSS-ta. Waxaa la igu xiray qol kaa qabanaaya dhanka midig marka laga soo galo albaabka wayn ee xarunta. Qol wayn oo waasac ah ayuu ahaa laakiin aan waxba ool. Waxaan watay dharkii uu Cali Carays iigu keeney saldhiggii Shibbis. Waxaa kale oo aan wataa buste aan dhulka dhigto, dhowr macawisood iyo nigisyo badan iyo kubbadahaygii aan u baxshay xiniinyo-badbaadshe. In kasta oo Cali Carays uu hiil wayn ii galay, misana xaaladdeyda ma uusan gaarsiin qoyskeygii, aniguna ka ma aanan codsan in uu guriygeygii inta tago uu hooyaday iyo qoyska u sheego meesha aan ku sugnahay. Sababta aan codsigaas ugu gudbin waxay ahayd, waxaan dareensanaa in uu ka cabsanayo in uu tago oo galo guri ku tilmaaman kacaandiid. Sidaa darteed, waxaan ku qanacsanaa hiillada uu ii qabtay oo ahayd mid igu filan ilaa xad.

Qolka la igu xiray albaabkiisu waxa uu leeyahay daldaloollo laga daawan karo barxadda xarunta. Halkaas waxay ii suuragelisey in aan kala socdo dhaqdhaqaaqa ka socda barxadda Godka Jilacow. Waxaan arkaa socodka subaxdii dadka loo wado suuliga iyo kuwa laga keenayo. Subaxdii iigu horreysey waxaa ii muuqatay arrin aan la yaabay. Waxaan arkay nin aan saaxiib dhow nahay ehelna nahay oo suuliga loo wado. Ninkaasi waxaa la yiraahdaa Cabdirisaaq Maxamed Cali (Bogcad). Waxa uu ahaa arday dhiganayay Kulliyadda Beeraha. Mar waan la fajacay ninkan dhallinyarada ah oo isaguna xiran, marna waan ka naxay. Waxaa igu soo dhacay hadalkii uu Cali Carays igu yiri oo ahaa saldhigga NSS-ta ee Shibbis dadka ku xiran dhammaantood waa Majeerteen. Sababta Cabdirisaaq loo soo xiray ma helin, waayo fursad aan isku hor fariisanno isu ma helin ilaa aan waa dambe is-aragnay, taariikh 25/2/2019. Maalintii suuliga loo waday ayaa wejigiis iigu dambeysey,taariikhda aan xusay ayaan si lamafilaan ah Cabdirisaaq ku la kulmay magaalada Garoowe, kafeteriyada lagu magacaabo Kallis. Xilligan 39 sano ayaa ka soo wareegtey subaxii suuliga Godka Jilacow loo waday. Cabdirisaaq waxaan u sheegey subaxa aan ku arkay Godka Jilacow. Dabadeed waxaan weydiiyey sababta loo soo xiray. Waxa uu ii sheegay in maalinkii aniga la i xiray uu ii soo qaaday buug aan akhristo, shukumaan iyo macawis. Waxa uu yimid Godkii Cirday isaga oo i raadinaya. Markii la weydiiyay yaad u waddaa alaabtaan, waxa uu ku jawaabay waxaan u wadaa nin saaxiibkay ah oo la yiraahdo Maxamed Cabdi Caynab. Warkii waxaa loo gudbiyay ninkii kiiskayga gacanta ku hayay ee ahaa Cabdullaahi Ismaciil Cirro waxa uuna amray in la xiro. Sidaas ayuu Cabdirisaaq Bogcad muddo laba sano ah ugu xirnaa Godka Jilacow.

Waxaa kale oo barxaddii xarunta iiga muuqday dad badan oo aan garanayo, kuwaas oo dhamaantood maxaabbiis ku ahaa Godka. Waxaa ka mid ahaa, Allah ha u naxariistee, adeerkay oo ku magac dheeraa Cali Nuur Cali (Cali-Qood). Waxa uu ka mid ahaa odayaasha magaca wayn ku lahaa Gobolka Bari. Waxa uu qol wayn ku la xirnaa rag badan oo Majeerteen ah. Raggaas waxaa la gaarsiiyay in aan aniga oo ina Cabdi

Caynab ah aan ku xirnahay qol keligey. Laakiin anigu wax ma tari karo iyaguna wax ima tari karaan. Maalintii la sii daayay waxa uu iiga tegay dhar fara badan dib dambana u ma arag. Raggii badnaa ee aan xabsigaas ku arkay, kuwa aan ka xasuusto waxaa ka mid ahaa Xirsi Bulxan Faarax oo wasiir iyo xildhibaan ka soo noqdey dowladdii rayidka ahayd. Cabullaahi Cumar Ismaaciil (Casaro) oo ka mid aha ganacsatada waawayn ee Gobolka Bari. Nabadoon Haybe Faarax-Baashane iyo Cabdiweli Faarax Qambi oo hore u ahaa xeer-ilaaliye. Daldaloolkii ku yiil albaabka qolka waxaan ka helay xog badan oo la'aantood aanan heleen. Subaxdii iyo makhribkii hawl kale ma aanan lahayn ee waxaa shaqo ii ahayd daawashada dadka suuliga loo kala horayo. Arrintaas waxaan ku illaawaa gaajada, waayo mar qur ah ayaa cunno aan dheef lahayn la i siiyaa. Saxan baasto ama bariis ah oo dallac-bilaash maraq looga dhigay iyo xabbad moos ah ayuu ahaa raashinku, kaas oo weliba maalmaha qaarkood la weynayo oo ma ahayn wax si nadaam ah ku socda.

Maalin khamiis ah oo taariikhdu tahay 6/11/1980, saacaduna ay tahay abbaarta 11:00 barqanimo, ayaa niman dhowr ah albaabka igu soo fureen. Waxa la ii waday xafiiskii Cabdullaahi Iamaciil Cirro oo ku yaalla dhanka midig hoolka wayn ee maxaabbiistu ku jirto. Aniga oo garbaha la i hayo ayaa Cabdullaahi Ismaciil la i soo hor joojiyay. Waxa uu igu yiri, "Waaryee, waxaan akhriyay kiiskaaga. Dee waxaan ku arkay in aad ardo Quraanka ka bilowday madarasatu Al Falaax ee xaafadda New Hargeysa."
"Waa sax arrinkaas."
"Oo dugsiga hoosena waxa aad ka bilowday Dugsiga Hoose ee Riis."
 "Waa sidaas," baan ku iri.
Inta uu si fiican ugu kuur-kuursaday kursigii buu yiri, "Waaryee, ma abti baan kuu ahaa?" Ninkaas masuulka ah dareen danqada iiga ma muuqan dhibaatada aan ku sugnahay laakiin waxa uu iga raadinayaa in hooyo Isaaq ah ay i dhashay. Waxaan hubaa damiir xumidiisa, xataa haddii ay hooyo Isaaq ah ay hooyo ii tahay in aanan hiil ka heleen. Waxaan ugu jawaabay sidaan, "Maya, abti ii ma tihid, hooyaday iyo abbahay waa ilma-adeer. Intase aad hayb abtinimo raadinayso maad haybta Soomaalinimo wax iigu qabatid oo dembigaan masabbidashada ah oo aad feylkiisa diyaarinayso iga daysid. Weliba waxa aad hoos fadhida calankii Soomaaliya oo ugu dhegganaa kursiga gadaashiisa."

Inta uu yara wajiga duuduubay isaga oo aan arkayo in uu dhibsaday hadalkeyga ayaa waxaa afkiisa ka so baxay, "Soomalinimo! Soomaalinimo!" Ma uusan dhammaystirin hadalkii. Ugu dambayntiina waxa uu igu yiri, "Mahbar baad tahay, hawshaadana waannu gelaynaa, runtana adigaa qiran doona." Dabaeed wuxuna amray in qolkii la igu celiyo. Dareen wayn ayaa i galay oo waxaan ka shakiyey in jirdilkii aan ka nastay dib la iigu bilaabo.

Malahaygu ma xumayn. Habeenkii bishu ahayd 06/11/1980 oo Khamiis ah, waxaa dib u bilaabatay in la i la baxo iyo xeebtii Xalane ka dambaysay. Markaan ciqaabtu kedis igu ma ahayn oo ilaa xad waan qabatimay waayo ma ahayn wax igu cusub. Waan xoogganahay waana diyaar garoobay. Markii gaariga la iga dejiyay, caawa khudbad dheer bay ii jeediyeen. Hadba mid iyaga ka mid ah baa i waaninaya. Mar waa la i handadayaa, mar way i sasabayaan, sidii ilme carruur ah in ay la hadlayaan oo kale. Waxay igu yiraahdaan, "Runta iska qiro, dilkaaga waxba ku ma falayno. Haddii aan rabno nafta waa kaa qaadi karnaa meydkaagana badda baan ku tuuri karnaa oo waxa aad noqon dameer dhintay. Waxay raggii NSStu iska hadaaqaan, jawaabteyu waa ay koobnayd oo waxay ahayd anigu ma aqaan cidda lagu maragfurayo, ma yeeli karo markhaati been ah, dembina ma aanan gelin. Sidii caadadu ahayd, dhulka ayaa salka la ii dhigay. Xarigii bay surka iyo lugaha dhanka canqawga isku xireen, wayna gunteen oo soo jiideen, ka dib waxaa isa soo galay garkii iyo lowyahii oo waxaan noqday giraangir wareegsan. Isla sidii bay surka i jebiyeen oo gadaal u qabteen, sankana way iga qabteen oo afkana biyo bay igaga shubaayaan, si aan u hafto. Xinniinyaha mid gacantu go'day ayaa iga haya balse Aalxamdulilhaah e farsamadii waa ii shaqaysay. Balse cabaadka iyo qaylada waan ka sii darayaa. Markaas bay inta run moodaan qabashada ka dabciyaan. Dhegahayga waxaa ku soo dhacaya hadallo ay ka mid ahaayeen, "Waryaa ninka xinniinyaha ha qarxin," iwm. Halkaas waxaan ka gartay in ay rabaan in ay i xanuujiyaan balse aanu qasdigoodu ahayn in la i dhufaano.

In kasta oo aan is oranayay jirdilka waad is barateen, misana habeenkaas asaga ah waa dhib badnaa jirdilku. Ma aqaan ma dilkii baan hilmaamay mise siyaado ayuu igu ahaa. Caawa waxaa iigu darnayd neefta iyo culayska biyaha. Markii ay xoogaa igu wadaan ciqaabta, waa hakinaayeen, si ay ii waraystaan. Ma miyir beelin, qiyaastii labo saac ka dib baa qolkii la igu soo celiyay iyada oo meel kasta i xanuunayso. Subaxii hore baa musqusha la ii sii daayay oo aan iska soo dhaqay ciiddii xeebta iyo dhegdheggii biyaha badda. Maalintaas qado la ii ma keenin balse xoogaa aan haystay baan iska cunay oo aan shalay dhigtay. Cunnada aan dhigto waxaa u sabab ahaa markaan arkay in raashinka aan mararka qaar la ii keenin ayaan waxaan go'aansadey in aan qado walba qayb ka reebto. Ujeeddadu waxay ahayd in aan ku qadeeyo haddii ay qado la'aan igu dhacdo. Mararka qaarkood waa ay iga qurmi jirtay laakiin iyada oo quruntay ayaan cuni jiray.

Habeenkii ku xigayna waa ay ii yimaadeen, sidii ay ahaan jirtay. Sidaa oo kale, habeennadii xigay. Dadkaas jirdilka igu sameynayay badankood waan bartay. Isla iyaga ayay ahaayeen kuwa dowladda ugu qornaa in ay dadka u ciqaabaan. Magacyadoodu waxay ku qornaayeen waraaqdii maxkamadda oo waa ay igu maragfurayeen. Shahaado-suur ayay isku raaceen in ay qof walba oo dulman ku eedeeyaan. Haddii aan wax ka xuso waxaa ka mid ahaa:

1-   Dhamme Abuukar Qoorey. Wuu dhintay.
2-   Xiddigle Qaasim Yusuf Cali (Calooley). Wuu dhintay.
3-   Saddex-alifle Cumar Cabdullaahi Buraale (Dhuxulow): Ma garanayo meel uu ku dambeeyay.
4-   Laba -alifle Maxamed Cabdi. Wuu dhintay.
5-   Dable Xasan: sannadkii 2005-tii waxaan ku arkay magaalada Leicester ee UK isaga oo ka yimid Holland. Waa uu baxsaday markii uu helay in la ogaaday, dhowaan waxaan ogaaday in uu weli Leisceter buu ku nool yahay , lakiin waxaa la ii sheegay in uu yahay shakhsi aad u fiican oo ikhyaar ah hadda.
6-   Sarkaal-xigeen Axmad Timajilic: waa dhintay oo waxaa lagu dilay Dagaalkii Sokeeye. Maalinta la dilay nin taagnaa baan ku kulannay Masjiidka Shephards Bush ee Galbeedka London. Waxaa Xamar ku dilay jabhaddii USC.
7-   Sarkaal-xigeen Nuur Daalacay: meel aan ku sheego ma garanayo, geeri iyo nolol war ka ma hayo.
8-   Laba-xiddigle Axmed Daqarre, meel aan ku sheego ma garanayo, geeri iyo nolol war ka ma hayo

9-	Xiddigle Cismaan Jiis: waxa uu ahaa oo kale garsoore kubadda cagta. Waxaan ku arkay Geneva isagoo baabuur lagu wado oo curyaamay. Wuu dhintay.

10-	Gaashaanle Cabdullaahi Ismaciil Cali (Cirro): Hargeysa buu ku noolyahay, waxa uuna noqday Wasiirka Arrimaha Gudaha xilligii dawladdii Rayaale Kaahin oo ay isla ahaayeen NSS-tii Soomaaliya. Waxaa la ii sheegay isagoo tusbax wayn wata in uu gidaarada Hargeysa fariisto.

11-	Dhamme Yusuf Cige: Meel uu ku danbeeyey ma garanayo, geeri iyo nolol war ka ma hayo.

12-	Dr. Cali Muxiyadiin Muunye (Mungaabi): Waxa uu ku noolaa bariga London. Geeridiisa ma maqal.

13-	Gaashaanle Sare Cali Xuseen Diini: waxa uu ahaa madaxa NSS-ta ee xarunta Shibbis. Magaalada Roma ayaan ku arkay 1991, geeri iyo nolol war ka ma hayo.

14-	Gaashaanle Aadan Cirday: Madaxii NSS-ta gobolka Banaadir ee Godka Jilacow. Wuu dhintay.

15-	Dhamme Cabdulqaadir Xaaji Cali: waxa uu ka mid ahaa saraakiisha NSS-ta ee Godka Jilacow. Geeri iyo nolo war ka ma hayo meel uu ku dambeeyo.

16-	Dhamme Cabdulqaadir Axmed Cismaan: waxa uu ka mid ahaa saraakiisha NSS-ta Godka Jilacow. Geeri iyo nolol war ka ma hayo meel uu ku dambeeyo.

In kasta oo raggaasi ahaayeen saraakiil, misana waxay ku mushahar qaadan jireen in ay ciqaabaan dadkii ay u dhaarteen in ay difaacaan. In kasta oo anigu aanan ahayn nin u hadli kara dadkii badnaa ee raggaas iyo saaxiibbadood ay ku qahreen xabsiyada, laakiin anigu waan iska cafiyay kooda nool iyo kooda dhintayba.

Waa maalin Axad ah oo bishu ahayd 16/11/1980. Goor toban cisho si joogta ah jirdilku iigu socday ayaa maalintaas xilligii casarka ahaa dabadiis waxaa la soo furay albaabkii qolka, waxaana soo wada galay Axmed Timajilic oo uu weheliyo takhtarka la yiraahdo Dr. Cali Muxiyadiin Munye (Cali Mugaani). Takhtarku waxa uu ahaa nin cas oo Barawaani ah. Afka iyo sanku waa u xiranyahiin, waxa uuna wataa qalabka takhaatiirtu ay wax ku baaraan ee dhiigkarka. In uu i la hadlo ayuu bilaabay. Dr. Cali Mungaani wuxuu igu yiri, "Adiga runta maa iska sheegtid, maxaa isu dhibaysaa?" Faradheer dhib badana buu sii leeyahay! U ma aanan jawaabin oo indhaha in aan ka eego mooyee wax hadal ah u ma celin. Waxa uu la soo baxay qalabka wadnaha lagu dhegaysto oo uu ku dhegeystay garaacidda wadnahayga xooggiisa. Waxa uu kale oo eegay meelaha katiinaddu igaga xirantahay oo caabuq yeeshay iyo surka meelihii xarigga la iiga xiri jiray. Markii uu dhammaystay baaritaankii ayuu la hadlay Axmed Timajilic oo ahaa askarigii la socdey. Takhtarkii ayaa yiri, "Weli waa lagu sii wadi karaa, waa dhallinyaro." Hadalkaas waan maqlayaa. Nolosheyda niyadjab iiga xanuun badan i ma soo marin. Waa takhtar soo bartay xanuunnada kelyaha ama kaadi mareenka, sida aan gaadaal ka ogaaday. Aqoon aadmiga lagu badbaadiyo ayuu xambaarsanyahay, waana Soomaali ka mid ah dadka ugu dakhliga wanaagsan bulshada xilligaas. Wax aan ku tilmaamo ma garanayo. Waxa uu iigu muuqday takhaatiirtii Jarmalka ee dagaalkii labaad maxaabbiista korkooda si walba u xumeyn jiray iyaga oo ku baranaya aqoonta caafimaadka. Dr. Cali Mangaani gadaal waxaan ka ogaaday in uu ahaa nin aqoon wanaagsan leh. Si gaar ah waxa uu u ahaa takhtar Urology iyo dhakhtarka khaaska ah ee Maxamed Siyaad Barre.

Ciqaabtii badnayd oo ay i mariyeen darteed, waxaan gaaray heer marka la i kaxaynayo ee jirdilka loo socdo ay i qaadaan, marka la iga soo celiyana sida meydkii bay igu dhex tuuraan qolkii. Mararka qaarkood isxaan bay ii sameeyaan oo gogoshii bay i dhex dhigaan, marar kalena irridka oo dhanka gudaha ah bay i dhigaan oo firaashka waan u gurguurtaa, haddiiba ay dhacdo in aan gurguuran karo. Waa ay dhacday marar badan in meeshii la i dhigay waagu iigu beryay, tabar darri darteed. Meel kasta waa i xanuunaysay, waana adagtahay in aan erayo ku soo koobo silicii aan ku jiray maalmahaas, maxaa yeelay meel ii fayow baa jirkayga ku yarayd.

Kaarka (xanuunka) i hayey ma aha mid aan faahfaahin karey ee waxaan ku soo koobaa in uu ahaa xanuun oo keli ah; jirkeygii oo meelaha qaarkood malaxi gashay, timaha oo aad iigu baxay oo raamaystay oo ii soo uraya, injir kor iyo hoosba iga gashay oo aan la qabsaday qaniinyadeeda, waayo gacanta isaga ma qaban karo oo katiinad ayaa igu xiran habeen iyo maalin. Waxaas oo dhan waxaa iigu darnaa markii uu cudurka xundhurta (Dysenteria) igu dhacay, welwelka daran iyo cunnada wasakhda ah ee raagtey oo la na la siinayay darteed.

Intaan xirnaa xanuunnada igu dhacay waxaa ka mid ahaa shuban (Diarrhea). Illeen waa tan laba goor oo keli ah laguu oggolyahay in aad suuliga ku soo xaajooto e, waxaan ku khasbanaadaa in aan ku saxaroodo meel xagal ah oo isla qolka gudihiisa ah.

Waxaa dhacday in ay dhib ii keentay nadaafad darradii qolku. Wasakhdii qolka dhex tiil ayaa waxaa ka dhashay cayayaan badan. Waxaa ugu darna baranbarada tirada badan ee qolka i la wadaagay. Isma oran cayayaan ayaad deris wadaageysaan, laakiin dhab ahaan taasi waxay ahayd nolol aan soo maray. In badan baan jeclaa in aan mar ka sheekeeyo. Waxaan aad uga biqi jiray injirta in ay sanka ama dhegaha iga galaan marka aan hurdo. Waxaan kaga gaashaantay in aan dhegaha habeenkii isaga guro cudbi ama maro ayaan isaga gufayn jiray sankana go' ayaan ku duuban jiray.

Maalintii Axad ee 23/11/1980, casarkii ka dib, waxaa mar labaad ii soo noqday Dr. Cali Mungaani. Isaga oo afku u xiranyahay ayuu intuu ii soo dhowaayey waxa uu igu yiri, "Ma istaagi kartaa? Dhakhso istaag." Xilligaas waxaan ahaa qof tabar beelay oo si fudud u ma istaagi karin. In kasta oo ay igu adkeyd in aan istaago, misana waxaan iska dhigey qof aan istaagi karin. Dhaawac midka i hayay ka wayn ayaan muujiyay, si uu takhtarku iigu caaddifoodo. Markii uu i arkay in aanan joogsan karin, waxa uu bilaabay in uu caafimaadkeyga gudaha eego. Wadnaha, sambabbada, indhaha, iwm, ka dibna askarigii la socday buu ku yiri, "Ninkaan dil dambe loo ma celin karo, waa dhimanaayaa. Bes waaye." Waan maqlaayaa hadalka. Meel hoose ayaan raxmad ka dareemayaa. Niyadda ayaan iska iri: Yaa Rabbi, go'aankaa takhtarka mid la fuliyo ka yeel. Warkaas waa ku diirasday balse maxaa xigi doona, Allaah baa og. Habeenkaas tartiib baan iska joogay. Hurdo ma jirto oo cayayaan subaac ah baa i cunaya; kaneeco, injir, baranbaro duulaysa, xanuun, xaalku waa adagyahay.

Habeenkii Isniinta ee 24/11/1980, iyada oo gooreysadu ay tahay 08:00-kii fiidnimo ayaa askar iga la baxeen qolkii, gaarigii Landrover-ka ahaa ee shiraaca lahaa oo la i saari jirey marka jirdilka la ii wado ayaa la i saarey. Gaariga waxaa wada Cabdullaahi Ismaciil Cirro waxaana waheliya Axmed Daqarre iyo Qaasim Calooley. Waxaan la yaabay habeenkaas in aan indhaha la iga xirin. Waxaannu u soconnay dhanka wadadda Lafoole ama Afgooye aadaysay. Afgooye waan dhaafnay, waddadii laamiga ahayd baannu qaadnay. Goortaan gaarnay meel aan is iri waxay u dhowdahay magaaladii Marka ayaa loo leexdey dhanka bidix, jid cadde bannaan ah. Waxaa runtii igu soo dhacday armay meeshaan cidlada ah kugu toogtaan. Baqdin xun ayaa i qabatay, waana argagaxsanaa naxdin darteed. Waxay ahayd marka keli ah ee aan nafteyda u baqay oo ay igu soo dhacday fekrad ah in aan qirto beenta ay iga doonayaan in aan ugu markhaati furo.

XABSIGII LAANTA BUUR LA IGU TUUR

Markaannu in door ah soconnay, waxaannu ku soo baxnay gidaar dheer oo irrid weyn leh. Gidaarku inta ishu qabato waa wareegsanyahay. Irridka weyn dushiisa waxaa ku qornaa far waawayn oo ahayd sidan: CIIDAMMADA ASLUUBTA SOOMAALIYEED: XABSIGA LAANTA BUURE. Magaca xabsiga Laanta Buur in badan ayaan maqli jiray. Soomaali oo dhan waa maqleen meeshan ba'day ee lagu cabburiyo dadka. Xabsigaasi waxa uu ugu waynaa dhismayaashii cabsida badnaa ee astaanta u ahaa dawladdii Kacaanka. Oday xikmadyahan ah oo la yiraado Faarax Maxamed Cali (Faarax Goloolley) ayaa Kacaanka oo bilow ah waxa uu bixiyey ooraahdii ahayd, "Afkaaga hayso, ama Afwayne raac, ama Afgooye aad." Afgooye waxa uu u la jeeday xabsiga Laanta Buur oo ku yaal meel u dhow degmada Afgooye. Mixnadda i haysatay darteed, xabsiga sidaas la isugu cabsiiyo ayaa markii uu ii muuqdey ku farxay. Haddiiba aan ka badbaado dil, waxaa ii muuqatay in aan ku nasanayo Laanta Buur.

Albaabkii waynaa ayaannu soo hor joogsannay. Waa albaab laba dhinac u furma. Markii la ogaaday cidda gaariga saaran, albaabkii waa la furey, markaasaannu horay u galnay. Waa habeen, barxad wayn baa ii muuqatay oo ayan jirin wax dhaqdhaqaaqaya. Gaarigii meel gees ah ayuu joogsadey. In yar ka dib, gaarigii waannu ka degnay oo waxaannu u lugaynay meel cabbaar noo jirtay. Waxaannu galnay irrid yar. Waa Qamtii Laanta Buur iyo nolol cusub. Albaabkii hore markaan soo dhaafnay, waxaan soo marnay deyr aan sidaas u dheerayn oo albaabka yari ku yaal, waana galnay. Waxaa na la socday koox askarjeel ah oo wada sita qoriga AK-47. Irrid yar oo geed wayn ku hor yaallo ayaannu galnay dhammaantayo, saddex xafiis baana ku safnaa. Ninkii habeenkaas heeganka xerada ahaa ayaa codsaday in yar in la sugo oo waxa uu yiri, "waxaan u yeerayaa ninka madaxda ka ah Laanta Buur" (magaciisa ma xasussuto hadda). Kursi baa la igu fariisiyay, wax hadal ama sheeko ah ma jirto. Cabdullaahi Ismaciil Cirro iyo askartii la socotay baa isla sheekaysanaya, qaarna bannaanka bay sigaar ku cabbaayeen. Xaraaraddayda cidina ma danaynayso, iska daa haash la ii tuuro warkiise.

Cabbaar ka dib waxaa yimid nin oday ah, madaw, tima jilicsan, macawis xiran, ayna ka muuqato in hurdo laga soo kiciyay. Salaan ayaa dhex martay odaygii madaxa ka ahaa Laanta Buur iyo Cabdullaahi Ismaciil Cirro. Ka dib waxa uu u dhiibay gal dacwadeedkaygii iyo waraaqdii la igu soo wareejiyay. Markii la kala saxiixday, Cirro iyo kooxdiisii waxay nabadgelyeeyeen askartii xabsiga joogtay wayna tageen, xitaa nabaday la i ma oran, anna hoos baan ka lahaa baabuurku idin la qalliban, idanka Allah.

Odaygii baa war gaaban ii akhriyay. Waxaa ka mid ahaa hadalladiisii, "Ku soo dhowow xabsiga Laanta Buur." Waxa uu i weyddiiyay in aan maqlay iyo in kale xabsiga Laanta Buur?"

"Waa aan maqlay."

"Maxaad ka taqaannaa amase ka maqashay xabsiga Laanta Buur?"

"Waa xabsi, wax kale ka ma ogi," ayaan ku soo koobay.

Hadalkii ayuu qaatay oo yiri sidaan:

• Xabsigaan waa xabsi ammaankiisa aad loo adkeeyey.

• Hal qol baad ku xirnaanaysaa ilaa inta lagaa sii daynayo ama aad ku dhimanaysid. (Caloosha ayaa la i maroojay marka uu hadalkaas yiri).

• Musqushu gudaha bay kuugu taal.

• Sariirtu waa dhagax shamiito ah.

• Barkintaadu shamiinto ayay ka sameysantahay.

• Qolku waa saddex mitir oo dherer ah iyo ballaca oo ah labo mitir.

• Labo albaab oo kala dambeeya buu leeyahay.

• Musqushu wejidhaqa iyo mayrashadu waa dhanka dambe.

• Subax, duhur iyo casarkaba raashin baa lagu siin.

• Haddii aad xanuusatid dhakhtar waannu kuugu yeerin.

• Haddii aad u baahatid wax akhris, waxaa noo yaal Insaykaloobiidiya duugoobay, buugna waan ku siin karnaa.

• Wargeyska Xiddigta Oktoobar maalindhaaf baad u helaysaa.

• Maalintii waxa aad xaq u leedahay 15 daqiiqo oo socod ah ama qorraxda aad arkaysid waana gelinka hore, balse haddii uu roob da'ayo qolkaaga baad ku jiraysaa, bixitaan ma jiro .

• Haddii aad isku daydo in aad baxsato waannu ku tooganeynaa. Weligeed Laanta Buur maxbuus ka ma baxsan, adigana kuu ma suuragelayso in aad ka baxsato, hana ku fekerin, Ok!

Waxaana ugu jawaabay, "OK."

Marka uu warkiisi dhammeeyay ayuu igu yiri, "adeer (waa kalmaddii iigu horaysay oo naxariis leh ee aan maqlo ilaa iyo 29/01/1980k), wax su'aal ah miyaad qabtaa?"

"Maya adeer" baan ku iri. "Waad mahadsantahay." Waxa uuna ku soo koobay hadalkiisa sidaan:

"Annagu ku ma soo xirin, waa na loo kaa keenay, waana ku haynaynaa intii ay noqoto. Ma garatay?"

"Waa aan gartay" baan ku jawaabay. Ninkaas odayga ah oo intaas oo ballanqaad ah sameeyey marna hadalkiisa ka ma maqal, Inshaa'Allah ama haddii Alle yiraahdo. Askartii intaa uu i la hadlaayo way kala ordayaan, waana fahmay in ay qol ii diyaarinaayaan, sababtoo ah hadba waxay soo galayaan iyaga oo go'yaal cad cad wata, ama barkimo jilicday iwm. Waxaan u fahmay in odeygu uu waqtiga dilayo ilaa inta qolka la ii diyaarinayo.

Xafiiskii ayaan ka soo baxnay, waxaan soo galnay albaab kale oo buluug ah oo dhuuban, dhanka bidix waxaa safan albaabbo ama qolal, dhanka midigta waa gidaar dheer. Qolalka iyo gidaarka dhexdooda waxaan ku qiyaasay ilaa saddex mitir. Waxaa ii suurageliyay in aan si fiican wax u arko waxaa jiray dayax iftiinkiisu buuxo. Gidaarka dushiisa waxaa ku dheggan silig shabaq ah (barbed wire) oo ku xiran saqafka qolalka dhanka bidix safan, shabaq baa isu haya; dhanka kore waa ka xiranyahay. Waxaan ku dhex soconnaa dhismihii, askar dhowr ah iyo odaygii madaxda ahaa waxaan hor istaagnay qol lambarkiisu ahaa No. 9. Waa la furay, waana sidii odaygu ii sheegay oo waa labo albaab oo kala dambeeya. Kan kowaad waa albaab caadi ah oo bir malaasan ah oo aad u adag, kan labaadna waa biro dhuu-dhuuban oo hoos iyo kor waxaa isaga haya bir yara ballaaran (door bars). Waxaa ka muuqda oo indhahaygu qabteen meel yar oo afargees ah oo dariishad yar leh oo ah meesha habeenkii askartu ka fiiriyaan maxaabbiistu in ay ku jiraan qolkooda. Waxaan ku arkay filimkii Papillion (balanbaallis).

Gudaha ayaan u galay qolkii wayna igu xireen. "Nabaday," baa mid i yiri. Qolkii baan waxaan ugu dhaqaaqay in aan fiirfiiriyo, sariirta shamiitada ah baan la yaabay. Barkinta iyaduna waa sidii xatabad shamiinto ah oo yare kacsan. Sariirtii baan ku fariistay, cagahaygu dhulka si caadi ah bay u taabanayaan. Buste bay iigu gogleen, go' cadna waa la saaray, barkin yar oo xalleef ahna waa la dhigay. Go' cad oo aan huwadana waa yaallaa. Xanuunkii iyo dhibkii i hayay, tabardarradii, kulli waan hilmaamay oo aduunyadaan ama qolkaan cusub baan waxay i la noqotay wax adduunyada caadiga ah u eg, wayse ka fogayd!

Waxaan isku dayey in aan arko bal musqusha iyo meesha wejiga lagu dhaqdo ama lagu mayrto. Musqushu waa sidii caadiga ahayd ee Soomaalidu u samaystaan musqulaha oo ah god la qoday iyo jeex yar oo kaadidu marto iyo godkii saxarada. Meesha wejiga lagu dhaqdo kulli waa shamiito malaasan, aad u ma dheera mana gaabnayn. Mayrashadu waa tuubbo af yar leh oo meel sare ku taal balse meesha laga xiro ama laga furo biyaha waa ii dhowdahay. Sariirtu dhinaca ay ku taallo oo gidaarka dhanka midigta ah waxaa ku beegan barxad yar oo ku aaddan albaabka laga soo galo qolka ilaa marka aad gelayso musqusha oo qolku waa uu kala qaybsanyahay. Meeshaas waxaa keli ah oo aad dhigan kartaa waa sijaayadda salaadda keli ah, waxa aadna dhabarka ku qaban kartaa haddii aad rabto derbiga sariirta ama gidaarka qolka kugu xiga.

Cabbaar markii aan qolkayga ku jiray ayaan soo xasuustay in aan hubsado in qof ku jiro iyo in kale, labada qol oo midig iyo bidix iga xiga ee qol lambar 8 iyo qol lambar 10. Siddii aniga la iigu soo garaaci jiray (ee afgarashada ahayd) ayaan aniguna gidaarkii garaacay: dhug dhug dhug! Qolkii 8-aad waa laga soo jawaabay, haddana kii 10-aad waa laga soo jawaabay. Aniga oo tabcaan ah oo xanuun xun ka dareemaya dhabarka iyo garbaha oo i dhaawacan ayaan isku kala bixiyay sariirtii dhagaxa ahayd, balse waan adkaysan waayay, aakhirkii dhinac dhinac baan isu tuuray. In aan seexday iyo in kale ma sheegi karo, sababta oo ah sariirta dhagaxa ahayd waa ku ladi waayey. Subaxdii hore waagu marka uu beryay baa albaabkii hore la furay si hawada loo qaato. Askariga furayey albaabada saf dheer buu ku wadaa oo mid kasta albaabka hore ayuu u furay dadkii oo dhan. Waan soo istaagay oo waxaan u soo dhaqaaqay dhanka albaabkii labaad ee biraha ka samaysnaa. Waxaan daawanayey gidaarka iga soo horjeeda siligga shabaqa ah ee dusha kaga xiran. Waa adduunyo cusub! Cabbaar haddii aan taagnaa iridkii oo aan fiirsanayo cirka, daruuraha, shimbiraha duulduulaya ayaa waxaa la ii keenay quraac. Albaabka xaggiisa hoose baa waxaa ku yaal meel daaqad aad mooddid oo qufulan. Waa bir adag oo afargees ah, raashinka baa laga soo geliyaa oo waxa aad arkaysaa gacanta qofka wada (wejiga qofka ma arkaysid). Subax bay ahayd, waxaa la ii soo geliyey baaquli shaah bigays ah iyo wax aad u yar oo rooti ah. Waligay ma arag rooti sidaas u yar! Rootigaas xabbad ka mid ah meel baan dhigtay oo xusuus baan u haystay Noofembar 1980 ilaa 2016 oo uu iga lumay.

Barqadii waxa ii soo galay nin dhakhtar ah oo dharkii dhakhtarrada gashan, surkana ku wata aaladda wadnaha lagu dhegaysto, si fiican buuna ii baaray. Shakhsi fiican buu ahaa; waxa uu ahaa nin lahjada Mudug ku hadlaya. Dhaktarkaasi aad buu uga naxay xaaladdayda iyo sida aan ku sugnaa, hadba isago oo i baaraya buu igu yiraahdaa, "Waxaan oo dhaawac ah oo malaxdu gashay ma NSS-ta dhexdooda baa sidaas laguugu galay"?

"Haa, waa la i jirdili jiray intii muddo ah," ayaan ugu warceliyey.

"Maxaa kuugu daran oo hadda aan ku qabtaa?"

"Waxaa iigu daran injir baa meel kasta iiga jirta; timaha madaxa, timaha hoose iyo meel kasta. Meesha katiinaddu iiga xirnayd oo caabuqday, surka, garbaha oo haraggii ka diirmay baa iigu daran."

Dhakhtarkii waxa uu igu yiri, "Wixii aan kuu qaban karo waa kuu qaban.

Timaha waa lagaa xiiraya isla maanta, hoosna la ma oggola lakiin sakiin baan kuu soo qarin ee si fiican isaga xiir. Intaan noolaa waan suureeyey in la i xiro laakiin marna isma oran timahaaga hoose baad idan u qaadan inaad xiirtid ama laguu diido.

"Haye, waad mahadsantahay walaal." Ninkaas wejigiisa waxaa ka muuqatay naxariis. Runtii waa uu ku qarracmay xaaladayda intii uu i baarayay. Hadba su'aal buu i weydiiyaa.

"Maxaad ahayd, ma shaqaale mise …?"

"Maya, arday baan ahaa dhigta Polytechnico."

"Ma Xamar baad degganayd mise reer-gobol baad ahayd?"

"Waxaan ahay reer Qardhood."

"Waan fahmay."

Waxa uu ii weyddiiyey, si uu u garto beesha aan ka soo jeedo, waa qaab Soomaalida koonfurtuna isticmaasho meesha gobollada kore toos la isu weydiiyo "yaad tahay?"

Barqadii mar ay tahay ayaa albaabkii la iga furay. Soo bax baa la igu yiri waxaana la i geeyay meel aan sidaas uga fogayn irridka laga soo galo qaybta aan ku xirnahay. Geed hoostiis baa waxaa yiil kursi uu ku fadhiyay nin maxaabbiistii Itoobiyaanka ee askartii 77 ka mid ahaa oo loo keenay in uu timaha iga xiiro. "Muus muus "miyaa ayuu i weyddiiyay. AF Soomaali fiican ma uu garanayn waanse fahmay oo waxa uu uga jeeday in muluq (eber) la iga siiyo timaha. "Haa! Haa," ayaan ku iri.

Qolkaygii baa la igu ceshay anigoo xiiran oo madax diiran. Hawo macaan baa madaxa iga martay. In yar ka dib, waxaa ii soo noqday ninkii dhakhtarka ahaa oo ii soo qariyay labo xabbo oo sakiimo ah iyo xoogaa aalkolo ah. Waxa uu igu yir, marka aad hoos iska xiirto aalkolada iska mari hoos oo dhan, madaxana iska mari. Waa yahay bay ahayd jawaabteydu. Sidii baan yeelay, injirtii baa iga soo daatay iyada oo mayd ah. Waan dhaqaalaystaa aalkolada oo waxay ii noqotay in igu filan saddex beri oo aan madaxa iyo hoosba aan iska mariyo, sakiintiina waa ku celceliyaa si aan u hubsado in ay iga dhamaatey. Culays baa iga dhacay, wixii i cunayay oo aan ka hurdi waayay baan ka raystay. Waxaa ii bilaabatay nolol cusub oo hurdo baan ka kici waayay, waan iska jiifaa uun. Askartii baa i la yaabtay markii ay i soo kormeeraan oo ay daaqadda yar iga fiiriyaan waan jiifa. Iska daa askarta ee aniga ayaa isla yaabay hurdadaan badan! Labo go' oo cad cad kali ah baan haystaa oo dharkii waa la iga qaaday. Dhakhtarkii baa yiri waa laguu soo mayrayaa oo waxaa la soo dhex gelinayaa biyo kulul. Khayr Allah ha siiyo, haddii uu dhintayna Allah ha u naxariisto.

Askar xabsigu waxay ii keeneen saabbuun qubays maris adag ah, si aan isaga mayro holobta iyo wasakhda oo jirkayga dabooshay. Maalintii dhawr jeer baan mayran jiray, si qoloftu iiga fuqdo. Saddex beri markii aan joogay waan is beddelay oo muuqaalkaygu nin kale buu u muuqday. Waan soo fiicnaaday oo waxay noqotoba saddex jeer baan wax cunaa, xitaa shaah casariye ah baa na la siiyaa, laakiin waa adiga iyo qol keligaa ah. Ma hadlaysid, wax aad akhrisato ma haysatid, soo fadhi weeye xaalku, balse waa tii la ii sheegay in buugaag iyo Insaykaloobiidiya taallo. Wargeyska Xiddigta Oktoobar waan iska sugayaa. Waxaan is-leeyahay wax la'aan wuu dhaamay.

Maalintii afraad baa waxaa la ii bilaabay 15 daqiiqo oo aan ku sonconayo xerada dhexdeeda, maalinna waxa la ii sii dayn jiray meel qolalka aan ku xiranahay gadaashooda ah oo geedo qurux badan leh, jid yarna leh. Marka aan ku soconayo dhabbahaas, meesha aan ka soo noqonayo askari baa la taagan AK-47, meesha aan ka bilaabay socodkana askari kale baa AK-47 la taagan, lakiin marka aan ku dhex soconno gudaha oo aan hor marayno qolalka hal askari baa fadhiya irridka laga soo galo oo harsiimo yar baa kursi u yaal. Saacadda ayaa laguu fiirinayaa oo markii 15 daqiiqo kuu dhammaato ayuu ku oranayaa haye waa in aad gashaa qolkaaga. Hadal ma jiro oo warcelintu waa "waa yahay." Hadalkaas waa farriimihii la ii soo sheegay habeenkii la i keenay Laanta Buur ee xafiiska odayga haysta uu igu la dardaarmay. Gal haddii lagu yiraahdo, adiga oo aan hadlin waa in aad qolkaaga gashaa. Haddii kale waxa aad la kulmasaa ciqaab. Maba maqli karo ereygaas, illeen ciqaabi waa tii ishaas ii yeeshaye. Waxa mararka qaar dhacday in dad maxaabbiista ka mid ah oo kelinimadii qolka darteed intay isku yara buuqeen markii qolka ku "noqo" la yiraahdo ay diidaan ka dibna intay askartu soo qabtaan oo isugu tagaan ay ciqaab xun marsiiyaan.

Alle ayaa mahad leh e maalintii shanaad waxaa la ii soo ceshay dharkaygii oo nadiif ah oo injirtii iga soo raacday Godka Jilacow laga soo nadiifiyay oo la soo feereeyay. Rayn-rayn iyo farax ayay ii ahayd maalintaas. Waxaan dib u bilaabay salaaddeydii oo awal igu adkaatay, sababtoo ah nadaafad darro dhinac kasta ah iyo dhaawacyo iska da'aya iyo aniga oo marar qaar aan ba is-nuuxin karin, taas oo igu ridday welwel ah in ay ansax ahayd salaadda aan tukaday iyo in kale. Nolol cusub oo kelinimo ayaa ii bilaabatay. Tan iigu darani waxay ahayd waqtigaan firaaqada ah maxaan ku sameeyaa? In kastoo aan weli meeshaan ku cusbaa, haddana maxaan waqtigaan ku soo yareeyaa oo nafteyda mashquul uga dhigaa baa maskaxdeyda ku soo noqnoqoneysay. Waa bani-aadam oo hadba baahi baa soo baxaysa marka mid lagaa daboolo, sababtoo ah naftu waxay u baahantahay in ay wax qabato, Rabbina sidaas buu ugu talo galay. Xoolaha ayaan u adkaysan karin in meel keligood lagu xiro dadkana warkiisa daa. Waxaan xaaladdayda si fiican ugu soo xasuustaa filimkii Papillon (Ballanbaallis) ee Steve McQueen, taas oo Steve markii la geliyay qolka keligiis ah si loo ciqaabo uu yiri ,"Markii aad ka baqdo in aad maskax ahaan isugu buuqdid, samee jimicsi." Waxa uu ku boodboodi jiray qolkii uu ku xirnaa dhexdiisa, marka uu dhidido oo daalana welwelkii waxaa u beddeli jiray farax iyo jirkii oo u kala baxa. Arrintaas ayaan aniguna ku fekerayay sameynteeda oo waxay iigu muuqatay in ay wax iga bedeli doonto. Jimicsiga iyo kalabixin muruqyada waxay faa'iido u tahay maskaxda iyo in qofka welwelku ka yaraado. Waxaan is-iri rag talo ka ma dhammaatee waa in aan xeelad helaa. Waxaa i cabsigelin jiray marka aan maqlo maxaabbiis ka dhex qaylinaaya qolalkooda, qaar caytamaya oo Soomaali ah iyo kuwo Itoobiyaan ah oo isku dhex yaacay. Haddaba, qorshaha aan helay oo Ilaahay igu toosiyay waxa uu ahaa in aan qalleeyo salaadihii iga tagay (xaalad kastaba ha iiga tagtee). Waxaan go'aansaday laga bilaabo maalintii aan 15-jir noqday iyo maanta oo aan jiro 23, waxaa ii soo baxday in la iga rabo salaad qalle ah oo dhan toddoba sano.

Sannadkii waxaa la iga rabaa: salaadda subax oo labo rakcadood ah: hal sano waa 365 maalmood x 2 rakcadood=730 rakcadood oo salaad subax, hal sano. 730 rakcadood x 7 sano= 5110 rakcadood.

Duhur waxaa laga rabaa: 365 x 4=1460 rakcadood, hal sano.

1460 rakcadood x 7 sano=10220 rakcadood oo toddobo sano.

Casarka la mid=10220 rakcadood.

Cishahana la mid=10220 rakcadood.

Maqribka =365 x 3=1095 rakcadood, hal sano.

1095 rakcadood x 7 sano=7665 rakcadood.

Waxaan qorsheeyay salaadaha qallaha ah in aan iska dhammeeyo muddo ku siman lix bilood, inshaa Allah.

Salaaddii subax waxay noqonaysaa in bishii aan tukado. 5110/6= bishii waxaa la iga rabaa in aan tukado 852 rakcadood oo salaadda subax ah. Maalintii waxaa la iga rabaa in aan tukado 852/30= 28 rakcadood. Taas oo noqonaysa 28/2 rakcadood=14 salaadood oo subax. Duhurkii waxa la iga rabaa bishii in aan tukado 10220/6=1703 rakcadood. Maalintii waa in aan tukado 1703/30 =57 /4 rakcadood=14 salaadood oo duhur ah. Casarkii oo la mid ah 14 salaadood. Cishaha oo la mid ah 14 salaadood. Maqribkii oo bishii noqonaya 7665/6=1278 rakcadood. Maalintii 1278/30=42 rakcadood. 43/3 rakcadood= 14 salaadood oo makhrib ah.

Intaas markii aan xisaabsaday baan Alle baryay in Alle iga aqbalo. Waxaan samayn jiray in salaad kasta waqtigeeda tukado, salaadaha qallaha ah ka dib markii aan tukado, salaaddii markaas joogtay. Waxaan bilaabay maalintii bishu ahayd 01/12/1980 oo ahayd Isniin, salaaddii subax. Alxamdulillaah. Waxay ii ahayd cibaado aan aad ugu faraxsanaa iyo Rabbi ka cabsi. Runtii waxay ahayd arrin aan sahlanayn balse Rabbi waa ii sahlay (Allow iga aqbal).

Askartii waardiyaha iga ahayd waxay la yaabbanyihiin salaadahaan faraha badan ee aan tukanayo. Hadba ay igu soo noqnoqdaan, iyaga oo isu yeeraya oo hadba iga eegaya daloolka albaabka. Wejiyadooda waxaa ka muuqda in ay is-leeyihiin ninku salaad badanaa, ma waashay? Askarta waxaa ka mamnuuc ahaa in ay la hadlaan ama wax weyddiiyaan ama la sheekaystaan maxaabbiista balse kuwa habeenkii soo gala way na la sheekaysan jireen qaarkood. Sababtu waxay ahayd, habeenkii waxaa is-beddela ilaa saddex askari oo midkiiba uu waardiyaha hayo afar saac. Loo ma oggola in ay meel iska fariistaan oo mararka qaarkood waa la soo kormeeraa, haddii lagu arko iyaga oo la hadlaaya maxaabbiistana waa dembi wayn oo ay ciqaab ku mudan karaan. Intaas waxay u socdaan horay iyo gadaal oo shanqarta kabahood caadi baan u maqli jirnay. Mararna waxay kaa soo eegayaan daaqadda yarta ah waxayna fiirinayaan in aad sariirtii dhagaxa ahayd saarantahay amase aad fadhido meesha uu kuu yaallo salliga salaadda. U ma badna in uu askarigu ku la hadlo. Waxaa dhici jirtay in mararka qaarkood aad ku daahdo musqusha, haddii uu askarigu daaqada kaa eego adiga oo musqusha fadhiga ku daahay ma dhaqaaqayo ilaa aad ka soo baxdo. Haddii aad ugu daahdo waxaa dhici karta in uu kuu qayliyo, "Waaryaa maxaad ka qaban meesha? Ku aaway?" iwm ayuu ku oran. Inta badan kaa ma ag fogaanayaan ilaa ay hubsadaan inaad musqushii ka soo baxday.

Noloshu wax is-beddel ah ma lahayn maalmuhuna aad bay isugu ekaayeen. Raashinka saddex waqti baa la i siiyaa. Waxaa loogu talo galay qof aniga oo kale ah oo aan lahayn awood uu wax ku kala doorto. Wixii ay ii keenaan baan ku khasbanaa, oo weliba ku qanacsanaa. Qadadu waa bariis ama soor maraq biyo ah leh, habeenkiina waa digir ama rootigii yaraa, illeen maalmo xanuun iyo gaajo badan baan soo maraye waxay ii ahayd fardo-kula-carar. Barqadiina waxaa la ii sii daayn jiray 15 daqiiqo oo socod ah. Intaas ayaa soo noqnoqon jirtay 24-ka saac.

Qolka igu dheggan (No. 10) waxaa ku jiray Jeneraal Cabdullaahi Maxamuud Xasan (Matukade), Ahn. Waxa uu ahaa jeneraalkii haystay Ciidanka Booliska Soomaaliya, wixii ka horreyey Abriil 1978. Markay askartu naga fogyihiin, hoos baannu isu la hadli jirnay. Waxa uu igu oran jiray, "adeer is ilaali, meeshaan hadday wax yar kugu helaan ogow in ay si xun kuu garacayaan." "Haye adeer," ayaan ku oran jiray. Waxaan isku la hadlay armay ninka da'daas ah oo weliba derajadaas gaaray hortay garaaceen! Wax walba ka filo dawladdii Kacaanka.

"Magacaa, waa ku ma Aabbahaa?" Ayuu maalin i weyddiiyay. Waxaa dhici jirtay in maalintii oo dhan aan hal kelmad kali ah is-weydaarsanno, sababtoo ah askartu mararka qaarkood intay cod maqlaan bay markaas inta ay tartiib tartiib, si sanqar la'aan ah, ku soo dhuumanayaan meel u dhow irridka qolka aad ku jirto. Marka waa in aad hubtaa marka aad kelmad tuuranayso in wax askari ahi aanay meesha ka dhowayn. Waxay u badnayd duhurkii iyo casarka dhexdood oo qorraxdu kulushahay. Mararka qaarkoodna barqadii markii la dhammeeyo jimicsiga baa albaabka hore na loo furi jiray laakiinse kan birta ah waa la xiri jiray. Dhawr beri ka dib baan uga jawaabay su'aashii adeer Cabdullaahi: Maxamed Cabdi Caynab baa la iyiraahdaa adeer.

"Cabdi Caynab waa laguu yaqaan. Waxa uu ahaan jiray xildhibaan sow ma aha?" Intii aanan jawaabin ayuu ku daray," Allah yarxamuhu, waan la socdaa in uu xabsiga ku dhintay." Haa adeer, ayaan ku iri.

21-kii Diseembar baa waxaa la ii keenay wargeyskii ugu horreeyay ee Xiddigta Oktoobar. Waxaa kale oo la ii keenay Insaykaloobiidiya A, B oo qadiim ah oo aan horey u codsaday. Waxaa la ii keenay kutub Quraan ah oo askari ii soo qariyay. Aad baan u faraxsanaa maalintaas. Markaas si fiican baan uga soo kabsaday jirdilkii iyo silicii Godka Jilacow. Waxaa waqtiga ugu badan iga qaadan jiray waa salaadihii aan qallaynaayay. Xaaladdaydu waxay noqotay mar aan tukanaayo, mar aan nasanayo iyo mar aan Quraan akhrinaayo. Aad baan isu mashquuliyay oo in aan ku jiro qol keligay ah maba dareemo mararka qaarkood. Marka aad muddo ku soo jirtay cadaadis iyo jirdil oo lagu keeno meel in lagu hayo mooye aan wax dhib ah laguu geysanayn, waxaad dareemaysaa in noloshaan cusubi ay ka roontahay tii hore; keli ah halkaan waxaad ka baqaysaa haddii askarigu kuu dhawaaqo qolka gal, xitaa adiga oo waqti ku harsanyahay 15kii daqiiqo waa in aad gashaa hadal la'aan. Badanaa marka aad ku beegantahay irridka qolkaaga baa askarigu ku oranayaa haye xerood ama qolkaaga gal, badanaana labadaas weerood bay isticmaali jireen. Qaarna inta ay soo kacaan bay gacanta kaaga sheegayaan oo xerood bay kuu tilmaamayaan.

Saddexdii biliood ee iigu horraysay sidaas baan iskaga jiray oo cibaadaysi, Quraan akhrin iyo mararka qaarkood oo aan iska akhristo Insaykaloobiidiyo qaddiim ah oo la ii keenay balse aad u faa'iido badnaa. Marar dhif ah baan kalmad kalmad isku tuurnaa oo aan dhaafsanayn salaan iyo sidee tahay maxaabbiista jaarka i la ah.

Waxaa ii bilaabmay dareenka iyo dhibka xabsigaan iyo sida ummadda Somaliyeed loogu ciqaabo. Waxaan ahaa qofkii ugu da'ada yaraa ee lagu soo xiro Laanta Buur, 23 sano jir baan ahaa balse waxaa madaxayga ku soo dhacayay waxyaalo badan oo aan maqli jiray oo ah dad siyaasiyiin Soomaaliyeed oo caan ahaa ayaa in xabsigaan ama Labaatan Jirow ku xirnaayeen. Waxaa madaxayga soo galay in Laanta Buur lagu hayo dad badan oo iska hay ah ama kuwo xabsi daa'im ah. Waxaan ogaaday in meeshaan ay ku xiranyihiin intii ka hartay saraakiishii Inqilaabkii dhicisobay ee 1978, sida Gaashaanle Dhexe Cabdirisaaq Sheekh Cismaan (Cali Baadiye), Ahn. Waxaa kale oo ku xirnaa maxaabbiis badan oo Itoobiyaan ah, weliba saraakishii sarsare, sida aan ogaaday. Waxaa kale oo ku xirnaa duuliye Kuubbaan ah iyo jeneraal Itoobiyaan ah oo Jigjiga laga soo qabtay, sida la ii sheegay.

Soomaali badan oo nooc kasta leh oo wax dembi ah aan gelin baa ku xiranaa xabsiyadda ciqaabta ee gooni-xirka (solitary confinement). Waxaan maqli jiray in xabsi la yiraahdo Labaatan Jirow oo Baydhabo ku dhowaa ay ku jireen dad badan oo marag ka ah taariikhda dhow ee Soomaaliya. Qodobka muhiimka ah ee ay wax ka ogayeen waa sidii loogu takrifalayey awooddii dawladnimo oo dadkaas xiran si xun loogu tacadiyayey. Qaar badan oo maxaabbiista ka mid ah waa la iska maagay, talo iyo hadal midna iyaga oo aan dhiiban, qaarna waxay u xirnaayeen fikirkooda oo ay cabbireen. Qaar kale tuhun ama mala-awaal ayaa lagu soo ogaaday in ay kacaandiid yihiin, ama se waxaa loogu dawgalay in ay kacaandiid wax isu yihiin. Waa waxaa Ingriisku u yaqaan collective punishment. Maxaabbiista qaar badani waxay ahaayeen kuwo aan wax dacwad ah lagu soo oogin, wax maxkamad ahna aan la soo taagin. Inta badan waxay ahaayeen rag ah (jeneraallo, taliyayaal iyo ra'iisulwasaare, culimmo diineed, iyo siyaasiyiin, inta badanina waxay ku jireen qolal ciqaabeed oo ah gooni-xir.

Xabsiga Laanta Buur, waxa uu ahaa xabsi aad u adag oo ay dhistay Dowladdii Kacaanka. Waxay kala kaashatay dhismaha xabsiga dawladdii Jarmalka Bari. Waxa uu ku yaallay meel cidla' ah. Si gaar ah waxa loogu sameeyay in lagu ciqaabo dadka ka soo horjeeda dawladda ama lagu tuhmo kacaandiid iyo maxaabbiista siyaasadeed. Qofka ku jira Laanta Buur in dadkiisu arkaan la ma oggolayn.Qofka ehelka ah ee raba in uu arko maxbuuska waa in uu warqad oggolaansho ah ka soo helaa Madaxtooyadii Kacaanka. Qofkii oggolaansho hela waxaa soo raacaya taliska Ciidanka Asluubta. In qof meeshaas ku xiran la arko ma ahayn wax sahlan. Dadka ehelka ah tacaddi ayaa ka raaci jiray hadday isku dayaan in ay qof meeshaas ku xiran soo booqdaan. Waxay ahayd rafaad badan iyo raadin dheer oo xigtada maxbuuska kabahu uga dhammaadaan.

LAANTA BUUR: XABSI MASKAXDA U DARAN

Xaaladda Laanta Buur waxay ahayd mid aad u liidata oo daryeel la'aan iyo caafimaad xumo aan la kala jeclayn baa ka jirtay, in kastoo aan la barbardhigi karayn xabsiyadii NSS-ta ee Xamar ku yiil. Waxaa dhici jirtay in aad maqasho qof taahaya, xanuun iyo silic dartiis, cid kala jecelna ma jirin, balse askartu qaarkood (kulli ma xumayn) intay u tagaan bay handadi jireen. Waxay oran jireen, "Aammus waryaa! Iska daa cabaadka, adigaa doortay inaad kacaandiid noqotide!" Waxaa kale oo na loo diiday dhammaan wixii qoraal ah oo bishii ilaa labo jeer baa qolkaaga la baaraya in aad qalin haysatid ama warqad. Nasiib darro, na loo ma oggolayn in aannu qabanno wax shaqo ah, waxayna dawladdii kacaanka ahayd ugu tala gashay in dadka ku xiran Laanta Buur ay maskaxda wax ka noqdaan oo qofku isla hadlo ama ku waasho. Waxa dhacday in kuwo badani ay ku waasheen. Balse waxaan u fiirsaday oo xisaabiyay intii aan ku jiray in labadii biloodba qof iska qaylin jiray oo waalan jiray. Haddii na la ku shaqayn lahaa waxay ahaan lahayd arrin wanaagsan oo waa ku mashquuli lahayn, ugu yaraan dhawr saacadood maalin kasta. Balse in aan lagu shaqayn maxaabbiista waxay sahleysay in ay nolosha kelinimada iyo xorriyad la'aanta ahi ay maskaxda khalkhal galiso, dabadeedna halkaas isku-buuq ku xigo, waxayna ahayd maskax-dil ka daran jirdilka.

Waxaan xasuusta markii aan ku jiray Godkii Banaadir ee Cirday in bishii Oktoobar ee 1980 qol sheelo ah oo igu dhegganaa la soo geshay nin xooggan oo gar wayn, casaanna u dhashay. Inta habeenkii saq dhexe loo soo galay ayaa lagu dhex dilay qolkiisii. Waxaan gadaal ka ogaaday in uu ahaa nin laga soo qabtay gobollada Soomaali Galbeed. Ma hubo balse nin ahaa sarkaal NSS-ta ka mid ah oo aan kula kulmay London baa ii sheegay. Waxa uu kale oo ii sheegay in dadkii toogtay ninkaas hadda qaar ka noolyihiin oo weliba qaarkood wasiirro ka noqdeen maamullada ka jira dalka. Intaan ku jiray Godka Jilacow iyadana waxaa jirtay dhacdooyin la ii sheegay in marar dadka madaxa xabbad lagaga dhufan jiray. Aniguna waxaan u soo joogay hal mar oo ay ka dhacday Gobolka Banaadir (Godka Jilacow). Sooyaalka maalmahaas ciqaabta iyo dilka u dhaxeeya qofkii Allah ka gudbiyo sidaydoo kale waa nasiib badnaa. Kuwo badan oo ay u gudbiyaan jeelashii ay u sameysteen ciqaabta iyo ku-xadgudubka dad intooda badani aan wax dembi ah gelin ayaan ka samatabixin oo aan dib dambe loo arag.

Aniga gaar ahaan, dembi cad iyo dacwo toos ah oo la igu soo oogay ma jirin. Qofku hadduu galo dembi uu ogyahay waxa uu qiyaasi karaa waxa masiirkiisu noqon doono, aniguse waxaan rafaad iyo jirdil ku muteystay magaca aabbahay iyo qabiilka aan ka soo jeeday, taasoo la igu been-abuurtay la iguna khasbayay in dad aanan aqoon u lahayn waligayna arag aan ku furo markhaati been ah iyo in aan qirto dembi aanan gelin. Midda kale, hammigii iyo wixii aan mustaqbal qorshaysanayey ayaa hal mar xoog la iiga qaaday, sida in aan jaamacadda dhammeyso, shaqeysto ama dibadda waxbarasho kale u aado. Balanbaallis jacaylna waan ahaa oo waxaan ku fekeri jiray in aan guursado markaan dhammeeyo Polytechnico gabar iyada oo yar aan jeclaaday, Faadumo. Ka fikirka gabadhaas iyo arag la'anteedu waa mid aan is-leeyahay waxay istaahishaa in aan buug kale ka qoro, yacni dareenkii kala maqnaashaheenna.

Kalinimada xabsigu waxay xasuusinaysaa saxafigii caanka ahaa ee reer Masar,

marxuum Mustafa Amiin oo buug ka mid ah buugtiisa ku qoray, ka dib markii uu dhawr sannadood ku jiray xabsiga Qaahira ee Jamaal Cabdi Naasir:

Haddii sannadka qofka caadiga ahi uu ka koobanyahay 365 maalmood, maalinta maxbuuska ku xiran qol keligiis ah waxay la mid tahay 365 sano, waayo waa fekerid joogto ah, adigoo og in aan waxba gacanta kuugu jirin.

Waxaa xabsiga ku jiray rag waaweyn, sida jeneraallo, kornayllo, taliyayaal iyo saraakiil iyo xitaa nin ka tirsanaa Golahii Sare ee Kacaanka, kuwaas oo qaarkood intay isku buuqeen habeen iyo maalin qaylin jiray. Ninkaas loo ma oggolayn in uu ka soo baxo qolka uu ku xirnaa oo qorraxda loo ma oggolayn, yacni aad baa loo dhibay runtii waana uu isku buuqay. Allaha u naxariisto. Arrimahaas xoogaa waxay i siin jireen in aan is adkeeyo, aniga oo nin yar ah in aan raggaas waaweyn ku dhex jiro, dhiirrigelin bay ii ahayd. Kelyo ciirso baan is oran jiray. Hase yeeshee, waxaan bilaabay in aan ka fekero dhibka qarsoon ee qofka ka soo gaaraya markii lagu xiro qol keligiis. Waxaan aad uga nixi jiray dadkaan iska waalanaya oo waxaan ka fekeri jiray dhaawaca dhanka maskaxda ah. Qofka oo laga fariisiyo waxa uu aqoon iyo khibrad u lahaa oo qol cidla' ah iska dhex yuurura, fekerku marka uu bato oo wax qabad la'aanta, kelinimada, maalmaha isu wada eg ku bataan, way sahlantahay in qofkii shalay madaxda ahaa oo laga haybeysan jiray hal mar isbeddel dhimirka ahi ku dhaco. Xabsi qof lagu keli yeelo waa dhaqan caadi ka ah dalal badan, sida kuwa nidaamka kaligitalisku ka jiro .

Ma fahmi kartaa xabsiga hal qof iyo hal qol (one cell one man)? Waa arrin aad iyo aad u adag. Qol cidla' ah oo hal qof ku jiro ma sahlana waana ciqaabta ugu xun iyo xornimo la'aan iyo dulleysi taam ah. Malaha erega dulmi waa buuxin karo sifadaas. Qolkaas kelida aan ku ahaa ee Laanta Buur ayaa 23 saac iyo 45 daqiiqo maalin walba dhex yuururay. Keli ah waxaannu ka maqnaan jirnay 15 daqiiqo oo socod iyo qorraxda soo arag ah. Xayndaabka nolol maalmeedkaygu ma dhaafsiisnayn qolkaas yar. Qolkaas waan seexdaa, cuntada ayaan ku cunaa, waa ku tukadaa, musqushii waa ku dhex taal, waa ku jimicsadaa.

Waxaan ku dhex jiraa gidaar shub adag ah oo dhumucdiisu tahay hal mitir. Sababta sidaas looga dhigay waa in qofna aanu ka baxsan karin. Haddii la isku dayo in la qodo gidaarka hoostiisa, caqligal ma aha. Yaa qodi kara ama sidee ku qodi karnaa, maxaa yeelay irbad na loo ma oggola farahuna gidaar ma daloolin karaan. Xitaa haddii ay dhacdo in gidaar la dalooliyo, gidaar kale oo saddex mitir ah baa ku wareegsan halka aan ku jirno. Labada gees ee sare waxa ku yaal labo balbalo oo askarta waardiye ah habeen iyo maalin saaranyihiin qoryahooda AK-47 oo buuxana gacanta ku haysta. Macquul ma ahayn in qof ka baxsado. Xitaa haddii aad gidaarkaas dhaafto waa barxad wayn oo xafiisyo ah iyo meelahii askartii Itoobiyaanka lagu hayay oo askarta waardiyaha ahi siday u marayso meeshaas habeen iyo maalin waad ku yaabaysaa. Maxaabbiistu dhar gaar ah bay gashanyihiin. Xaggee ka helaysaa dhar aad ku dhuumato? Haddii lagu qabto waa kuu dhammaatay oo way ku tooganayaan waana amarka ay qabeen, in haddii qof loo haysto kacaandiid uu isku dayo in uu baxsado waa toogasho, yacni dameer bakhtiyey. Taasi waxay ka mid ahayd habeenkii kowaad khudbadii la ii akhriyay.

Marka maxaabbiistu ay ka soo baxaan qolalka ay ku jiraan maalintii, si ay u qaataan 15 daqiiqo oo nafis ah, waxaan fuuli jiray meesha wejiga lagu mayrto oo waxaan eegi jiray dhanka gadaale ee lagu socodsiinayo, waxaan ka gartay saaxiibkay Maxamed Warsame Cilmi (Ina Gootaale),

Jeneraal Cabdullaahi Matukade oo aan fahmay aakhirkii, sababtoo ah markii hore aqoon u ma lahayn muuqaalkiisa, iyo kuwo kale oo aanan horey u aqoon balse aan gadaal ka bartay.

Muddada ay maxaabbiistu ku jirayso Laanta Buur aad ayay u kala duwaneyd waana qof iyo nasiibkiis. Dad baa waxay ku jiraan wakhti gaaban oo bilo ah, qaarna sannad ama sannado badan . Waxaa kale oo jira maxaabbiis ku xiran tobonnaan sano oo weligood aan maxkamad la geyn, isuguna jiray madax iyo siyaasiyiin. Walwalkaygu waxa uu ahaa intee ku jiri doonaa xabsigaan? Maxay ahayd ujeeddooyin Kacaanku ka lahaa qof iyo qol in dadka lagu xiro? Ujeeddada guud ee kacaanku waxay ahayd in la mariyo dadkaas la soo xiray ciqaab adag iyo qofkii loo arko kacaandiid oo muddo dheer la hayo lana sugo inta uu isku buuqayo. Arrinkaas aad ayay ugu farxi jireen qolada wax xirtaa waxayna jeclaayeen oo halhays noqotay "Hebel saabbuunta ayuu cunay!" Farxad weyn bay gelin jirtay madaxda sare ee qofkaas soo xirtay. Waa nooc ka mid ah aargoosi doqonnimo ah oo dammiirku ka maqanyahay. In badan oo muddo dheer ku negaatay Laanta Buur waxaa la soo dersay noocyo kala duwan oo waallida ku abtirsada. Waa ay jireen qaar Allaah ka badbaadiyey oo sabir miciinsaday, sida Sheekh Maxamed Macallin (Ahn) oo habeen iyo maalin Qur'aan akhrisan jiray, waqtiga uu jiifo mooyee. Qofkii horey waaya-arag u ahaa waa dhici kartaa in uu xoogaa yar oo adkaysi ah yeesho. Ma soo koobi karo wixii madaxayga ka buuxay oo maskaxdaydu nasiino ma lahayn habeen iyo maalin; maxaa kugu soo socda? Ma ka badbaadaysaa meeshaan? iwm. Nolol kale inaan ka fekero haba sheegin. Culayska i saarnaa waxa uu ahaa mid aad iyo aad u weyn. Waxay ahayd ciqaab Allaah uu maskaxdayda iiga badbaadiyey. Markaan arko dad aan soo marin waxaan soo maray oo iskood isugu buuqay Eebbe ayaan mahadiyaa.

Marka aad fekerto ama culays dareento, jimicsi samee, qolka ku dhex boodbood, waxay ka mid ahaayeen tabihii Ilaahay igu soo mootiyay. Waxaan xasuusta nin hadba habeennada qaarkood marka uu xasusto ka sheekaynaaya waxbarashadiisii Talyaaniga, ka hadlaya beryo wacan oo uu soo maray oo xasuusanaya asxaabtiisii. Waxaa jiray dad badan oo ahaa saraakiil sare oo Itoobiyaan ahaa oo isku dhex dilay qaybta aan ku jiray oo is-dilku xitaa waxuu ahaa khatar xabsiga ka jirtay, walow aanaan maqal Soomaali is-dilay intii aan ku jiray. Xanuunnada dhimmirka, sida walbahaarka ee ka dhasha waxa loo yaqaan *traumatic stress* oo ay keenayso nolosha kelida ah waxa uu ahaa mid cabsi iyo isla-sheekeysi (buufis) si fudud qofka ugu fidaya. Iimaanka iyo tawakalka Rabbi oo aad muhiim u ah ayaa looga badbaadaa dhibaha noocaas ah.

Waxaan hubsaday haddii aad dhibka u garato in uu yahay mid aadan hurayn (god iyo ninka loo wado la ma kala qariyo), waa in aad Ilaahaa baridaa oo gargaar weydiisataa, adiga oo ogsoon in ay tahay qaddar Allaah. Waxaa ku gelaya xoog ah in aad u adkaysatid cidlada iyo dhibka cidlada waana middii Rabbi igu guuleeyay. Maalmuhu waa is daba joogaan. Inta badan waxaan ku qaataa in aan salaaddii qallaha aan wado. Wax culays ah oo siyaado ma qabo, sababtoo ah aad baan isku mashquuliyaa; mar aan tukanaayo, mar aan boodboodayo iyo mar aan akhrisanayo tacliin guud (Insaykaloobiidiyada).

Runtii aqoonta aan u leeyahay maanta siyaasad-degeleedka adduunka (geopolitics) asal ahaan waxaa ka bartay akhrinta buugtaas. Taarikh badan baan ka bartay, sida taarikhda dadka la addoonsan jiray, dadkii Ameerika loogu tagay (Red Indians) oo la xasuuqay, doontii ugu horreysay ee Ingiriiska ee tagtay Amerika ee la oran jiray "Mayfair", taarikhdii Tartaarka, sida Boqortooyadii Ingiriisku ku bilaabantay, doorkii ay ku lahaayeen burcadbadeedka Ingiriisku iyo dhismaha dastuurka Boqortooyadda Ingiriiska. Dad ganacsato ahaa oo ka xoolaystay burcadnimada Ingiriiska iyo in ay sabab u ahayeen baahintii gumaysiga Ingiriiska. Asalkoodu waxa uu ahaa burcadbadeed welina sidii bay reer Galbeedku u yahiin burcad dhan kasta. Tan kale, maalin-dhaaf waxaa na loo keeni jiray wargeyskii Xiddigta Oktoobar. Iska akhriso bay ahayd balse niyad u ma hayn oo waxa ku qornaa intiisa badan siyaasadda xukummadii keligitaliska ahayd iwm, balse marmar baa waxay qori jireen in Itoobiyaanku soo weerareen soohdinta dalka, dhanka gobollada dhexe. Maxaabbiistu waxay u fahmi jireen in Kulmis ay soo weerartay. Maalintaas qolka baan ku dhex farxi jirnay, waana qaylin jiray anoo oranaya 'Kacaanku wuu dhacayaa!' Soomaaliya hadalkaas waxaa si cad u oran karay qof ku jira xabsi kaan ku jiray oo kale ah. Waxay ahayd xorriyad hadal oo laba ilaa saddex mitir aan dhaafi karin.

Sidaan hore u soo sheegay, intii aan la i xirin waxaan aad uga soo horjeeday in Kulmis aan ku biiro. Waxaan dhallinta i la mid ka ah ka waanin jiray aadista Itoobiyaa. Waxaan ku doodi jiray in aanay dhici karin Kulmis oo u badan hal qabiil intay duullaan Itoobiya ka soo qaaddo ay ku qabsato Soomaaliya. Aragtidaydu taas ayay ahayd oo macquul i la ma ahayn dagaal ka bilowda Itoobiya in lagu qabsan karo dowladda Soomaaliya ka jirtay.

Xarigeyga ka dib, markaan wargeyska ka akhriyo, dagaal uu ciidan ku soo weeraray ciidankii Soomaaliya ee soohdimaha, gaar ahaan dhanka Mudug, waan ku farxi jiray. Ma oran jirin ciidanka Soomaaliya ee waxaa oran jiray ciidankii Maxamed Siyaad Barre baa la soo weeraray. Waxaan aamminsanaa haddii ay yihiin ciidan Soomaaliyeed dadka ayay ka qaban lahaayeen maamulkaan kelitaliska ah ee dalkii iyo dadkiiba burburinaaya. Taasi ma dhicin ee aakhirkiina, 1991, ciidankii dowladdu waxay ku kala darmeen nin walba qabiilkiisa. Waa tan keentay, markii Maxamed Siyaad Barre laga saaray Xamar, in la waayey ciidankii Soomaaliya meel ay jaan iyo cirib dhigeen. Askari kasta iyo sarkaal kasta waxa uu dhinaca ka raacay jabhadda qabiilkiisa. Ayaan darro, waxaa heerkaas gaarsiiyay Xooggii Dalka waa caddaalad darradii uu waday Kacaankii xukunka boobay.

Qofka bani-aadamka ah waxaa noloshiisa beddela duruufaha la soo gudboonaada. Aniga dhibta i soo gaartay, sida dhibaatadii xabsiga, dulmiga la ii geystay, kelinimadii xabsiga ayaa waxaan lumiyey in aan xakameeyo naftayda oo waxaa iga xoog batay culayska iyo welwelka i fuulay. Waxa uu igu keenay markaas in aan maalintii ama habeenkii aan kor ugu qayliyo markii aan akhriyo Xiddigta Oktoobar oo lagu soo qoro in dagaal ka dhacay soohdinta Mudug, sida Ballanballe iwm. Waxaan u macnaysan jiray in Kulmis ay soo weerartay. "Ina Siyaadow waannu ku deldelin! Ina Siyaadow waannu ku xirin! Ina Siyaadow jirdil baan ku la beegsan marka aannu xukunka kaa tuurno!", anigoo rejo ka qaba in nidaamka keligitaliska ah mar la ridi doono. Dabcan, waxaa iga keenayey rejo been ah iyo khibrad la'aan.

Habeen, goor waqti dambe ah, oo askari Abukar la yiraahdaa oo noo yara roonaa waardiye ku jiro, baa waxaa u suuragashay in uu Jeneraal Cabdullaahi Matukade uu iga la soo hadlo qolkiisa iyadoo uu i ag taagnaa askarigu. Waxa uu bilaabay in uu yiraahdo, "Wiilyahaw markii na loo keeno Xiddigta Oktoobar oo aad aragtid waxaa la soo weeraray soohdinta Soomaaliya iyo Itoobiya (oo Kulmis loo la jeedo), maalintaas iyo habeenkeeda lagaama seexdo qayladaada." Waxa uu ku daray, "jooji qaylada, buuqa iyo waxa aad ku hadlaysid iyo waxa afkaaga ka so baxaya!" Anigoo ku yaabban oo indhaha taagaya ayaan ku jawaabay, *"Haye adeer."* **Waxa uu ku daray**, *"Haddii aad aamminsantahay Cabdullaahi Yuusuf ama Kulmis baa inta Soomaaliya qabsata xabsiga kaa saaraya, waxaan kuu sheegayaa inta nolosha kaaga hartay waxa aad ku dhammaysanaysaa Laanta Buur ee naga aammus!"* Waxaan dib u arkay Jeneraalka mar uu gurigiisa xaafadda Hodan ee Xamar igu casumay, bartamihii 1986.

Sariirtii dhagaxa ahayd ayaa salka dhigtay aniga oo yaabban; ma run baa, ma riyo bay ahayd, mise run ahaantii waa jeneraalkii qofka i la hadlaayay oo qolkiisa ka soo hadlayay.

Waan soo kacay, aniga oo weli ku yaabban dhacdadaan lamafilaanka ah. Waxaa ku iri, "Abuukar ma jeneraalkii buu ahaa qofka i la hadlayay?" Waxa uu yiri Abukar, "Haa, isagaa muddo iga codsanayay in uu kula hadlo idinkoo qolalkiina ku kala jira" Waxaan ku iri, "Waad mahadsantahay".

Su'aal baan ku weydiinaya Abukarow ayaan ku iri. Haye, i weydii buu ku jawaabay. "Maxaad waxaas oo ixsaan iyo u jajabnaan ah noogu samaynaysaa"?

Waxa uu iigu jawaabay, "Anigu waxa aan ogahay dadka meeshaan ku wada xiran waa tolkay." Indho kalaqaad baa igu dhacay. Waxa uu i weydiiyay ma taqaan dadka aad u bixiseen Buraashadley? Haa waan maqlay baan ku iri. "Anigu nin Ciise Maxamuud ah baan ahay oo Axmed Khayr ah, Buraadshadley ah oo reer Baydahabo ah. Ma garatay sababta aan ixsaanka idiin ku samaynaayo?"

Waxaan iri, "Waa fahmay Abukarow oo ina-adeerkay baad tahay, waadna ku mahadsantahay."

Noloshii qolka maalinba maalinta ka dambaysaa waxaan dareemayaa in culayska kelinimadu isa soo tarayo. Waxaan ku jiraa bishii Abriil, 1981, salaaddii qallaha ahayd waxaa ii haray labo bilood oo si fiican bay iigu socotaa, waqtigaygana inta badan waxaa ku qaata salaadda. Aadanuhu waa makhluuq bulsho oo Alle, Subxaanahu wa Tacaalaa, waxa uu bani-aadamka ugu talagalay in ay u wada noolaadaan si bulsho ah. Nebi Aadam (CS), Alle wehel waxa uu uga dhigay Xaawa. Xikmaddu waa in aanu Alle Aadam keligiis adduunka ku sii dayn, balse xukuummadii kalitaliska ahayd waxay ka dhigtay qofka bani-aadamka ah sidii xayawaan oo kale in lagu hayo qol cidla' ah. Aadanaha caadiga ahi waxa uu u baahanyahay in uu la macaamilo dad kale oo la hadlo.

Guud ahaan, waxaa aad u liitay caafimaadka maxaabbiista, gaar ahaan kuwa cudurrada dhimirka qaba. Cidina u ma naxayn balse waa lagu farxi jiray oo waa la is-gaarsiin jiray ilaa kuwa ugu sarreeya warku ka gaaro. Waxaa igu soo dhacay laba beyd oo ka mid ah gabaygii Sayid Maxamed Cabdille Xasan, markii daraawiishtu dishay Corfield (Koofil) ee uu yiri:

Jibaadka iga soo baxay dadkii jiifka qaban waa dheh
Kolkay rubadda jow tiri or bay iga ag jiibsheen dheh.

Labo qaab weeye dagaalku: Mid qofka nafta laga goynayo ama jirdil ah iyo mid loo la jeedo in qofka maankiisa la dhaawaco. Kaas dambe waa kii ka dhex socday Laanta Buur. Cabsigelinta iyo noocyada kale ee naxariisdarrada iyo bahdilaadda ah ee lagu dareensiinaayay haddii aad wax yar oo siyaado ah ku dhaqaaqdo, sida marka socodka aad dhammaysato oo askarigu kuu dhawaaqo "Gal qolkaaga!", Haddii aad is-dhegatirto oo iska socoto, yacni maxaabbiis badan baa ka cagajiidi jiray in ay toos u galaan qolka marka askarigu ku yiraahdo "Xerooda!" Waxaa dhici jiray in dadka isku buuqay aysan la socon xisaabintii 15kii daqiiqo in ay dhammaatay iyo in kale. Askarigu marka uu yiraahdo, "Qolka gal!" ayay iska sii socdaan ama iska qoslaan, maxaa yeelay waa qof xanuunsan. Markaas intay isu yeertaan askarjeelku ayay qofkaas waxay u qaraacayaan si naxariisdarro ah. Marka aan soconayo oo aan dareemo in waqtigii dhowyahay waa in aan dhegaha ka diyaargaroobaa.

Maantii ay bishu ahayd 02/06/1981 ayaan dhammeeyay salaadihii qallaha ahaa. Farax iyo raynrayn baan dareemaayay (Alxamdulillah). Waxaan ku soo qaatay lix bilood oo aan u sabray. Maalintaas ka dib, weligay salaad iga ma tegin. Waxaan u soo jeestay bal in aan barto tafsiisrka Quraanka kariimka ah. Sidee ku baran karaa anigoo qolkaan keligay ku jira; wax kutub ah ma haysto aan ka ahayn kitaabka Qur'aanka ah. Su'aashu waa sidee ku heli karaa kutub tafsiir oo af Carabi ku qoran? Nasiib wanaag, luqadda Carabiga waan ku fiicnaa berigii aan dugsiga dhexe dhiganayay. Waxaan aamminsanaa in haddii aan helo tafsiir Qur'aan oo af Carabi ah in aan fahmi doono 90%. Waqti badan baa igu soo kordhay, marka waa in aan aad isugu hawlaa Qur'aan akhris, marna buugtii tacliinta guud (Insaykaloobiidiyaa) akhriyaa, marna qolka ku dhex boodboodaa, si uu iiga yaraato culayska dareemidda kelinimada. Laanta Buur waxaan aad u la yaabi jiray oo cabsida ugu weyni iga haysay xanuunka dadka isku buuqaya oo caam ahaa. Labadii biloodba qof baa bilaabaya in uu "saabbuunta cunno," macnaha isku dhex yaaco xaga maskaxda. Baqdin xoog leh baa i gashay, taas oo aan u arkayay in waallidu tahay wax soo gurguurta oo hadba qof si u gelaysa, haddii aan ku sii jirana igu dhici karta. Allow iga badbaadi culayska qolka kelinimada baan ku duceysan jiray.

GACANTII AAN KA HELAY ABUKAR BURAASHADLEY

Ninkii yiri "Buraashadley baan ahay" ee Abukar ahaa waxa uu ii noqday ehel iyo saaxiib wax kasta oo aan u baahdo, gaar ahaan buugta la akhristo ayuu iiga soo qaadi jiray nimankii odayaasha ahaa ee i la xirnaa oo iyaga loo oggolaa in buug loo keeno iyo in la soo booqdo. Sheeko badan ayaa na dhex martay habeen uu waardiyaha lahaa Abukar. Waxa uu iga oggolaaday in aan warqad u qoro hooyaday oo deganayd Waabberi (Xamar), guriga habaryartay Buuxa Saciid (Ahn), gurigaas oo ku dhow Sar- Guduud. Waxa kale oo uu iga oggolaaday in aan qoro warqad labaad oo ku socota adeer Dalmar Maxamed Cali (Ahn), aabbahaygii labaad ee aad ii dhaqaalayn jiray intii aan xirnaa. Waxa uu degganaa xaafadda Hodan kuna dhowaa Baar Jabuuti. Waxaan ku heshiinnay aniga iyo Abukar in uu ii keeno qalin iyo warqado. Markii aan u tilmaamay meelaha ay kala degganyihiin adeer iyo hooyo waa uu gartay. Waa in aan sugaa habeenka uu waardiyaha ku soo noqon doono; ugu yaraan waa usbuuc, waa in aan iska sugaa. Askartu marna waxay soo galaan oo qabtaan waardiyaha maalin marna habeen. Waxa uu ii shaagay Abukar in jeneraal Cabdulahi Matukade uu si caadi ah uga war geeyo ehelkiisa, wixii akhbaar ahna u keeno, iwm. Qalin iyo warqad buu ii keenay mudane Abukar, ka dibna waxaan qoray xaaladda aan ku sugnahay isla habeenkiiba oo uu wardiyaha ku jiro oo aan u qoray hooyaday Xay Bulshaale (Ahn) iyo aabbahaygii labaad, Dalmar Maxamed Cali, waana u dhiibay , waa dhambaalkii kowaad oo dhinacayga kataga.

Abuukar waxa uu soo galay waardiyahii habeen, 10 berri ka dib isagoo waraaq dheer hooyo iiga wada, adeer Dalmarna farriin.

Warqada hooyo ka timid baan dhamaystay akhriskeeda, wuuna igala noqday oo wuxuu rabaa in uu gacantiisa ku gubo ama ku jeex jeexo, marna ma rabin in aan warqadda ku dhex haysto qolka gudahiisa sababtoo ah qolalka waa la baara oo haddii la ogaado dhib wayn baa iga soo gaaraya iyo jirdil ama fashil .
markii aan akhriyay labo jeer waan u celiyay warqadii , isagaana iga qaatay.
Adeer Dalmar waxa uu i soo faray in arrintayda uu dhowr jeer kala hadlay Madaxwaynaha Maxamed Siyaad Barre oo uu rejana ka qabo in

xorriyaddaydii aan dib u helo. Abukar waxa uu iiga warramay waxaa uu kala soo kulmay hooyo iyo adeer Dalmar. Waxa uu ii sheegay in ay aad ugu farxeen in ay wax ka ogaadeen xaaladdayda, waxana uu ii sheegay in ay siiyeen lacag uusan filayn aadna uu ugu farxay soo dhawayntaas. Hooyaday aad iyo aad bay ugu faraxday akhbaarta ay iga heshay, warkaygiina waxa uu gaaray dhammaan ehel, asxaab, qaraabo iyo meel kasta oo laga sugayey warkayga.

Abuukar waxa uu ii sheegay in reerkaygu ay dhigeen tacsi, markay maqleen war ahaa "Maxamed waxa uu u dhintay jirdil loo geystay," kaas oo ahaa been iyo run wada socoda. Jirdil xun oo i soo gaartay waa uu jirtay laakiin dhimasho waxay ahayd been. Waxay igu noqotay wax aan la yaabay in tacsi la ii dhigay oo la ii duceeyey. Abukar waxa uu i yiri, "Maxamed, hooyadaa meel gooni ah bay ii la baxday. Waxay i tiri, "Eeddow wax ma ka ogtahay in wiilkayga Maxamed laga xubnahiisu ay u bedqabaan?" Abuukar waxa uu ii sheegay in uu aad uga naxay oo uu hooyo si naxariis leh ugu yiri, "Eeddo war ka ma hayo laakiin waan soo warsan waana kugu soo warcelin." Waxa uu iigu daray in uu aad uga anfariiray su'aashii hooyaday. Xoogaa yar markii aan wada joognay aniga iyo Abukar ayaa waxa na dhex maray sheekadan:
Abukar: Waxaan ku weydiinayaa Maxamed, xubnahaaga miyaa qaar lagaa bixiyay?
Aniga: Inta aan dhoollaha caddeeyay baan ku iri maxaad su'aashaan ii weydiinaynsaa?
Abukar: Hooyadaa baa jawaab iga sugaysa.
Aniga: Xubin jirkayga ka maqan ma jirto, balse waxaa jirtay in jirdil la ii geystay. Alle waa ii gargaaray, wax dhib ahna ma qabo.
Abukar: Ma hubtaa mise waad qarinaysaa? Ogow hooyadaa baa rabtaa oo war been ah loo ma geyn karo e!
Abukar: su'aal toos ah baan ku waydiinaya ee jawaab sax iga sii waana sidatan,"xiniinyaha miyaa lagaa bixiyay?"
Aniga: Maya, walaal Abukar , warkaas ma jiro , waana been baan ugu jawaabay , waxaana ugu daray in hadii aad rabto aan ku tusi karo in aan wax dhib ah qabin.
Abukar: waa khayr , Hooyadaa markay ii sheegaysay arrintaan , indhaheeda ilma ka socotay, ogowna sababtaas baan   kaaga hubsanaayay !
Aniga: Waa kuu hubaa arrinkaas in aan nabad qabo.

Abukar: Ballan weeye, anaa hooyadaa warkaas u geynaya kuna oranaya wiilkaaga xubnihiisu way nabad qabaan.

Abukar marka uu i la sheekaystay oo uu ogaaday dhibaatada iyo gardarrada la igu haysto aad ayuu uga xumaaday, isagoo leh, "Waxaan dawlad miyaa? Bal eeg dadka meeshaan lagu caddibayo waa hal reer! Maxay galabsadeen dadkaan? Waa lagu gardarroonayaa."

Habeen habeenada ka mid ah baan ku iri, "Waa adiga sidaas u neceb kacaanka ee maxaad Kulmis u aadi wayday?" Waxa uu yiri, intuu xoogaa aamusay, jawaab aanan ka filayn oo ku tusaysa in uu yahay nin aad u dhisan. Waxa uu yiri, "Kuwaas , isagoo yasaaya (Kulmis) iyagaa qabiil qabiil u kala baxaye maxay tarayaan?"

Dhawr bilood ka dib, bishii Juun 14, 1981, maalin Sabti ah, barqadii 11:00, ayaa koox askar oo wada socotaa ay qolkii aan ku jiray soo hor istaageen. Nin markaas ahaa sarkaal-xigeen ayaa igu yiri, "Soo lebbiso, waxaa kuu yimid Hooyadaa iyo habaryartaa in ay ku arkaan e." Macawis iyo shaar baan isku boobay. Raynrayn iyo farxad baa iga badatay iyo in aan Allaah u mahadceliyo. Irridkii baa la iga furay, iyada oo la igelbinayo ayaana la igeeyay xafiiskii ninkii madaxa ka ahaa Laanta Buur. Indhaha markaan ku dhuftay hooyaday, haddana habaryartay, baa isla markiiba hooyo igu soo dhaqaaqday oo isku key duubtay, iyada oo gacmaha sare u taagaysa. Intay labada garab i qabatay oo i dhunkatay ayay isla markiiba waxay bilowday in ay dhammaan jirkayga hubiso in uu bedqabo, sidii dhakhtar i baaraya oo kale. Hooyo intay jalleecday walaasheed bay ku tiri, "Walaal Buuxo, wiilku waa dhanyahay, Alxamdu Lillaah." Intaas markii ay dhacday ayaa habaryar sidii hooyo oo kale samaysay. Anigu waan yaabbanahay oo wax ficil ah ma samayn. Hooyo iyo habaryar ayaan wajiyadooda fiirinayey. Waxaan iska celinayaa in aan ilmeeyo, dareenkayga oo kacsan awgeed.

"Sidee tahay hooyo macaan?"

Su'aashaas bay i weydiisay markii u horeysay oo ku celcelisay. Hooyo waan ladnahay baan ku celceliyay, si aan kalsooni u galiyo Hooyo iyo habaryar. Ka dibna waxaannu galnay in aan xaaladdayda uga waramo iyo wixii aan so maray, dhibkii jirdilka iyo rafaadkii lakiin waxaan u sheegay oo aad ugu dejiyay in hadda aan iska xirnahay mooyee aanan wax dhib ah ama jirdil ah qabin.

Hooyo waxay tiri, "Wiilkayga madiga ah baad tahay. Hooyo Alle keligaa buu wiil i siiyay e ha i la yaabin," intay qososhay. Intaas markaan marayno baa ilmo iga soo qubatay. Waan jiriiricooday oo si kale baan noqday. Indhahaa i casaaday (Allow hooyo janadii gee).

"Hooyo waxaan hubinayey in xubnahaagu kuu dhanyihiin. Waxaa na loo sheegay in waxyeello aad u weyn laguu geystay oo xubno kaa maqanyihiin." Waxay hadalkeedii ku sii dartay, "warar murugo leh ayaa la ii keenay, Ilaah baa mahad leh haddii aad maanta nabad qabtid. Ma ogtahay in berigii aad ku xirnayd Godkii Cirday ee bishii Nofeember 1980 aannu tacsi kuu dhignay? Waxaa na loo keenay maryo dhiig leh oo la yiri waa maryihii Maxamed." Anigu waa yaabbanahay oo hooyo hadalkeedii waa iga yaabiyey! Waxaan la yaabbanahay dadka beenta intaas le'eg hooyaday gaarsiiyay. Waxay ii la muuqatay arrintaas hooyo loo sheegay in ay ahayd qorshe ay NSS-ta Banaadir ka dambaysay, si ay u dhibaateeyaan maskaxiyan hooyoday. Waxyaalaha lagu la dhaqmo dadka dadkoodu u xiranyihiin NSS-ta waxay ahayd in warar naxdin leh oo murugo ku abuura loo geeyo ehelka maxbuuska. Waxay ka mid ahayd qaababka ay dadka xiran ehelkooda u ciqaabaan. Qof intaas oo war ah iga geyn karay ama fekeri karay in intii la ururiyo maryo dhiig leh loo geeyo hooyaday iyo habayartay, cid kale oo samayn kartay ma jirin, waa sida aan aamminsanahay.

Intii aan ku jiray gacanta NSS-ta, mar waxaan ku xirnaa Shibbis ama xaruntii dhexe ee Nabadsugidda, marna waxaan ku jiray Godkii Jilacow oo waa waqtigii jirdilku iigu xumaa, balse in hooyaday iyo ehelka loo geeyo warar been ah oo maskaxdooda wax loogu dhimayo waxay ahayd xumaato heerkii ugu dambeeyay. Ma ahayn mid qof caadi ah uu filan karo.

Hooyaday waxay iigu sii dartay: markay i soo gaareen wararka dhiillada leh oo dhankaaga la iiga keenayay, waan xammili waayey oo mar mar baan waxaan ku dhumi jiray magaalada Xamar oo meel aan u socdo iyo meel kale ma kala garan jirin. Qarracan adduunyo ayaan soo arkay wiilkaygow. Waxa i soo martay oohin badan, hurdo la'aan badan, iyo welwel badan. Balse haddii maanta aan ku arkay adiga oo qurxoon oo Maxamadkaygii aan dhalay ah oo cafimaad qaba, hooyo Ilaahay waa in aan in badan u mahadceliyaa oo salaatu shukri tukadaa.

Halkaas markii ay hooyo hadalkii marinayso ayaan mar labaad is-hayn waayay oo iska ooyay, aniga oo ka qiyaas qaadanaya culayska iyo welwelka hooyaday ku dhacay. Habaryartay, Buuxa Saciid, markii ay aragtay anigoo ooyaya bay soo boodday oo iyada oo canaananaysa walaasheed/hooyaday ku tiri: "Murugo cusub ha ku abuurin wiilkaan dhibban oo ha ka oohin." Habaryar waxay ku dartay, "Naa heedhe Xay, naga aammus oo wax kale uga sheekee wiilka, maanta u ma baahna in isaga oo ku xiran meeshaan dhib kale looga sheekeeyee."

Askartii gudaha xafiiska na la joogtay way yaabban yihiin oo si fiicana bay u dhegaysanayaan waxa aan ku hadlayno iyo murugada laga sheekaynayo, sababtoo ah la ma oggolayn oo xabsiga sida uu yahay, meesha aan ku noolnahay, waxaanu cunno iyo sida aan u noolnahay midna laga ma hadli karin oo mamnuuc bay ahayd.

Intaas wixii ka dambeeyay hooyo mawduucii bay beddeshay, laakiin dhibka hooyaday la soo mariyay ayaa iiga culays batay wixii dhib i soo gaaray oo jirdil iyo bahdilid ahaa. Intay i soo qabatay oo xabadka i gelisay oo iga dhunkatay meel kasta, bay tiri, "Allaah ha kaa soo saaro meeshaan iyo dhibkaan, waadna ka baxaysaa haddii adiga oo dhammaystiran oo caafimaad qabaa aan ku aragnay maanta. Waa Ilaah mahaddii."

Waxa aan ku iri, hooyo sidee idiin ku suuragashay in aad ii timaaddaan?

"Hooyo saddex bilood bay igu qaadatay oo mar waxaan ku socday Maxkamadda Badbaadada iyo Geelle, marna xarunta Asluubta, marna Madaxtooyada oo laga codsado in maxabbiista ku xiran Laanta Buur la soo booqdo."

Hooyo iyo habaryar waxay i la joogeen muddo aan ku qiyaasay ku dhowaad hal saac ama hal saac iyo bar. Waxyaalo badan baan ka sheekaysannay se keli ah waxa aanan ka hadli karin xaaladda xabsiga aan ku jiro. Hooyo iyo habaryar oo aad u faraxsan baan is-macasalaamaynnay. Qolkaygii baan ku soo noqday balse waxaa ii bilaabatay fekerif cusub oo ah sida NSS-tu ay isugu dayeen in Hooyo macaan ay waalli ku ridaan oo ay hadba war been ah ay suuqa soo geliyaan. Hooyo wiilkeedii keli ahaa laga xiray bilaa dembi, la jirdilay oo haddana lagu hayo qol keligiis, maxaa ku kallifay in ay maskaxda ka cadaadiyaan oo aan ka ahayn arxandarro ururtay?

Kulankaas hooyaday iyo habaryartay oo aan ku ogaaday sida naxariis darrada ah ee loo la dhaqmay iyo been-abuur la iga allifay, ayaa tii aabbahayna igu soo dhacday. Maamulkii Kacaanka ayaa ku dilay Xabsiga Dhexe, qaybtii Martiini, taariikhdu markay ahayd 05/11/1975. Waxay ahaayeen labo geeriyood oo aan maskaxdayda ka tirmi karin.

Cadawtinimada kale ee naga soo gaartay nidaamkii kalitaliska ahaa, waxaa kale oo jirtay in sannadkii 1987 walaalkay Abshir Cabdi Caynab oo ahaa nin dhallinyaro ah laga joojiyay waxbarashadii Kulliyadda Luqudaha lana xiray. Markii ay soo daayeenna waxa uu uga baxsaday Yamen. Waxa loo xirayo waa falsafaddii ahayd waa qof ah xigtada kacaandiid caddaystay in uu ka soo horjeedo fikirka kaligitalisnimada (guilty by association).

Laanta Buur waxa aan wadaa sidii aan iskaga difaaci lahaa in aysan noloshaydu noqon mid ah in aan sameeyo isku wax maalin kasta (monoton); waa marka walbahaarka iyo culayska fekerku ku asiibayo. Waxaan sameeyaa bood bood, jimicsi, ama waa is-daaliyaa, runtiina waxay ahayd sida keli ah ee aan uga badbaaday in aanan isku dhex yaacin ama buufis igu dhicin.

Waxaan ogaaday dadka ku jira ama ku xiran qaybta aan ku jiray ee deriska ah, waxaana ka mid ahaa (intii dhimatay ee mudan Alle ha u naxariisto e):

Qolka 1-aad waxa ku jiray duuliyihii Kuubbaanka haa.

Qolka 2aad waxaa ku jiray caalimkii, Sheekh Maxamed Macallin.

Qolka 3aad waxaa ku jiray Cabdikariim, London ayuu ku dhintay.

Qolka 4aad waxaa ku jiray Cabdullaahi Maxamud Gaalleef

Qolka 5aad waxaa ku jiray Maxamed Warsame Cilmi oo aannu isku iskuul ahayn haddana ku nool Alcayn, Imaaraadka Carabta.

Qolka 6aad anigaa ku jiray.

Qolka 7aad waxaa ku jiray Axmed Cabdi Xaashi (Xashare), Allah ha u naxariisto.

Qolka 8aad waxaa ku jiray Gaashaanle Sare Bashiir Yuusuf Cilmi oo Golaha Sare ee Kacaanka ka mid ahaan jiray. Xamar buu ku dhintay.

Qolka 9aad oo ah kii la iga soo beddelay waxaa ku jira Sarkaal Itoobiyaan ahaa.

Qolka 10aad waxaa ku jiray Jeneral Cabdullaahi Matukade. Ameerika ayuu ku dhintay, in kasto lagu aasay Galdogob.

Inta ka dambaysay oo dhan shan qol, waxaa ku jiray sarakiil Itoobiyaan ah oo aan loo oggolayn xitaa in ay qorraxda u soo baxaan. Badankoodii waa ku dhex waasheen wayna iska qaylin jireen, ama ''saabbuunta'' bay cuneen.

SIIDEYNTAYDII BASHIISHATAY

Wakhtigu waa iska socdaa e, bishii Sibteembar 15, 1981, goor ay ahayd 15:00 galabnimo ama casar ku dhowaad ayaa si lama filaan ah waxaa la iiga furay albaabkii. Askartii albaabka furtay way faraxsanayeen waxayna igu yiraahdeen waa lagu sii daayay oo Madaxwayne Maxamed Siyaad Barre ayaa wareegto xorriyaddaada lagugu soo celinayo soo saaray. Laga bilaabo maanta ama hadda xor baa tahay, waxaana jooga niman adeerradaa ah oo ku qaadaya. Wax aanan filayn iyo war khayr qaba, Alxamdulilah.

Si degdeg ah baan qolkii uga baxay waxaana la ii gelbiyay xafiiskii ninkii madaxa ka haa xabsiga Laanta Buur. Markii aan irridka ka galay ayaan indhaha ku dhuftay Adeer Dalmar Maxamed Cali. Degdeg baan uga tagnay Xabsigii Laanta Buur. Baabuur cusub oo Fiat 131, midab caddaan ah lahaa oo adeer Dalmar watay baan horay dhanka rakaabka fariistay, ka dib wixii aan alaab watay ayaa gadaal la ii dhigay.

Dhulku qurux badanaa, cagaar dhan kasta ah, baabuurtii, sitaydii iyo kuwo raaxada baa meel kasta yaacaya. Waxa aan kala garan waayay in waxaani riyo tahay iyo in ay run tahay oo Xamar la ii wado. Waxa aan soconnaba, waxaa lagu leexday Afgooye, waxaana aannu tagnay meel makhaayad ah oo wax laga cuno. Waxaan dalbaday hilib ari oo aanan afka saarin ilaa intii la i soo xiray, isbarmuuto, cambe; wax kasta waa cunay, calooshaa i fidday. Xiiso badan baan u qabay waana ka hirqaday.

Markii aannu cunnadii dhammaysannay baa waxaa hadalkii qaatay adeer Dalmar.

"Adeer Maxamed, na dhegeyso: maanta xor baad tahay. In lagu soo daayo maanta oo aannu Maxamed Siyaad Barre cafis kaaga soo qaadno wax sahlan ma ahayn oo intii muddo ah aniga iyo nin la yiraahdo Maxamed Xasan Barre (Wasiir-xigeen Xukuumaddii Kacaanka) waxaannu ku jirnay orod. Nasiib wanaag, maanta ayay suuragashay. Waxa aad tahay xor oo waxa aad ku soo baxday cafis uu kuu fidiyay Madaxwaynaha dalka." Waxa uu ku daray in lagu ballansanyahay in la ii geyn doono Maxamed Siyaad dhawaan. Waxa uu igu adkeeyey adeer Dalmar in haddii aad baxsato ay raggii ku soo daayey dhib ku noqonayso oo ay dhici karto in la xiro amase aysan cid kale wax u qaban karin oo kalsoonidii ka dhimanayso. Waxa uu igu waaniyey in aan dib ugu noqdo waxbarashadii waana ka aqbalay. Waxa uu ii sheegay in uu hadda i geynayo guriga habayartay Buuxa Saciid oo Hooyaday deggantahay, waxa uuna ii sheegay in Hooyo iyo dhammaan ehelkii oo dhan ay ka warqabaan in maanta la iga soo daynayo Laanta Buur oo kulligood igu sugayaan xaafadda habaryar. Waxa uu ii sheegay in berri galab ay igu soo marayaan guriga isaga iyo Maxamed Xasan Barre.

Markii aan ka degay baabuurkii baa waxaa igu soo yaacay dadkii oo dhan; hooyo, habaryaro, walaashay Foos, carruurtoodii iyo qaraabo kale oo badan, waana goor maqrib ah.

Markii aan in muddo ah ku dhex jiray ehelkii ayaa waxaan go'aansaday in aan aado oo salaan ugu tago Faadumo oo ahayd gabar aan ilaa yaraanteydii aqaannay aadna iigu weyneyd, kalgacal iyo xiriir qoto dheerna naga dhexeeyay. Si dhakhso ah ayaa u aaday dhanka jidkii Maka Al Mukurrama. Waxaa i raacay AxmedTaajir oo aan ilma-habreed ahayn. In yar ka dib waxaan tagnay Faadumo gurigoodu ku yiil Shineema Soomaaliya gadaasheeda . Waa guri Villa yar ah oo albaab hore (ganjeello) wayn oo cagaar ah leh. Albaabkii markaan garaacnay waxaa naga furtay gabar shaqaale ah. Salaan ka dib, aniga oo degdeg igu jiro ayaan weyddiiyay in ay Faadumo joogto. Soo gal bersadday joogtaaye bay igu tiri gabadhii. Isla markiiba horay baan u gudubnay. Buugaag ayaa hor yaallay oo wax bay akhrisanaysay. Anfariir iyo lamafilaan baa ku dhacay; naxdin iyo farxad ayaa hal mar ku wada kulmay. "Maxamed, goormaa lagu soo daayay?" bay i weydiisay? "Waxaa la i soo daayey galabta oo waxa aan ku soo baxay cafis. "Cafis!" bay ku celisay. Runtii, imaatinkaygii ayaa lamafilaan ku noqday oo argagax baan ka dareemaayay wejigeeda iyo qaadanwaa. Waxay tiri, "Maxamed, mar baa na la ku yiri waa la dilay oo xitaa tacsi baa laguu dhigay. Aad baan uga naxay, laakiin mar dambe waxaan ogaaday in ay been ahayd oo lagu soo arkay. See tahay, ka waran caafimaadkaaga hadda?" Alxamdu lillaah Faadumo, waan fiicanahay. "Wax wayn baa ku gaaray oo waa lagu dili jiray ayaan maqlay." Haa, jirdil waa jiray balse Ilaah mahaddiis gacan xaqdaro bay ahayd oo wax wayn i ma gaarin. Aniga oo iyada u laab qaboojinaya ayaan ku iri Faadumo, anigaa kuu warrami doona. Waxaan rabay in aan ku arko, reerkana igu salaam, habeen dambe baan kuu imanayaa, Inshaa Allaah."

Habeenkaas waxaan iska dhex qaaday dariiqii dheeraa ee Maka, waxana aan socday ilaa iyo Equatore. Mararka qaarkood waxaan is-leeyahay ma riyoonaysaa waa adiga keligaa iska socda oo aan maxbuus ahayne! Xorriyaddaa dadku caadiga u qaataan habeenkaas aniga qiime badan bay iigu fadhiday. Muufo baan ka soo cunay makhaayaddii muufada ee ka soo horjeeday Saldhigga Booliska Waabberi kuna dhawaa sartii Dabka. Xaafaddii baan ku soo noqday. Dad badan baa jooga oo ehel iyo qaraabo warku gaaray oo salaan baa la iigu yimid. Habeenkaas mar dambe baan seexanahay oo Hooyo baa ii sheekaynaysay. Waxaan ku fekeray in aan baxsado inta goori goor tahay balse waxaan is-waydiiyay xaggee u baxsataa? Marna iga ma suuragelayn in aan u baxsado xagga Itoobiya iyo Kulmis. Waxaan ku fekeray in aan aado Afrikada Bari, sida Kenya. Cidna u ma sheegin, sababta oo ah Hooyo waa ka soo horjeedday in aan ka tago dalka oo waxay intaas i leedahay dadkii abaalka kuu galay baxar ha ku tuurin. Waxay u jeeddaa adeer Dalmar dadaalkiis ha dayicin wiilyahow. Haddii aan baxsado waxaa la qabsanayaa Adeer Dalmar iyo Maxamed Xasan Barre.

Habeenkii iska seexday, maalintii ku xigtay subaxdii meelna ma aadin oo guriga ka ma bixin. Abbaarta 13:00 ayaa waxaa guriga soo hor istaagay baabuurkii adeer Dalmar, waxaana isu raacnay Hoteel Taleex oo uu sii fadhiyo Maxamed Xasan Barre. Salaan iyo is-wareysi kooban ka dib, waa qadeeynay; cunto aad u heer sarraysa ayaa na loo keenay oo ahayd markii iigu horeysay ee aan ka qadeeyo Hoteel Taleex. Ka dib waxay bilaabeen in ay i waaniyaan. Waxay aad iigu adkeeyeen in aanan dalka ka bixin oo waxbarashaydii dib ugu noqdo. Waxay si waafi ah iigu sheegeen in haddii aan baxsado ay cawaaqib xun u soo hoynayso labadoodaba. Waxay iga dhaadhiciyeen in Madaxweynuhu cafis buuxa ii fidiyay oo cid dambe oo wax igu qabsan kartaa aanay jirin. Adeer maanta xor baad tahay ee runta noo sheeg, arrintaan lagugu xiray ma samaysay? Adeer Alle Maagciis baan idiin ku dhaaranayaa in arrinta la igu haystay aanan waxba ka ogeyn oo ay ahayd dulmi iyo been la dhoodhoobay balse aanan wax lug ah ku la hayn. Aakhirkii waan u dhaartay in aanan weligay ku fekerin in aan u baxsado Itoobiya ama Kulmis oo aanan weligay waraaqo daadin ama urur ka qayb gelin balse dabkii munaafaq shido Muslim baa ku gubta ayay arrintaydu ahayd.

Waqti badan baannu joognay Hoteel Taleex oo casarkii baan ku tukannay, ku shaahnay, sheekaduna waxay u badnayd wax tusaalayn, talo iyo wax la mid ah.

Anagoo iska sheekaysanayna baa waxa noo yimid nin dheer oo madaw. Waxay is garteen adeer Dalmar. Waa nin cabsan oo hadallo is khilaafsan buu ku hadlayay, isagoo dhahayay, "Dalmar ma ogtahay in Maxamed Siyaad Barre igu yiri, "ku kaadi ummadda Soomaaliyeed!? Markii aan ku kaadshayna, hadda wuxuu i leeyahay *adigu hadda isku kaadi.*" Waa nin tel ah, sida Soomaalidu yiraahdaan.

Cabbaar ka dib, wuu iska baxay isagoo dhacdhacaya oo cabsan mana garan ninkaa qofka uu yahay.

"Maxamed, ma garanaysaa ninkaan cabsan ee sidaa u hadlaaya?" Waxaa I waydiiyay adeer Dalmar! Maya, ma garanaayo, baan ku war celiyay.

Waa Jeneraalkii ciidammada Waqooyi Galbeed haystay oo hadda buul laga dhigay! Yaab! Waxaan gartay in jeneraallada inta eed la geliyo hadhawna suuqa lagu tuuro iyagoo eed galay, sida ninkaan haysata maanta. Waa sida liinta camal, marka dhacaanka laga miirto qolofka la iska ntuuro camal.

Aakhirkii Moxamed Xasan Barre baa waxa uu i siiyay xoogaa lacag ah oo soo dhowayn ah waana ka tagnay Hoteelkii Taleex. Waxaa la igu dejiyay agagaarka Shineema Equatoore waana aannu is-macasalaamaynnay. Waxaa i la ballamay adeer Dalmar berri galab iyo in aan ugu tago gurigiisa. Waan iska soo lugeeyay, iska soo tamashleeyay; hadba meel baan isbaramuuto ka cabbaa, aakhirkiina Baar Wardheer baan iska fariistay oo cajalad heeso macaan ay ka socdaan. Dad badan baa barxadda fadhiya badina shaah baa lagu sheekaysanayaa. Heesaha saaran waxay ahayeen heeso jacayl ah oo si dareen leh ii taabanayay. Waddada dhinaceeda kale waxaa ka soo horjeeda oo ishaydu qabanaysaa Baar Hargeysa oo ahayd makhaayad cunto heer sare ah leh. Ka dib horey baan isaga soo socday. Waxaan soo tamashleeyo, waxaan soo gaaray xaafaddii Waabberi. Waxaan ugu imid adeer Dalmar oo i sugaya Intaan yaabay baan iri maxaa dhacay adeer? Adeer waxaannu u tageynaa Gaashaanle Sare Aadan Cirday (taliyaha haystay Godka Jilacow). Waxa uu rabaa in uu ku waaniyo, ii keen buu igu yiri wiilka in aan la hadlaan rabaaye. Waxaan iri, adeer u ma tagayo ninkaas, meeshaas na ma rabo in aan ku noqdo. Waxa uu igu yiri, Maxamed maxaad ka baqeysaa, cafis Madaxweyne baad haysataaye? Waa yahay baan iri adeer, aniga oo aan qalbi ahaan ku faraxsanayn. Markaan ugu galnay xafiiskiisa isaga oo fadhiya oo na sugaya, salaam ka dib, waan fariisanay xoogaa sheeko guud buuna iska bilaabay. Waxaa soo garaacay irridkii dhowr askari oo dhar-cad ah. Waxa uu u amray in ay horey u soo galaan, kursigii aan ku fadhiyay ayay geesaha ka soo istaageen. Inta uu adeer fiiriyay buu yiri, "Dalmar, ninkaan waa xiranyahay." Hal mar baan kor u booday. Askartii geesahayga taagnaa baa igu soo booday oo kursiga dib iigu ceshay, waxayna iga xireen gacmaha. Waa ilbiriqsiyo! Adeer waa uu xanaaqay waxa uuna kor ugu qayliyay waad i khiyaantay Aadan Cirdayow, been baadna ii sheegtay, aniguna waa ku aamminay, wiilkaanu cafis buu haystaa, sidee loo xirayaa wareegto baa lagu cafiyaye? Inta uu dhoollaha caddeeyay Cirday buu yiri, "Aniga amar baa la i soo siiyay, cafiskiina waa laga noqday."Maxamed waa maxbuus!

MAR KALE IYO XABSIGII LAANTA BUUR

Mar labaad baa la ixiray. Haddana ma waxaa lagugu celin Godkii mise Laanta Buur baa maskaxdayda ku soo noqnoqatay. Waanse rumaysan kari la'ahay, sababta oo ah qof lagu soo daayay wareegto cafis oo haddana laga soo qaaday wax aan jirin! Madaxweynuhu badanaa waxa uu u hoggaansami jiray NSS-ta. Sababtoo ah waxaa ay u sheegaan waa qaadan jiray, waayo wuxuu aamminsanaa in ay yihiin dadka xukunka ku haya oo wuu ka maagan jiray in uu ka soo horjeesto. Gaashaanle Sare Cirday waxa uu ahaa shakhsi daacad u ah dad badanna iilka ama xabsi dhigay, wuxuuna ahaa tiirarka ugu muhiimsan dhanka NSS-ta oo Maxamed Siyaad Barre ku tiirsanaa. Arrinkaan waxaa la mid ahaa wadahadallo iyo heshiisyo badan oo uu la galay odayaasha iyo cuqaasha reer Mudug, berigii saraakiishii Inqilaabkii dhicisoobay ee 1978. Sidii uu ballanqaaday si cagsigeeda ah baa wax u dhaceen. Qofka waxaa xukuma dareenkiisa caaddifaddu ayan ka marnayn. Runtii waxay igu ahayd in mar laabaad la i soo xiro culays aad ii dhibay. Markii kowaad ee la i soo xiray ma aqoon dhibta xabsiga. Midda kale, wax aanan filayn oo aan soo gelin maankayga in la jebin karo amarka Madaxweynaha.

Fursad baa iga fakatay baan isku ciilkaambiyay. Isla markiiba waan ka shallaayay in aan is-dhigtay. Waxay ahayd in aan fakado, shallaytose maxay taraysaa gacantaa la igu dhigaye! Isla markiiba Aadan Cirday waxa uu amar ku bixiyay in Laanta Buur la igu celiyo isla hadda. Isla qolkii labo beri ka hor la iga soo saaray baa la igu soo celiyay. Waa waqtigii iigu adkaa nolosha intii aan joogay Laanta Buur. Is-ciilkaanbin, feker, shallayto, wax kasta waan ku fekeray, xitaa waan is-yasay oo waxaan isu arkay qof doqon ah oo aan ka faa'iidaysan fursaddii aan ku baxsan karay. Waa ku qabatay iyo qaddar Allaah. Hurdadii baa igu yaraatay, raashinkii baa iga degi waayay, farxaddii baa iga tagtay. Qolkii baa igu noqday ciriiri, kelinimdiina aad bay ii sii dhibtay. Illeen awal waan iska la qabsaday, laakiin markaan waan qancin kari waayey naftaydii. Dhawr beri markii aan ku jiray xaalad aad u qallafsan, waxaan isku la hadlay in ay dhici karto in haddii aan sidaan ku sii socdo ay saamayn dhanka maskaxda ah igu yeelan doonto. Sidii caadada ii ahayd, Alxamdulillaah, waxaan garowsaday in wax kasta qaddarta Allaah ku socdaan oo aan sabro ayaan iska dhaadhiciyay. Culayskii waa uu iga yaraaday, waxaan aan dib u bilaabay in qolkii aan ku dhex boodboodo oo jimicsi aan sameeyo. Si tartiib-tartiib ah baan u aqbalay xaqiiqada oo oggolaaday xaaladda cusub in aan la noolaado. Waxaan hubsaday in jimicsiga iyo dhaqdhaqaaqa jirka uu fekerka dhimayo, waxana aan ka helay caafimaad iyo farxad. Iska daa waqtigaa qallafsan ee aan ku soo moodaye, ilaa hadda baan wadaa oo haddii aan maalin ka maqnaado waxaan dareemaa culays. Waxaa kale oo aan xaqiiqsaday, qofka waa u daawo marka waxa ku dhaca uu u arko wax u qornaa iyo in wax kasta ay ku dhacaan qaddarta Allaah. Waxay ahayd midda iigu waynayd oo culayskii oo dhan hal mar iga qaadday, nolol cusubna ii furtay. Waa tan iga saartay hammigii dhibka badnaa ee i hayay, ilaa markii la i soo afduubay ee mar labaad haddana la igu so soo celiyay Laanta Buur. Wax cusub ma laha oo noloshii meeshii baan kala qabsaday.

Maalin Axad ah oo bishu ahayd 28/03/1982, subax hore baa waxaa ii yimid dhawr askari waxayna ii sheegeen in maanta la ii qaadayo Xamar iyo Xabsiga Dhexe oo bishaan 30-31/03/1982 la i geynayo Maxkamadda Badbaadada, si na loo xakumo. Aad iyo aad baan ugu farxay warkaas, sababta oo ah waxaan ku fekeray marba haddii aad ka baxdo qolkii kelida ahaa adiga oo caafimaad qaba maskax ahaan waa Ilaah mahaddiis. Waan ku farxay oo Rabbi baan u mahadceliyay waxaana aan tukaday salaatu shukri.

Abbaarta markii ay ahayd tobankii subaxnimo baa qolkii la iga soo furay, aniga oo wixii dhar aan haystay ku soo gurtay bac yar oo ay ii keeneen. Saacaddu markii ay ahayd 10:15 subaxnimo baan ka soo baxay qolkii Lambar 6 oo aan ku noolaa hal sano iyo afar bilood oo aad u adkayd, Alxamdulilaah. Qolkii xafiiska ninka Laanta Buur haysta baa la i soo geliyay. Waxaa qolka ku jira shan nin oo aan ka garanaayo Maxamed Warsame Cilmi , balse afarta nin oo kale midna ma garanayn oo markaa ay iigu horraysay. Aniga iyo Maxamed Warsame baa isku soo boodnay oo isa salaannay, labo qol oo isu dhowna waa ku kala jirnay. Nin ka mid ah raggii meesha aan ugu imid baa inta uu raggii ka soo dhaqaaqay aniga iyo Maxamed Warsame nagu yiri: "Waaryaaya dhallinyaro, magacyadiin?" Waxaan ugu jawaabay, aniga waxaa la iyiraahdaa Maxamed Cabdi Caynab, ninkaanna waxaa la yiraahdaa Maxamed Warsame Cilmi. "Anigana waxaa lay yiraahdaa Cabduqaadir Caarre (Garwayne)." Intaas marka ay afkiisa ka soo baxday baan soo

xasuustay in ninkaan aad la ii weydiin jiray markii jirdilka la igu sameyn jiray, waxayna aamminsanyihiin in aannu urur ka wada tirsannahay. Saddexdii nin ee kalana way soo kaceen oo iyagana magacyadii baannu isu sheegnay, barasho wanaagsan baannu is-niri, waxay kala ahaayeen ragaasu: *Cabdirashiid Shire Bile.
*Cabdiraxmaan Jaamac Cisman(Raas).
*Saciid Farrax Gaalooti.
 Waxaan la yaabbanahay dadkaan aannaan is-aqoon oo aan isku kiiska nahay! Waa dadkii la i waydiin jiray markii aan ku xirnaa xarumaha NSS-ta; waa dadkii la i lahaa aan kaa khafiifinnee ku markhaatifur; waa raggii ay i lahaayeen urur qarsoodi ah baad ka wada tirsantihiin. Waxa uu nin raggii ka mid ahi na waydiiyay qabiillada aan u dhalannay waana u sheegnay, iyaguna sidaa oo kale bay noogu sheegeen. Runtii kulligeen hal reer baan ka soo jeednay, laakiinse afartoodu hore bay isu yaqaanneen waxayna ku xirnaayeen qaybta naga soo horjeedday.

Intaas markii aan is-dhaafsannay oo iska sheekaysanayno baa waxaa noo so galay odaygii madaxa ka ahaa Laanta Buur. Waxa uu noo sheegay in baabuurkii na qaadi lahaa ilaa iyo Xabsiga Dhexe iyo askartii na sii raaci lahayd in ay diyaar yihiin. Intaa uu hadal yar qaatay buu yiri: "Maxkamadda Badbaadada baa la idin saarayaa. Waan arki doonnaa Maxkamadda ka dib in la idin ku soo cesho halkaan iyo in aad iska joogtaan Xabsiga Dhexe." Hoos baan ka iri Allow ha nagu soo celin meeshaan. Baabuur MAZ (gaari Ruush) dusha ka furan oo ah kuwii Asluubta baannu hal hal u kornay. Dhawr askari oo AK-47 ku hubaysan baa labo horay naga jiraan oo shirka gadaashiisa bay taaganyihiin dhankayagana waa u soo jeedaan oo waa waardiye isha nagu haya. Malaha, waxay ka baqayaan in aannu baabuurka ka boodno, labana gadaal bay naga joogaan. Annaga oo shan qof ah dhexda baan ku urursannahay oo waa iska sheekaysanaynaa. Waan xasuustaa in aan sheekeysanaynay Cabdirashiid Shire Bile. Waxaa na hor socday baabuurkii odaygii xabsiga haystay, mid kale oo askar ka buuxdana gadaal bay naga wardiyaynayaa. Baabuurtaas badan ayaa na gelbinaysay oo na ilaalinaysay, annaga oo aan wax dembi ah gelin, haba yaraatee. Aniga baa iska soo qaaday oo waxaan aamminsanahay raggaan kalena in ay aniga i la mid yihiin oo ay dulmanyihiin, sababta oo ah wayba iska caddahay oo waxaa na loo haystay in aan urur ku wada jirnay oo waraaqo daadin jirnay. Hadda ayaannu is-barannay oo rag aan horay isu naqiin ma aannaan ahayn.

Waannu dhaqaaqnay oo ka baxnay Laanta Buur. Waxaa loo jihaystay xagga Xamar. Waxaannu soconnanaba, waxaannu soo galnay Xamar; Equatore, waxaannu qaadnay jidka hor mara Iskuulka 21 Oktoobar, Afisiyoone baannu ka gudubnay; dariiqa dheer ee hor mara Isbitaal Martiini isla dhignay. Inta aannaan gaarin Safaaraddii Ingiriiska baannu ku leexannay Xabsigii Dhexe ee Xamar. Baabuurtii oo saddex ah waxay hor istaageen Xabsigii Dhexe hortiisa. Odaygii Laanta Buur madaxa ka ahaa iyo nin kale oo sarkaal ah oo isaga weheliyay baa horay u galay xabsigii, iyaga oo gacantana ku wata galal ay waraaqo ku jiraan. Jaranjaratii bay koreen, waxayna gudaha u galeen xabsigii balse annagu baabuurkii baannu saarnayn. Bannaanka xabsiga dhaqdhaqaaq baa ka socday; maxabbiis shaqaynaysa, dad shacab ah oo dad soo booqday, iyo baabuur yaacaysa. Waa meel wax kala socdaan una eg goob dad caadi ahi ku suganyihiin. Hadba dhinac baan indhaha u la raacayaa, illeen waxaan ka soo baxay meel kaligay aan ku ahaa; adigu shinbir buul ku xirnayd oo dibedda loo soo saaray sawiro.
10 ilaa 15 daqiiqo ka dib baa waxaa soo noqday odaygii haystay Laanta Buur oo uu weheliyo nin garaaddo badan garbaha ugu taxanyihiin. Waa na la soo dejiyay waxaana na loo gudbiyay qaybta loo yiqiin Qamta. Waxaa dhamaanteen na qaabbilay Gaaduur oo ah sarkaalka haysta Xabsiga Dhexe. Gaaduur waa nin ay xigto iyo tolba ahaayeen Madaxwaynaha dalka, Qamtuna waa qayb gaar ah oo lagu xiro dadka sida gaarka ah loo ilaasho. Kuraas dhaadheer oo safan ayaa na la fariisiyay. Taliyaha Xabsiga Dhexe waxa uu ahaa nin furfuran, hadal badan ma orane inta uu magacyada naadiyay oo nin walba yiri "Xaadir!" ayuu nagu yiri ku soo dhowaada Xabsiga Dhexe, qaybta Qamta. Waxa uu noo sheegay in inta maxkamaddu socoto ama bilaabanayso na la ku hayn doono labo qol oo gaar ah oo deyr gaar ah leh oo aanay ku jirin maxaabbiis kale. Waxa uu ku daray in qoysaskiinna aad aragtaan ay noo bilaabmi doonto markii maxkamaddu dhinac u dhacdo oo raashin in la idiin keeno la idin oggolanayo; maalinta Jimcaha ahna reerkiinnu waa idin soo booqan karaan. Nin waxa uu ahaa yare kaftamaya; waxba ha welwelina waxa aad u tegi doontaa dhammaan kacaandiidkii idinkoo kale ahaa buu nagu yiri. Hadalkaas waan ku farxay oo waxaan is iri

cidladii Laanta Buur waad ka raysan doontaa oo dad aad la hadashid baad heleysaa, xitaa haddii aannaan is aqoon. Waxaa na midayneysay in na loo haysto dembi loo tirinayo in aan wada galnay oo ahaa nacaybka Kacaanka.

QAYBTA AFARAAD

MAXKAMADDII BADBAADADA QARANKA

FURIDDII DACWADDA MAXKAMADDA 30/03/1982, MAALIN TALAADO AH.

Labo qol oo gooni ka ah qaybaha kale ee Qamta oo deyr ku wareegsanyahay barxad yarna leh ayaa na la ku guray. Labada qol ma laha agab lagu seexdo e waa sagxadda. Qolalkii baannu iska galnay oo ninba meel buu salka dhigtay. Cabbaar markii aan joognay ayaa waxaa na la ku soo daray saddex nin oo kale oo aannan midna ka aqoon. Qaar ka mid ah raggaygii laga keenay Laanta Buur, sida Cabdulqaadir Caarre, bay is garteen nin magaciisu yahay Axmed Cabdi Dhicisow (Ahn).

Waxay kaloo is garteen Axmed Qasaali iyo Axmed Xasan Shuuriye. Is-waraysigoodii baan waxaan ka fahmay in iyagana loo keenay Maxkamadda Badbaadada in la saaro oo waxaannu nahay isku kiis. Cajiib! Yaa Rabbi, oo ururkii qarsoodiga ahaa baannu kawada tirsannahay! Waxay noo sheegeen in intii labo sano iyo siyaado ah ay ku xirnaayeen Godka Jilacow iyo godad kale oo NSS-tu leedahay. Isla markaas waxay noo sheegeen in jirdil lagu sameeyay oo ay wax kasta qirteen, si ay u badbaadiyaan naftooda. Magacyadeennna way wada garanayaan oo waa la waraystay, sidii anigaba la ii warsan jiray, balse ayaan darrada ay sheegeen baa ah in ay qiraal sameeyeen.

Markii aanu intaas ogaannay baannu is-warsanay kooxdayadii laga keenay Laanta Buur 'Are boowayaal, yaa qiraal sameeyay?' Waxaa caddaatay in aniga, Abdulqaadir Caarre iyo Saciid Faarax Isaaq Gaalooti (Ahn) mooyee inta kale ay qiraal sameeyeen oo dembigii sidaas ku qirteen. Halkaas waxaan ka xaqiiqsannay aniga, Gaalooti, iyo Ina Caarre in dambigii beenta ahaa oo ay soo dhoodhoobeen NSS-ta (Cirday, Cali Xuseen Diinle iyo Cabdullaahi Ismaciil Cirro) uu nagu "cadyahay." Sababta oo ah, lix qof baa waxaa laga hayaa qiraal ay ku qiranayaan falkaas dembi ee ah in ay urur ka tirsanaayeen oo waraaqaha daadin jireen. Ayaan darro, intayadii aan qiran iyagaa nagu markhaanti furay. Waa la wada quusayaa la mana kala harayo bay xaaladdii noqotay. Tii Rabbi bay tegin.Waxay ku doodayaan waa na la dilay, xiniinyahaa na la qabtay, waan dhibtoonnay ka dibna wax kasta oo ay rabeen waan u qornay waana saxiixnay.

Saddexdayadii aan waxba qiran buuq baannu samaynnay iyo shallayto. Cabdulqqadir Caarre baa aad u xanaaqay, isagoo tusaale ii soo qaadanaya, sababtoo ah waan ugu yaraa dadka meesha jooga. 'Bal eega dulliyahow wiilkaan yar ee Ina Caynab, intaas oo habeen baa la jirdilayey wax uu qirtayna ma jiraan. Cabdulqaadirow is-deji, wixii dhacay waa dhaceen, haddana wax laga qaban karo ma laha baannu aniga iyo Gaalooti ku qaboojin jirnay. Waannu isu caroonnay oo hadalkii baa naga xirmay. Saddexdayadii baa gooni isu la baxnay oo iska xigsannay intii kale balse waa iska caaddifad meel wax laga qabtana ma laha iyo cid loo caroodo toona. Hal saac iyo siyaado markii aannu is-baranaynay oo is-warsannay, waaba duhurkii iyo salaaddii oo la aadaamay. Musqulo meesha ku dhex yaal baa loo kala dareeray, salaaddiina waxaa na tujiyay Axmed Cabdi Dhicisow.

Cabbaar haddii aannu wada joogno oo la isu caraysanyahay balse la is-baranayo, maxaad ahayd iyo xaggee ka shaqayn jirtay iwm, ayaa maxaabbiistii ku xirnayd qaybta Qamta waxay noo keeneen gogol ay noo soo ururiyeen, joodariyaal, barkimooyin iyo go'yaal lagu goglo ka dibna xoogaa ka dib waxay noo keeneen qado cajiib ah oo aannaan muddo cunin: bariis iyo hilib ari. Maashaa Allah! Dadka hadba inta ay wax noo keenaan ordaya gadaal baan ka baran doonaa magacyadooda oo waxaa ka mid ahaa Cali Ciise Islaan (Ahn), Maxamuud Islaan Cabdulle, Muuse Faarax Jebshe, Mahadalla iyo kuwo kale oo badan. Raggaan dambe waxaa loo soo xirxiray afgambigii Abriil 9, 19978. Waannu dheregnay runtii, gogolna waa helnay.

Haddii aan sidaas ku jirnay oo aan weli la gaarin casarkii baa waxaa noo timid koox askar-jeel ah oo sheegay waxaa idin yimid garyaqaanno. Magac bay yeerinayaan; macnaheedu waxaa weeye, qareen baa kuu yimid. Nasiibwanaag, dhammaantayo waa na la naadiyay. Waxaa noo yimid garyaqaanno badan oo wada socda. Ilaa iyo hadda ma garanaayo sida ay nooga war heleen, waxayna kala ahaayeen:

1- Garyaqaan Ismaaciil Jimcaale (Ahn) oo qareen u ahaa Ahmed Qasaali —wuuna u saxiixay waraaqo ah in u ku kalsoonyahay uuna na difaacayo.

2- Garyaqaan Axmed Jaamac Xabeeb (Ahn) oo qareen u ahaar Maxamed Warsame Cilmi iyo Cabdiraxmaan Jaamac Cismaan (Raas)—sidoo kale iyaguna way u saxiixeen.

3- Garyaqaan Cabdi Faarax Baashane (Ahn) oo qareen u ahaa Saciid Faarax Isaaq Gaalooti, Cabdirashiid Shire Bile iyo Cabdulqaadir Caarre (Cabdulqaadir Caarre labo qareen baa wadajir u difaacayay oo kala ahaa Ismaciil Jimcaale iyo Baashane).

4- Qaryaqaan Cabdullaahi Macallin (Ahn) oo qareen u ahaa Axmed Cabdi Dhicisow iyo Axmed Xasan Shuuriye.

5- Garyaqaan Maxamed Axmed Cumar (Doolli) oo la dhashay dhakhtarkii caanka ahaa ee Dr. Carabey (Ahn) baa anigu, Maxamed Cabdi Caynab ahaan, u saxiixay in uui i difaaco. Wuxuu yiri, "Adeer, ogow waxa keli ah oo aan ka difaacayo waa in aan la idin toogan, sababtoo ah qodobbada la idin ku soo eedeyay kulli waa dil toogasho ah. Ogow in haddii xabsi la idin ku xakumo ay tahay nabad iyo caano." Allah ha u naxariiste, wuxuu ii sheegay in uu yare xanuusanyo balse wuxuu igu yiri waa inoo maxkamadda. Adeer waad mahadntahay baan ku iri.

Qof kasta qofkii qareenka u ahaa waxay wada yeesheen xog is-dhaafsi iyo isu-warran. Markii aannu ku soo wada noqonnay labadii qol ee gaarka noo ahaa oo aannu is-warsannay, dhammaan qareennadu waxay ka sinnaayeen in ay nagu yiraahdeen waxa keli ah oo aannu ku dadaalaynaa waa in aan toogasho la idin ku xakumin oo haddii xabsi la idin ku xakumo ogaada waa guul. Yaabka yaabkiis! Dhammaantayo waannu naxsannahay. Hadal badan ma jiro, waannu isu caroonnay oo qaar naga mid ah baa ku andacoonaya in haddii dil toogasho ah na la ku xukumo ay masuul ka yihiin dadkii dambiga isku qiray. Catow iyo baqdin baa na kilkilay, adduunyo kale baan galnay, waxaan dib u jalleecnay wixii aan soo maray, xariggii, jirdilkii badnaa, Laanta Buur iyo qolkii cidlada ahaa ee dhibka badnaa. Haddana maanta waxaa la leeyahay waxannu kaa difaacaynnaa in aan toogasho lagugu xakumin! Dhammaan waxaan hubaa in aannu barii' ka nahay beenta la soo dhoodhoobay cc nala ku eedaynaayo iyo urur been ah oo aan jirin. Balse xaalku waa adagyahay oo asxaabtii aannu meesha isku barannay qofba meel buu dhafoor keligiis haystaa. Dhowr qof baannu isla sheekaysannaa oo ay ka mid ahaayeen Cabdulqaadir Caare iyo Saciid Gaalooti oo hadalkiisu u badnaa Af Talyaani. Cabdulqaadir Carre waxaa ka muuqday kalsooni u ku qabo qaddarta Rabbi oo wax wayn oo welwel ah ma qabin. Aniga waxaas oo dhan waxay i la tahay riwaayad ay dhigayaan NSS-ta Cirday iyo Cabdullaahi Ismaciil Cirro mana aamminsanayn dil toogasho ah iyo waxaas balse welwelka iyo baqdintu way jireen.

Labadii qol baannu isu kala qaybinnay ka dib markii aannu ku casheynnay wixii qadadii maanta ka soo haray. Hadal badan ma jirin oo waa la isu caraysnaa; qaar baa iska farxsanaa, sida Cabdiraxmaan Raas oo beebkiisa iska cabbaya, isaga oo qiica bul ka siinaaya. Isaga waxaa ka muuqatay *shidanaaba shidan* balse dadka qaarkood waxaa ka muuqday welwel weyn iyo walbahaar. Tii Rabbi bay tegin. Kacaanku wax ma dili karo waxna ma noolayn karo, qofka tiisii gashayna qof celin karaa ma jiro ayay xoogaa wacdi noogu akhriyeen Cabdulqaadir Caarre iyo Dhicisow. Aad baa loogu degay wacdigaas, waana la kala seexday oo qofba joodari buu isku tuuray. Balo ku degtay, kaneeco baa maw leh! Wax la isaga celiyo oo shabaq ahna ma haysanno, go' haddii la huwan lahaana waa dhidid iyo kulayl. Habeenkaa oo dhan, dhinac waa ka welwel dhina kalena waa kaneeco iyo kulayl. Waxaannu sidaas iska ahaanno, walaw dadka qaarkiis ay iska gam'een, waagii baa noo beryay oo salaaddii subax aadaankeedii baannu ku wada kacnay. Habeenkaas ma ledin oo gogosha, kaneecadii, waxa oo dhan baa aad ii dhibayay. Indhaha markaan isku qabto waxaa i hor immaanaysay barxaddii Dugsigii Tababarka ee Booliska (Scuola Polizia) ee dadka lagu toogan jiray, mar marna waxaan arkayay anigoo AK-47 la igu soo shiishayo, markaas baan soo boodaayay. Madax xanuun iyo indhahoo i cas, hurdo la'aan iyo riyadii baqdinta lahayd oo aad ii saamaysay. Waxaan maqli jiray nin la qabtay ma oran karo ma biqin. Nolol farax ka fog baan dhex maquurtay.

Maalintii labaad baa noogu bilaabatay quraac ka kooban shaah iyo rooti. Mase garanayno, ma maxaabbiistii ku xirnayd meeshaa na siisay, ma dhanka xabsigaa? Qaar naga mid ah baa loo keenay qado. Hooyaday qado cajiib ah bay ii keentay. Marka raashinka laguu keeno waa laguu sheegayaa qofka kuu yimid. Inta aan meel kale ku wareejiyay baa isla markiiba Hooyo loo celiyay maacuunkii ay raashinka ku keentay. Wixii ehelkayo noo wada keenay baannu isku darsanay oo si wadajir ah u wada cunnay, waana maalintii labaad ee aannu xabsigaas joogno oo bishu tahay 29/03/1982. Berri oo bishu tahay 30 Maarso ayaa waxaa bilaabanaysa Maxakamaddii Badbaadada oo uu guddoominayo Maxamuud Geelle Yuusuf. Ififaale fiican ma jiro marka ninkaas magaciisa la soo qaado. In aannu isku qoys hoose nahay wax macne ah u ma samaynayn, ninkaas oo uu aftahankii Xirsi Magan ku sheegay "Nin aan amarka madaxdiisa diidin kiisana la diidin."

Duhurliiqii markay ahayd baa la ii yeeray oo la igu yiri waxaa kuu jooga labo qareen. Maxaa dhacay? Waan soo baxay oo meesha dadka lagu qaabbilo bay igu sugaayeen. Salaan ka dib baa Axmed Faarax Baashane igu yiri, adeer Maxamed waxaan kuugu imid in aan kuu sheego in garyaqaan Maxamed Axmed Cumar (Doolli) uu geeriyooday saaka oo uu ka dardaarmay in aan kuu noqonno difaac dacwadda berri bilaabanaysa. Naxdin, fajac bay igu noqotay iyo wax aanan filayn! Allaah ha u naxariisto. Ilaah naxariistii Janno ha siiyo oo hoygiisa Jannatu Firdawsa ka yeel yaa Rabbi.Waxaa aad ii taabatay isagoo sakaraad ah in uu ka tegay dardaaran ah in la i difaaco. Ka dib, waxay si wadajir ah iiga saxiixeen waraaqo in Ismaaciil Jimcaale iyo Baashane si wadajir ah ay ii difaaci doonaan. Waxay ii sheegeen in waraysigii aan la yeeshay iyo macluumaadkii aan la wadaagay Doolli ay gacanta ku haystaan iyagoo qoran. Waxaan waydiiyay in la helay wareegto Maxamed Siyaad Barre igu sii daayay hadda ka hor iyo in kale, iyo in ay ka heleen dhanka Asluubta? Ilaa hadda ma haynno balse hadda ayaannu u soconnaa in aan aadno dhanka Asluubta. Gadaal waxaan ka ogaaday in la diiday in la bixiyo warqaddaas, sabab kasta ha ka ahaatee. Ninkii diidayna oo hor istaagay in arkiifiyadda laga soo saaro warqadii cafinta dagaalladii sokeeye buu ku dhintay (Ahn). Allaha u wada naxariisto dhammaantood.

Garyaqaan Axmed Baashane waxaan ku arkay markii iigu dambaysay Qardho, Hoteel Alla Aamin, 2007.

Garyaqaannadii waxay noo sheegeen in isla kiiskaan oo kale in ay Maxkamadda Badbaadadu ay Hargeysa ku qadday bishii Febarwari ee sannadkaa 1982. Waxa uu kiiskaasi khuseeyey dhallinyaro ahayd macallimiin, dhakhtaro iyo shaqaale dawladeed. Kooxdaas waxay la baxeen UFO. Waxay noo sheegeen in Geelle uu dhallinyaradaa qaarkood rabay in uu dil ku xukumo balse shicibkii reer Hargeysa, gaar ahaan ardaydii dhiganaysay Dugsiga Sare ee Faarax Omaar, ay ka mudaaharaadeen arrintaas, taas oo rabshado badan u horseedday Hargeysa iyo afar beri oo reer Hargeysa ay wadeen dhagax tuur. Waxay noo sheegeen in rabshadahaas ka dib ay Maxkamadda Badbaadadu go'aan ku gaartay in qofna aan dil lagu xakumin. Taasi waxay ka dhalatay wadahadal dhex maray odayaal reer waqooyi ah iyo dawladdii Kacaanka, ka dibna rabshadihii waa yaraadeen. Waxay kale oo noo sheegeen in arrinta Hargeysa ka dhacday ay khayr u tahay kiiskeenna, sababtoo ah maadaama UFO aan dil lagu xukumin oo xabsi loogu beddelay waxay saadalinayeen in aanu jiri doonin wax xukun dil ah, Insha allah.

Waxaan aad u yaabay sida farqi wayni ugu dhexeeyo Hargeysa iyo Xamar. Waxaan hubaa in haddii dhammaantayo dil na la ku xakumo oo na la dilo in Xamar cid ka kacaysaa ama ka dhiidhiynaysa sida Hargesia ay tahay calaacasha oo timo ka soo baxaan ee Rabbi ha naga badbaadiyo dulmiga Kacaanka. Dadka Xamar ku nool ma lahayn firfircoonida iyo dulmi-diidka reer Hargeysa. Waxaannu ka doodnay dhacdadaan aannu ogaannay iyo kooxdaan UFO oo xabsi daa'in iyo xabsi dheer lagu kala xakumay, waxaannuna isla soo qaadnay isu-ekaanshaha kiiska UFO iyo kiiskayaga oo ay aad isugu egyihiin. Labada kiisba waxay ka sinnyaayeen qof u geeya warka NSS-ta oo dhiibay magacyada iyo meesha uu ka shaqeeyo qof kasta. Qofkaas oo markii uu warkii iyo magacyadii u gudbiyay NSS-ta u baxsaday Itoobiya. Waa isku mid sida na laku soo xiray, sida aannu wararka ku helaynay.

Dood iyo iska sheekaysi ka dib, qof kasta wuxuu isku diyaarinayaa Maxkamadda Badbaadaada Qaranka berri iyo berri dambe iyo hor tegidda Maxamuud Geelle Yuusuf.

Subaxdii bishu ahayd 30/03/1982, abbaarta 08:00 subaxnimo, dhammaantayo waxaa na la ku boobay katiinado labada gacmood. Waxaa na la ku guray baabuur shabaqle ah oo toos na loo geeyay Maxkamaddii Badbaadada oo ku tiil Baarlamaankii hore. Intii aannaan gudaha u gelin maxkamaddii ayaa na la ka furay katiinadihii, qof kastana waxaa weheliya askari ag fadhiya. Dadkii soo xaadiray maxkamadda baannu indhaha la raaraacayna. Qof kasta waxaa loo oggolyahay labo qof oo reerkiisa ah. Waxaan indhaha taagtaagaba, aakhirkii waxaan arkay hooyaday oo ay la socoto gabar aannu qaraabo nahay oo la yiraahdo Faadumo Axmed Timay oo meel halkoo ah wada fadhiya. Gacantaan u taagay salaan ahaan, iyaguna way i salaameen.

Gudaha maxkamadu waa qurxoonaa oo kuraas kala sarsarreeysa oo wareeg ah bay lahayd; kuraas iyo miisas wada saad huruud ah. Meel hoose oo dhexda ku aaddan waxaa yiil miis weyn oo kuraas ka dambayso, dusheedana waxaa ku tiil meel taagan oo xubnaha maxkamaddu fariistaan. Waa meeshii uu Gudoomiyaha Baarlammaanku fariisan jiray balse maanta waxaa fadhiya Maxamuud Geelee iyo xertiisa. Intuba inta ka dhow, hal mar baa la wada istaagay oo waxaa soo galay Guddomiyihii Maxkamadda, Sarreeye Guuto Maxamuuud Geelle Yuusuf, iyo ilaaladiisii, la taliyeyaal; koox uun wada socota. Wuxuu amray in la fariisto, markii la fariistayna wuxuu isagoo mikroonfan gacanta ku haysta jeediyay hadal kooban oo ku saabsan waxa maanta ay tahay in la qabto. Wuxuu sheegay in ay bilaabanayso maxkamadayn koox lagu soo eedeeyay urur qarsoodi ah, waraaqo daadin jiray, iwm, ka dibna wuxuu sheegay dadka isaga dhinacyada ka fadhiya oo sidaan buu ku bilaabay:

Magaca dawladda Soomaaliya, taarikhduna tahay 30/03/1982. Maxkamadda Badbaadada Qaranka oo ka kooban:

1- Sarreeye Guuto Maxamuud Geelle Yuusuf - Gudddoomiyaha Maxkamadda.

2- Qaalli: Xasan Maxamed Cismaan – La-taliye.

3- Qaalli: Cabdullaahi Axmed Xaashi – La-taliye

Wuxuu ku daray in ay xaadir ku yihiin maxkamadda Xeer-ilaaliyaha Guud ee Qaranka, Gaashaanle Sare Axmed Cabdulle Shucayb, iyo La-taliyahiisa, Mudane Cabdullaahi Macow. Geelle wuxuu hadalkii u gudbiyay ugana baxay Xeer-ilaaliyaha Qaranku in uu soo oogo dacwadda loo haysto eedaysanayaasha.

Isla markiiba inta uu istaagay Gaashaanle Sare Axmed Cabdulle Shucayb wuxuu ku bilaabay sidan: Jaalle Gudoomiye, waxaan ku soo oogayaa dacwad ka dhan ah:

1- Cabduqadir Maxamed (Ina Caarre); Hooyadiis la yiraahdo Cawrala Cabdi, 31 jir ah kuna dhashay Gaalkacayo, deggan xaafadda Hawlwadaag ee Muqdisho, shaqadiisuna tahay macallin ka soo baxay Kulliyaddda Lafoole una shaqeeya Wasaaradda Waxbarashada.

2- Saciid Faarax Isaaq (Gaalooti), hooyadiis la yiraahdo Faadumo Aadan, da'diisu tahay 40 jir, ku dhashay Xamar, deggan Waabberi, shaqadiisuna tahay ganacsade.

3- Cabdiraxmaan Jaamac Cismaan (Raas) hooyadiis la yiraahdo: Faadumo Xasan, 36 sano jir ah, ku dhashay Gaalkacyo, deggan Xamar Jajab una shaqeeya Wasaaradda Qorshaynta Qaranka.

4- Axmed Cabdi Dhicisow Afrax, hooyadiis la yiraahdo Madiina Jimcaale, 34 jir ah, ku dhashay Ceelbuur, deggan Hawlwadaag, Xamar, macallin jaamici ah barena ka ah Dugsiga Sare ee Hawlwadaag, Xamar.

5- Axmed Cabdullaahi Nuur (Qasaali), hooyadiis la yiraahdo Fadumo Cali, ku dhashay Qabri Daharre, 34 sano jir ah, deggan Hawlwadaag-Xamar, macallin jaamici Lafoole ah, barena ka ah Dugsiga Sare ee Hawlwadaag.

6- Maxamed Warsame Cilmi, hooyadiis la yiraahdo Faadumo Xirsi, 25 jir ah, ku dhashay Garoowe, deggan hoyga Polytechnico, Xamar, arday Polytechnico, isla markaana ah macallin Wasaaradda Waxbarashada.

7- Maxamed Cabdi Caynab, hooyadiis la yiraahdo Xay Bulshaale, 24 jir ah, ku dhashay Qardho, deggan hoyga Polytechnico, ardayna ka ah Polytechnico.

8- Cabdirashiid Shire Bile, hooyadiis la yiraahdo Xaddiya Maxamuud, 33 jir ah, ku dhashay Gaalkacyo, deggan Hawlwadaag-Xamar, Xisaabiye Hay'adda Daaqa Qaranka.

9- Axmed Xasan Shuuriye, hooyadiis la yiraahdo Xabiibo Barre, 31 jir ah, Xamar ku dhashay, deggan Waaberi, macallin jaamici Lafoole, barena ka ah Dugsiga Sare ee Farsamada.

Eedaysanayaasha kala ah:

1aad, 2aad, 3aad, 4aad, 5aad, iyo 9aad ee eedaysanayasha ka mid ah waxaa la soo xiray 27kii/01/1980, halka 6aad la soo xiray 03/02/1980, 7aad (Caynab) la soo xiray 29/01/1980, iyo kan 8aad oo la soo xiray 30/01/1980.

Eedayn:
Xeer-ilaaliyuhu wuxuu ku bilaabay hadalkiisi sidaan:
Dhammaantiin si wadajir ah waxaan idin ku eedaynayaa dembiyada soo socda:

1- In aad abuurteen urur qarsoodi ah oo midnimada iyo jiritaanka Qaranka Soomaaliyeed lagu waxyeellaynayo, ujeedaddiisuna ahayd in Dawladda Soomaaliya aad afgembidaan ama aad dawladda riddaan, idinkoo xiriir la lahaa dawlado cadaw ku ah jiritaanka Ummadda Soomaaliyeed iyo qarannimadeeda. Dembiyadaas waxay ku xusanyihiin qodobbada kala ah: 3 iyo 4 ee xeerka 54 ee la ansixiyay 10 Siteembar 1970, kuwaas oo calaaqaad la leh qodobbada 45-71 ee Xeerka Ciqaabta.

Laga bilaabo bishii Diseembar ee 1979 ilaa Janawari 26, 1980, waxaad abuurteen urur qarsoodi ah oo aan sharci ahayn ujeedaddiisa ugu waynna ahayd in lagu burburiyo shacabka Soomaaliyeed iyo dawladda Soomaaliyeed iyo in aad si guud ugu shaqaysaan uruka la baxay Kulmis ee u adeega danaha cadawga Soomaaliya ee gumaystaha Itoobiya. Sidoo kale, laga bilaabo 28 Janawari 1980, waxaad waraaqo ku daadiseen Xamar iyo gidaarrada magaladda oo aad qorteen weero iyo halkudhigyo looga soo korjeedo dawladda iyo madaxda Kacaanka. Dembiyadaasu waxay ka dhaceen Muqdishio, laga soo bilaabo Diseembar 1979 ilaa 26 Janawari, 1980. Ka dib markii la helay warqadda summaddeedu tahay 51/82B.G oo ku taariikhaysan Feebarwari 17, taa soo u saxiixay ku-xigeenka Xeer-ilaaliyaha Qaranka ee Maxkamadda Badbaadada Qaranka, waxay Maxkamaddu muddaysay in dacwaddan la qaado 30/03/1982.

Haddaba, sida ku cad qodobka 103 ee Xeerka Ciqaabta, maxkamaddu waxay akhriday eedaymaha loo soo jeediyay eedaysanayaasha, iyadoo Maxkamaddu ku la talisay in saddex jawaabood midkood aan kaga jawaabno:
b) Waan galay dembigaas
t) Ma gelin dembigaas
j) Iyo in aad ka aamustid.

Waa Riwaayadii Raadiyaha oo runtii waan ku qoslayay. Qof kasta inta uu magaciisa sheego ayu u weydiinayaa ma gashay dembigaas? Haddii aan soo kobo, dhammaantayo waxaannu uga jawaabnay wax dembi ah oo aannu galay ma jiro. Ka dib maxkamaddii waxay ka codsatay Xeer-ilaalinta in wixii caddayn ah ay soo bandhigto, wax kalena ma hayaan oo aan ahayn in ay markhaati Maxkamadda la keeno ka dhigeen NSS-tii kiiska baaraysay. Waa kuwii na jirdilayay oo dhammaan kooxdii jirdilka ee Cabdullaahi Ismaciil Cirro baa mid mid loogu yeerayaa, oo kaaga darane waa la dhaarinayaa! Dhammaan markhaatiyaasha ay xeer ilaalintu keentay oo nagu muddiciga ah waa NSS-tii na baaraysay iyo kuwii na jirdilay, haddana Maxkamaddii markhaati nagu furaya. Adiguba qiimee caddaaladdaas.

MARKHAATIYADII DAWLADDA IYO DOODDII XEER-ILAALINTA

MARKHAATI 1

Gaashaanle Sare, Maxamed Cismaan Nuur (Qaaddi), Taliyaha Kulliyadda Ciidammada Jaalle Siyaad: Dhaar kitaabka Qur'aanka ka dib, wuxuu ku bilaabay hadalkii:

Bishii Diseembar, 1979, waxaa ii yimid Cabdi Xasan oo macallin ka ahaa Kulliyadda Ciidamada Jaalle Siyaad wuxuuna ii sheegay jiritaanka urur qarsoodi ah oo u shaqeeyaha Kulmis iyo danaha gurracan ee Itoobiya. Wuxuu ii dhiibay waraqd ay ku qoranyihiin kooxdaan halkaan fadhida iyo ficilladii ay samayn jireen. Wuxuu ii sheegay in kooxdu ku shirto guri ku yaal Waabberi, halkaas oo ay badankoodu qaad ku cunaan, iyagoo qorshahooda ku fuliya fadhigaas qaadka. Ka dib warqaddii iyo wixii ku qornaa waxaan u gudbiyay madaxda iga sarreysay. Dhawr maalmood ka dib baan la kulmay isagoo jooga Kulliyadda Ciidanka ee Jaale Siyaad, wuxuuna ii sheegay in xalay ay kooxdii u shaqaynaysay Kulmis waraaqo daadiyeen.

Hadalkii waxaa qaatay Garyaqqan Ismaciil Jimcaale:
Warqadda aad ka qaadday Cabdi Xasan wax tiimbare ah ma lahayd?
Gaashaanle Sare Qaaddi: Maya, warqad gacanta lagu qoray bay ahayd oo Cabdi uu saxiixay.
Garyaqaan Ismaciil Jimcaale: Cid markhaati ah in uu warqad kuu keentay ma sheegi kartaa?
Gaashaanle Sare Qaaddi: Aniga iyo isaga keli ah baan ahayn, waana ku kalsoonaa.
Garyaqaan Ismaaciil Jimcaale: Ururka uu kuu sheegay ma noo sheegi kartaa magaciisa?
Gaashaanle Sare Qaaddi: Magaca ururka ma aqaan iimana sheegin wax magac ah Cabdi.

Hadalkii waxa qaatay Garyaqaan Baashane:
Goorma ayaa kuugu dambaysay Cabdi?
Gaashaanle Sare Qaaddi: Markii uu warqadda ii keenay baa iigu dambaysay.
Wejigiisa waxaa ka muuqday Ina Qaaddi khajilaad, dhafoorkiisana dhidid baa ka socday.

Wuxuu ku daray in muddo ka dib uu maqlay in Cabdi baxsaday oo Itoobiya aaday.

Garyaqaan Baashane: Yaa kuu sheegay? Noo sheeg sida aad ku ogaatay in uu baxsaday?

Gaashaanle Sare Qaaddi jawaab adag bay ku noqtay wuuna ka warwareegay, aakhirkiina wuxuu ku adkaystay waxaan ka maqlay "Yoobsan News"

Garyaqaan Baashane: "Yoobsan News" maxkamadda sharafta leh u macnee! Baashane haddana wuu ku sii kululeeyay oo arrintii Yoobsan News baa ku adkaatay in uu jaawaab ka bixiyo. Shicibkii maxkamadda fadhiyey guux iyo qosol baa ka yeeray. Wuu ka jawaabi kari waayay. Kolba wax buu sheegay aan macne lahayn, waana la fariisiyay.

MARKHAATI 2:

Gaashaanle Sare, Aadan Jaamac Cumar (Aadan Cirday), dhaar kitaabka Qur'aanka ka dib, wuxuu ku bilaabay hadalkiisii:

Dhammaan eedaysanayasha waan aqaannaa oo aniga ayaa madax u ahaa kooxdii baaraysay kiiskaan. Ninka warqaddaan qoray wuxuu sheegay in uu ka mid ahaa ururkaan, taaso ujeeddadu ahayd in uu u adeego Kulmis iyo Itoobiya balse uu ka niyadjabay oo uu go'aan ku gaaray in uu fashiliyo kana soo horjeesto. Ka dibna anigoo Aadan Cirday ah waxaan abaabulay koox baaritaan ku sameeya arrintaan. Cabdi Xasan waxaan kula taliyay in uu ururka ka sii mid ahaado oo uu nala shaqeeyo. Ujeeddada ururkan waxay ahayd in uu iska hor keeno shicibka iyo dawladda oo mudaaharaadyo la sameeyo si dawlada loo rido. Warqadda Cabdi soo qoray aniga ayaa ka masaxay saxiixisa, sabab nabadgelyo darteed ah. Wuxuu noo soo qori jiray akhbaaro fara badan oo khatar ahaa oo aannu dalka ka badbaadinay:

1- Eedaysanaha 1aad oo ah Cabdulqaadir Caarre wuxuu ahaa xiriiriyaha, isku dubbaridaha ururka.

2- Eedaysanaha 2aad, Saciid Gaalooti, wuxuu u qaabbilsanaa in wixii kharaj ah iyo dhaqaale ururiyo ama isagu bixiyo.

3- Eedaysanaha 3aad, Cabdiraxmaan Raas, oo u shaqaynayay Wasaaradda Qorshaynta wuxuu qaabbilsanaa in uu dalka ka saaro ciidammada xooga dalka.

4- Eedaysanaha 4aad, Dhicisow, oo macallin ka ahaa Dugsiga Sare ee 15ka Mey wuxuu taageero uga raadin jiray ururka dhanka macallimiinta iyo ardada.

5- Eedaysanaha 5aad, Qasaali, wuxuu qaabbilsanaa in dacaayad laga fidiyo dawladda.
6- Eedaysane Maxamed Warsame arday buu ahaa oo wixii loo diro buu qaban jiray
7- Eedaysane Maxamed Cabdi Caynab arday buu ahaa oo wixii loo baahdo buu qaban jiray.
8- Eedaysane Cabdirashiid Shire Bile wuxuu qaabbilsanaa dhanka taakulaynta dhaqaalaha iyo shirinta qabiilka uu ka dhashay.
9- Axmed Shuuriye wuxuu qaabbilsanaa dhanka dacaayadda iyo kicinta ardayda wuxuuna la shaqaynayay Dhicisow.

Cirday oo weli ku dhex jira markhaatifurkii beenta ahaa wuxuu yiri, "Eedaysanaha 3aad, Cabdiraxmaan Raas, wuxuu ka dhoofiyay saldhigga Gaashaanle Sare Cali Mataan Xaashi shan sarkaal oo uu u diray Kulmis, waxaana warkaas na soo gaarsiiyay ninkii warka noo keeni jiray ee Cabdi Xasan. Markii aannu ogaannay sarakiisha baxsatay, xataa Taliyaha Qaybta, Cali Mataan Xaashi, war ka ma hayn ee markaannu u sheegnay ayuu ku baraarugay. Waxaannu la soconnay habeen in eedaysanayaasha 1aad iyo 2aad ay la kulmeen Qasaali, eedaysanaha 5aad, waxaana lagu kulmay Hoteel Bulsho, ka dibna waxay isu wada raaceen guriga eedaysanaha 1aad, Ina Caarre. Waxay ahayd markii ay socotay doorashadii Golaha Shacabka iyo Madaxwaynaha. Ujeeddada shirka lagu qabtay guriga Ina Caarre waxay ahayd in la diyaariyo warqadahii la daadin lahaa iyo in gidaarrada wax lagu qoro, iyagoo ka dhigaayay in doorashadu tahay wax maqaarsaar ah oo been ah ummadana lagu jaha-wareerinayo. Eedaysanaha 1aad ayaa akhrinayay Qasaalina wuu qorayay. Gaalooti oo ah eedaysanaha 2aad wuu la joogay wuxuuna ahaa ninka keenay qalimmada wax lagu qorayay iyo waraaqaha, isagaana soo gaday wax kasta oo loo baahnaa. Habeenkaas waraaqahii waa la daadiyay.

Go'aanka in hawshaan la qabto waxaa la gaaray 24/01/80, ujeeddaduna waxay ahayd in la carqaladeeyo doorashada iyo in dadwaynaha la kiciyo, si ay uga hor yimaadaan dawladda Kacaanka. 26/01/80 waxaa waraaqaha lagu daadiyay meelo kala duwan oo Xamar ah, gidaarradana waxaa lagu qoray weero liddi ku ah dawladda iyo Qaranka Soomaaliyeed. Waa markii ugu horreysay taariikhda Kacaanka in arrimo looga soo hor jeedo dawladda laga sameeyo Xamar oo aad u baaxad wayn. Waraaqihii lagu daadiyay Dugsiga Sare ee 15-ka Mey waxaa gacantiisa ku qoray Qasaali. Eeedaysane 5aad, labo beri ka dib baa Gaalooti wuxuu keenay fikir una soo jeediyay kooxdaan, taasoo ah madaama kooxdii 26-ka waraaqaha la daadiyay qaarkood la qabqabtay in hawsha la sii wado oo la daadiyo waraaqaha, gidaarradana wax lagu qoro, si loo jaha-wareeriyo dawladda iyo ciidambada Nabadsugidda Qaranka, si ay ugu maleeyaan in ay qabteen dad aan waxba samayn.

Eedaysanaha 7aad (Caynab) iyo kan 6aad oo ah Maxamed Warsame ayaa waraaqaha daadiyay gidaarradana wax ku qoray. ('Kaddaab! Kaddaab!' baan hoos isu lahaa) Caabdirashiid Shire Bile hawshiisu waxay ahayd in uu dhaqaale iyo taageero ka helo dad ka mid ahaa shaqaalaha dawladda oo caaddifad u haya Kulmis. Markii Nabadsugiddu soo qabatay waxaa laga helay gurigiisa lacag dhan 6730 Shilin Soomaali, markii aannu warsannayna jawaabo kala geddisan uu ka bixiyay. Markii hore maba hubinba in uu isagu leeyahay iyo in kale, mar labaadkiina wuxuu noo sheegay in uu ka soo dayn qaatay nin. Ninkii markii aannu warsannay waa uu ku inkiray oo wuxuu yiri weligay lacag ma deymin Cabdirashiid Shire. Waxaannu booqasho ku tagnay halkii uu ka shaqayn jiray Cabdirashiid ee Daaqa Qaranka, waxaana na loo sheegay in uu qabanqaabin jiray shirar qabiil oo uu lacagna ururin jiray.

Cirday hadalkiisi beenta ahaa wuxuu ku soo koobay: Eedaysanaha 9aad, Axmaddey Xasan Shuuriye in uu gacan siin jiray Dhicisow, si ardada loo kiciyo oo ay rabshado u dhigaan.

Markuu dhammeeyay huuhaadii, waxaa su'aalo ku boobay qareennadii.

Garyaqaan Ismaaciil Jimcaale: Waxaad sheegtay in markii guriga Ina Caarre lagu shirayay oo waraaqaha lagu qorayay aad la socoteen, maxaad ugu qaban waydeen markaas iyagoo dembiga faraha kula jira?

Gaashaanle Sare Aadan Cirday: Wax tallaabo ah ka ma qaadin oo waxaan rabnay in aan ogaanno hawlaha ay wadaan inta ay le'egyihiin.

Garyaqaan Baashane: Ma noo sheegi kartaa inta qof ee ku shiray guriga Ina Caarre oo hawshaan qorista wadday?
Gaashaanle Sare Aadan Cirday: Maya, ma garan karo inta qof ee ay ahaayeen.
Garyaqaan Xabeeb baa ku soo booday markiisa: Ururka aad leedahay nimankaan baa ku jiray ma noo sheegi kartaa magaciisa, dastuurkiisa, inta qof ee ku jirta iyo goorta la sameeyay, iyo xaggee lagu asaasay?

Gaashaanle Sare Aadan Cirday oo indhaha taagaya: Maya, ma garanayo.

Garyaqaan Baashane: Waxaad noo sheegtaa sababta aad u soo xirtay mar labaad Maxamed Cabdi Caynab, isaga oo uu Madaxwaynaha dalku (Maxamed Siyaad Barre) uu cafis gaar ah ku soo daayay? Iyo sababata aad ku jebisay wareegtadii Madaxwaynaha?

Gaashaanle Sare Aadan Cirday: Madaxwaynaha waa la khalday.

Garyaqaan Baashane: Sharciga aad ku soo qabatay mar labaad ma noo sheegi kartaa?

Gaashaanle Sare Aadan Cirday: Maya. Kiiska baa naga fashilmaayay baan filaya haddii aan sii dayn lahayn edaysane Caynab.

Garyaqaan Bashane, inta uu fiiriyey dhanka Geelle: Maxamed Cabdi Caynab waa in uu hadda irridka ka baxaa. Kiiskaan hadda lagu haysto waxaa ka cafiyay Madaxwaynaha dalka, Jaalle Maxamed Siyaad Barre.

Geelle inta uu la tashaday labadiisii la-taliye ayuu Baashane waydiiyay, ma arki karaa wareegtada uu soo qoray Jaalle Siyaad?

Garyaqaan Baashane: Wuxuu ku jawaabay, ma haynno oo waqtigaa nagu ahaa ciriir, mana annaan helin oo Asluubta nin ka shaqeeya baa galkii ay ku jirtay kala baxay, sida na loo sheegay.

Garyaqaan Cabdullaahi Macallin: Mudane Aadan Cirday, sidee ku caddayn karaysaa in Dhicisow iyo Axmeddey in ay ardada kicin jireen?

Gaashaanle Sare Aadan Cirday: Waxaa noo sheegay Cabdi Xasan.

Garyaqaan Cabdullaahi Macallin: Oo hadda aaway Cabdi Xasan?

Gaashaanle Sare Aadan Cirday: Wuxuu u fakaday Itoobiya iyo Kulmis.

Garyaqaan Cabdullaahi Macallin: Waxaan ognahay in Cabdi Xasan oo asalkiisii hore ka yimid dhulka Soomaalida ee Itoobiya warar been ah idiin keenay oo dad aan dembi lahayn uu been ku soo xiray. Haddana waxa uu u baxsaday meeshuu ka yimid. Sidee ku aammintay nin sidaas ah oo aad kalsooni ugu qabtaa waxa uu ku sheegay ee beenta ah?

Gaashaanle Sare Aadan Cirday: Waannu ku kalsoonayn awal oo run buu noo sheegi jiray (dhidid ba ka qubanaya oo waa uu yaxyaxay, hadba indhihii waa waynaa buu walac ka siiynayaa). Cirday wuxuu ku daray in dhammaan waxa lagu eedaynaayo Dhicisow uu isagu qirtay in uu sameeyay.

Gaaryaqaan Cabdullaahi Macallin isla markiiba wuxuu la soo booday: Qaalli hortiis ma geysay Dhicisow oo qiraal ma ka sameeyay oo ma laga saxiixay?

Gaashaanle Sare Aadan Cirday: Maya, Qaalli u ma gayn ee aniga buu iga hor qirtay.

Garyaqaan Cabdullaahi Macallin: Ururkaan aad sheegayso ma sheegi kartaa magaciisa iyo dastuurkiisa; yaa asaasay, goorma ayaa la asaasay, fadlan Aadanow u sheeg maxkamadda sharafta leh.

Gaashaanle Sare Aadan Cirday (dadkii oo dhan baa ku yaabay jawaabtii uu Cirday ka bixiyay, isagoo oranaya): Ma garanaayo magac iyo dastuur ay leeyihiin iyo waqtiga la asaasay.

Wuxuu ku daray in uu hubo in ay Kulmis u shaqaynayeen. Ka dib Cirday waa la fariisiyay, isagoo aad iyo aad u khajilsan, waxaana aan hubaa haddii ay ahaan lahayd maxkamad ka dhisan dal caddaaladda ilaaliya in uu toos xabsiga loo geyn lahaa. Ayaan darro, waxaan joognaa Maxkamaddii Badbaada oo Geelle madax ka yahay.

MARKHAATI 3

Maxamed Samatar Axmed, ka dib dhaar kitaabka Qur'aanka ah, wuxuu ku bilaabay markhaatigiisii sidaan:

27/01/1980, waxaa noo yeeray kaadir sare oo dawladda ka mid ah oo la yiraahdo Gaashaanle Sare Qaaddi, waxaana la i baray Cabdi Xasan. Ninkaasu wuxuu noo shaagay in waraaqo la daadiyay maalin ka hor oo ay daadiyeen urur qarsoodi ah, wuxuuna noo sheegay in ururkaasu u adeego danaha cadawga Soomaaliyeed ee Itoobiya iyo waddammo kale oo cadaw u ah Soomaaliya.

Maxamed Samatar, ninka markhaatiga furaya, wuxuu ka mid ahaa ciidan NSS-ta ah oo kiiska wax ka baaraayay ama jirdil qayb ka ahaa. Hal garyaqaan oo wax su'aalo ah waydiiyay ma jirin, sababtoo ah wax cusub ma sheegin.

MARKHAATI 4

Gaashaanle Sare Cabdi Cismaan Diinle (waa magac been ah, magaciisa runta ah waa Cali Xuseen Diinle. Magaciisa waxa beddeshay Maxkamadda Badbaadada. Markii ay soo baxday warqadii xukunka ayaa loo bixiyay Cabdi Cismaan Diinle, balse markii uu u soo istaagay in uu markhaati furo oo dhaarto wuxuu sheegtay magaciisa runta ah.

Cali Xuseen Diinle wuxuu ahaa madaxa NSS-ta, Qaybta Baarista, ka dib markii uu dhaartay wuxuu ku bilaabay: Bishii Janawari, 1980, waxaa la igu amray in aan ka mid noqdo guddiga NSS-ta Gobolka Banaadir ee baaraya warqado daadinta iyo gidaar wax ku qoridda. Runtii waxay sameeyeen dadka halkaan fadhiya maanta wax khatar ku ahaa Qaranka Soomaaliyed iyo wadajirkiisa. Waxaa guddoomiye noo ahaa Aadan Cirday, asaga oo toos u la socday dhaqdhaqaaqa kooxdaan, waayo waxaa noo soo warrami jiray Cabdi Xasan. Labada arday, Caynab iyo Maxamed Warsame, waxay ahayd in ay waraaqaha daadiyaan kuna daadiyaan dugsiyada Xamar iyo gidaar wax ku qorid, iyagoo ka soo bilaabay Ceelgaab ilaa xarunta Jaamacadda ee Shabeelle iyo ilaa safaaradda Talyaaniga.

Garyaqaan Baashane: Goorma ayaa la bilaabay in warqadaha Xamar lagu daadiyo?

Gaashaanle Sare Cali Xuseen Diinle: Warqadaha waxaa la daadin jiray 1977 ilaa 1980, labada arday mooyee inta kale waxay ka qayb qateen shirkii ka dhacay guriga ku yaal Hawlwadaag".

MARKHAATI 5

Axmed Yaasiin Cali (waa magac been ah. Magaca runta ah waa Cabdulaahi Ismaciil Cali, kuna magac dheer Cabdullaahi Cirro). Magaciisa waxa beddashay Maxkamadda Badbaadada markii ay soo baxaysay warqadii xukunka oo loo bixiyay Axmed Yaasiin Cali). Markii uu u soo istaagay in uu markhaati furo, wuxuu sheegtay magaciisa runta oo ah: Cabdullahi Ismaciil Cali. Gaashaanle Cabdullaahi Ismaaciil (Cirro), Reer Hargeysa, oo ahaa ninkii labaad ee xarunta Godka Jilacow ee Xamar, waana madaxii jirdilka, waana ninka jirdilkayga aan habeen ka ma maqnaan. Wuxuu noqday Wasiirka Arrimaha Gudaha xilligii Daahir Rayaale uu madaxa ka ahaa maamulka Somaliland.

Dhaar ka dib, wuxuu Cirro ku bilaabay markhaatigisii: 27/01/80 baa telefoon la iigu sheegay in waraaqo la daadiyay, gidaarradana wax lagu qoray oo ah "Down Afwayne!", waana soo arkay waraqihii iyo qoralladii gidaarrada.

Wax su'aalo ah la ma waydiin.

MARKHAATI 6

Laba-xiddigle Qaasim Yuusuf Cali (Qaasim Calooley) oo ka mid ahaa kooxdii jirdilka ee NSS-ta Banaadir oo aad u gacan kululaa, dhaar iyo kitaab Qur'aan ka dib wuxuu yiri: Kulli edeysanayaasha waan garanaaya oo waxaan ka mid ahaa kooxdii baarayaasha kiiska. Waxay ka mid yihiin urur qarsoodi ah oo u shaqeeya danaha Kulmis. Eedaysanaha 1aad, Cabdulqaadir Caare, waa madaxa ururka. Kan 2aad, Gaalooti, waa gacanyarahiisa. Kan 4aad iyo 9aad waxay u qaabbilsanaayeen kicinta macallimiinta iyo ardayda, kan 3aad dhexgalka ciidammada, kan 8aadna raadin dhaqaale. Kan 6aad iyo 7aad wax qorista iyo waraaqo daadinta. Kan 5aad wuxuu qaabbilsanaa dacaayadda ka dhanka ah dawladda. Intaas oo war waxaa noo soo gaarsiiyay Cabdi Xasan oo si hoose noo la shaqayn jiray (informer).

Markuu hadalkiisii dhammaystay, wax su'aalo la ma waydiin.

MARKHAATI 7

Laba-xiddigle Axmed Cali Cadi (Axmed Daqarre) oo ka mid ahaa kooxdii jirdilka kana mid ahaa NSS-ta Gobolka Bannadir, kitaab Qur'aan dhaar ka dib, wuxuu ku bilaabay markhaati furkiisii: Waxaan ka mid ahaa kooxdii baarayaasha ahaa ee kiiskaan waraaqa daadinta iyo gidaar wax ku qoridda. (Gadaal baad ka arki doontaa e waa ninkii Airportiga Xamar igaga la haray saacad aan watay).

MARKHAATI 8

Ismaaciil Axmed Xirsi, sarkaal ka tirsana NSS-ta Godka Jilacow oo ka hawl gala Dugsiga Saree ee Hawlwadaag. (Bal askari NSS-ta ah maxaa keenay in uu xafiis ku yeesho dugsi waxbarasho? Taliskii askartu waxay dhallinta ku hayeen baqdingelin iyo cabsi joogto ah).

Kitaab Qur'aan ah dhaartiis ka dib wuxuu yiri: 26 /01/1980 ayaan imid goobtii shaqadayda ee Dugsiga Sare ee Hawlwadaag. Waxaa la ii sheegay in waraaqo lagu daadiyay, gidaarradana weero cay "Afwayne ha dhaco!" lagu qoray, waana arkay. Ka dibna dhammaan wixii laga helay dugsiga waxaa qaaday Cabdulqaadir Xaaji Cali oo ka tirsanaa NSS-ta Gobolka Banaadir.

MARKHAATI 9

Dhamme Cabdulqaadir Xaaji Cali , ka tirsanaa NSS-ta Godka Jilacow, kitaab Qur'aan ka dib wuxuu ku bilaabay: Waxaan filaya in ay ahayd 26kii ama 27kii Janawari,1980; waxaa i soo wacay maamulaka Dugsiga Sare ee Hawlwadaag, wuxuuna ii sheegay in waraaqo lagu daadiyay dugsiga iyo gidaarrada oo lagu qoray cay. Degdeg baan u tegay dugsiga oo waxaan soo ururiyay wixii waraaqo la daadiyay. Waxaa kaloo i soo wacay maamulaha Dugsiga Sare ee Banaadir oo isaguna ii sheegay in waraaqo lagu daadiyay iyo gidaarradda oo wax lagu qoray. Halkaasna si degdeg ah baan u tegay wixii waraaqo lagu daadiyayna waan soo qaaday.

Garyaqaan Ismaaciil Jimcaale baa su'aal waydiiyay oo yiri: Waraaqaha la daadiyay nooc sidee ah bay ahaayeen; ma sheegi kartaa? Ma A4, A5 amase B4, waraaqo noocee ah? Mase waraaqaha waawayn bay ahaayeen?

Dhamme Cabdulqaadir Xaaji Cali: Waraaqo caadi ah bay ahaayeen.

Garyaqaan Ismaaciil Jimcaale: "Waraaqo caadi ah" maxakamada u macnee? A4, A5 amase B4, noocee?

Dhamme Cabdulqaadir Xaaji Cali: Waraaqo caadi ah bay ahaayeen (intaa wuu dhaafin waayay).

Garyaqaan Ismaaciil Jimcaale: waraaqaha aad soo ururisay noocee bay ahaayeen, ma A3 baa ma A4 mise B4? U caddee maxkamadda nooca waraaqaha aad soo ururisay.

Dhamme Cabdulqaadir Xaaji Cali: Ma aqaan noocyada waraaqaha.

Garyaqaan Baashane baa soo istaagay: Ma noo sheegi kartaa waraqaha aad ka soo ururisay Hawlwadaag iyo Banaadir imisa bay tiradoodu ahayd ama dhammaayeen?

Dhamme Cabdulqaadir Xaaji Cali: Ma tirin mana garan karo caddadkooda balse way badnaayeen.

Garyaqaan Xabeed: Xaggee ku dambeeyeen waraaqahaas? Ma na la tusi karaa, si aan u aragno waxa ku qoran si waxa aad sheegaysaan iyo waxa ku qoran isu waafaqaan?

Waxaa soo booday Xeer-Ilaaliyihii oo ku dhawaaqay "diidmo" (objection!) Waraaqaha gadaal baannu maxkamadda ka siin doonnaa.

Garyaqaan Xabeed: Imisa maalmood baad waraaqaha la daadiyay oo aad ka ururisay Banaadir Sare iyo Hawlwadaag Sare?

Dhamme Cabdulqaadir Xaaji Cali: Hal maalin (waa ay is-khilaafsanyihiin hadalladoodu).

MARKHAATI 10

Maxamed Maxamuud Faarax, Maamulahii Dugsiga Saree ee Banaadir, dhaar ka dib wuxuu ku bilaabay: Dhammaadkii bishii Janawari, goor hore baan ku soo kallahay dugsiga. Waxaan ku arkay waraaqo fara badan oo lagu daadiyay. Waan ururiyay waxaana u yeeray Dhamme Cabdulqaadir oo aan ku wareejiyay wixii waraaqo ahaa ee aan helay, gidaarradana waxaa ku qornaa "Dooni maynno Saldhigga Berbera!" Marar kalena waraaqo ayaan ka heli jirnay oo lagu tuuri jiray xafiisyada dugsiga.

Garyaqaan Cabdullaahi Macallin: Gidaarrada maxaa ku qornaa, ma "saldhiga Berbera dooni maynno" mise "Afwayne ha dhaco!"?

Maxamed Maxamuud Faarax: Saldhigga Berbera dooni maynno (way is-khilaafeen).

MARKHAATI 11

Daahir Ducaale Waabberi, maamule ku-xigeenka Dugsiga Dare ee Hawlwadaag, dhaar ka dib wuxuu yiri: 27/01/1980, waxaan imid Dugsiga, abbaarta 09:00 subaxnimo, waxaana aan la kulmay Dhamme Cabdulqaadir. Waxay gacanta ku hayeen waraaqo la daadiyay iyo gidaarrada oo lagu qory "Dooni maynno eyga Garbahaarrey!"

Garyaqaan Ismaaciil Jimcaale: Imisa jeer baad aragtay in waraaqo lagu daadiyay Dugsiga?

Daahir Ducaale Waabberi: Hal mar keli ah oo ahayd 27/01/1980. Mar kale ma arag in waraqo lagu daadiyay Dugsiga iyo agagaarkiisa. (Way is-khilaafeen haddana).

Garyaqaan Ismaaciil Jimcaale: Wixii qoray ama farta lagu qoray waxa qoray ma garan kartaa?

Daahir Ducaale Waabberi: Xitaa waraaqaha waxa ku qornaa ma arag balse gidaarka haa.

Garyaqaan Ismaaciil Jimcaale: Axmed Dhicisow iyo Qasaali ma u malaynaysaan in ay wax ka ogaayeen waraaqaha la daadiyay?

Daahir Ducaale Waabberi: Axmed Dhicisow iyo Qasaali Dugsiga baannu ka wada shaqaynnay. Ma arag iyagoo wax xiriir la leh dad kacaandiid ah u mana malaynayo in ay waraaqaha daadiyeen. Sababatoo ah, Dhicisow wuxuu ahaa ninka aad uga welwelsan oo xitaa gidaarradda ka masaxayay cayda ku qornayd oo shucuurtiisu u ma ekayn qof wax ka og arrintaan.

MARKHAATIGA 12

Warsan Warsame Maxamed oo ahayd kalkaaliye xafiiska Dugsiga Sare ee Banaadir, dhaar ka dib waxay tiri: Waxaan shaqada soo galay abbaarta 05:45 aroornimo. Markii aan so galay xafiiska Maamulaha, si aan u nadiifiyo, waxaan u maleeyay in aan sanqar maqlay balse waxba ma arag, ka dibna waxaan arkay waraaqo fara badan oo lagu daadiyay Dugsiga iyo xafiiska Maamulaha. Ninkii waardiyaha ka ahaa Dugsiga iyo anigu waxaan ururinnay dhammaan wixii waraaqo aannu ka helnay Dugsiga, ka dibna waxaan ku wareejinay Maamulaha Dugsiga.

MARKHAATI 13

Qaasim Bashiir Shiikh Cumar, Maamulaha Dugsiga Sare ee Hawlwadaag, dhaar ka dib: Maalin Sabti ahayd, subaxdii markii aan imid shaqaydayda ayaa waxaa ii yimid nin macallimiinta ka mid ah wuxuna ii sheegay in Dugsiga waraaqo lagu daadiyay, gidaarradana lagu qoray weero ay ka mid yihiin "Dooni maynno saldhigga Berbera!", ka dibna waxaan raadiyay wax kiimiko ah, si aan u tirtirno. Waxaa wax i la raadinayay Axmed Cabdi Dhicisow iyo macallinka kale, Qasaali, oo asaguna i caawinayay.

Garyaqaan Ismaaciil Jimcaale: Maxaa ku qornaa waraaqaha, fartase yaa qoray?

Qaasim Bashiir Shiikh Cumar: Yaa qoray aa? Ma aqaan! Maxaa ku qornaa? Ma xasuusto, cid i weydiisayna ma jirto.

Garyaqaan Cabdullaahi Macallin: Dhicisow ka warran maalintaas shucuurtiisa, sidee buu ku la ahaa?

Qaasim Bashiir Shiikh Cumar: Runtii, Dhicisow maalintaas dadaal badan buu sameeyay oo wuxuu ka welwelsanaa in ardadu arkaan, wuuna i la soo gaday kiimikadii aan ku tirtirnay wuxuuna u muuqday nin aad uga xun waxa ka dhacay dugsiga. Run ahaantii, aniga naftayda buu ii baqayay in wax iga soo gaaraan. Weligay intii aannu is-naqiin wax mucaardnimo ah ku ma arag Dhicisow. Wuxuu ahaa macallin aad ugu fiican barbaarinta dhallinta Soomaaliyeed ee uu macallinka u ahaa oo ilaa iyo hadda uu ka maqanyahay. Ardayduna ilaa hadda waa na weyddiiyaan meesha uu ku dambeeyay iyo xaalkiisa.

Ninkaan hadalkiisu wuxuu taabtay dadkii dhammaan joogay maxkamadda oo guux baa ka yeeray, ilaa Geelle uu yiri, "Ha la aammuso!" Kuwii markhaatiga isu soo daba galay oo ahaa kooxdii jirdilka waa baa ku beryay. Wejiyadooda waxaa ka muuqday qalbijab, gaar haan Cirday, Cali Xuseen iyo Cabdullaahi Ismaciil Cirro.

MARKHAATI 14
Dhamme Cabdulqaadir Axmed Cismaan, NSS-ta Banaadir, dhaar ka dib wuxuu ku bilaabay: Waxaa la ii sheegay in Jaamacadda Ummada (qaybta Shabeelle) waraaqo lagu daadiyay. Waan aaday, waraaqahii baan soo ururiyay, ka dibna waxaan u dhiibay taliyaha NSS-ta Banandir, Aadan Cirday, waxayna taariikhdu ahyad 27/01/1980.

MARKHAATI 15
Sahra Axmed Raage oo ka shaqaysa Wakaaladda Daaqa Qaranka, dhaar ka dib waxay tiri: Waxaan isla shaqaynnaa Cabdirashiid Shire Bile. Mar waxaa jirtay in aan aqoon-iswaydaarsi ka wada qaybgalnay. Markii uu gabogabo noo ahaa ayaan ku iri ka soo qaybgal xafladda xiritaanka aqoon is-waydaarsiga, wuxuuna iigu jawaabay, "Maxaad isaga hilmaami wayday aqoon-is-weydaarsigaan, wax sii soconaya ma ahee." Waxaa lagu xaman jiray in uu shirar qabiil qabto oo uu lacag u ururiyo Kulmis iyo wax la mid ah.

MARKHAATI 16
Faadumo Xuseen Loollow, shaqaale Wakaaladda Daaqa Qaranka, dhaar ka dib waxay tiri: Waan is-naqaan Cabdirashiid Shire Bile oo isku meel baannu ka shaqayn jirnay, Daaqa Qaranka. Maalin baan waxaan u soo galay isagoo xafiiskiisa fadhiya oo lacag tira badan tirinaya. Waxaa hor yaallay liis dheer oo magacyo ku qoranyahiin iyo qof walba inta uu bixiyay, markaa baan waxaan waydiiyay, Cabdirashiidow miyaad guursanaysaa? Wuxuuna iigu jawaabay ma maantoo kale baa guur ii cuntamayaa? Lacagtaan waxaa iska leh raggii ragga ahaa ee Kulmis wuxuuna ku daray, adigu taamtaamkaaga iska tumo islaan yahay duqda ahi.

Garyaqaan Baashane: Ma noo sheegi kartaa dhaqankiisa iyo sida uu ugu hawllanaa in uu Kulmis lacag u ururiyo iyo xammaasadda uu u hayay Kulmis?
Faadumo Xuseen Loollow: Wax siyaado ah anigu ku ma arag, waana wada kaftami jirnay, balse waxaa lagu xaman jiray in uu shiriyo qabiilka oo uu ku hawlanyahay shirarka qabiilkiisa.

MARKHAATIGA 17

Laba-Alifle Cumar Cabdullaahi Buraale, NSS-ta Banaadir, dhaar ka dib wuxuu ku bilaabay: Waxaan arkay wax lagu qoray gidaarrada Dugsiga Xaawo Taako, Shineemo Shenteraale, iyo agagaarka Ceelgaab ama Yoobsan. Weeraha ku qornaa waxa ka mid ahaa "NO Afwayne!" iyo "Ha dhaco Afwayne!"

Ka dib markii maxkamaddii ay dhegaysataty kooxdii jirdilka, waxaa hadalkii qaatay Xeer-ilaaliyahii Qaranka ee Maxkamadda Badbaadada, Gaashaanle Sare Axmed Cabdulle Shucayb, oo maxkamadda ka codsaday in uu u gudbin karo qoraallo ay qoreen rag hadda aan joogin maxkamadda iyo caddaymo kale. Ka dib maxkamaddii way aqbashay in ay ka qabato qoraalladaas ay qoreen dad aan hadda ku sugnayn maxkamadda ka socota meesha. Run ahaantii, wa riwaayaddii oo waxay ay samaynaayan meelna sharci wax waafaqsan ma ahayn. Ugu dambayn, wuxuu gudbiyay sida uu sheegay 27 qoraal oo ay bixiyeen rag ka mid ah dadka maanta maxkamadda saaran iyo nin ka mid ahaa kooxdaan Kulmis u shaqaysa, NSS-tana u ahaa warsiiye qarsoon, waa Cabdi Xasan. Isagoo cuskanya Xeer-ilaaliyahu qodobka 155 ee Xeerka Ciqaabta, wuxuu codsaday in maxkamaddu tixgelin buuxda siiso dhamman qoraallada aan soo gudbinnay, wuxuuna ku daray in ragga maanta maxkamadda saaran ay yihiin cadaw burburka dawladnimada Soomaaliya ku hawllanaa.

Xeer-ilaaliyuhu haddana wuxuu soo gudbiyay toddoba qoraal oo kale oo gacan lagu qoray, kuwaasoo ay soo qoreen madaxdii kiiska baaraysay, sida Cali Xuseen Diinle, Aadan Cirday iyo Cabdullaahi Ismaciil Cirro. Wuxuu kaloo u gudbiyay maxkamadda waraaqahii laga soo ururiyay Dugsiyada Banaadir iyo Hawlwadaag wuxuuna maxkamadda ka sheegay in waraaqahaan uu qoray Axmed Qasaali. Wuxuu ku daray in uu u gudbiyay maxkamadda qiraal uu sameeyay Qasaali oo u ku qiranaayo in uu isagu qoray dhammaan waraaqaha la daadiyay. Wuxuu kaloo noo xaqiijiyay buu ku daray in aan la tashannay khabiirka, Professor Abukar Cali Abukar oo baaritaan ku sameeyay farta la qoray, wuxuuna caddeeyay in qoritaanka ku yaalla waraaqaha la daadiyay uu yahay farta uu qoro Mudane Qasaali.

Xeer-ilaalintu ka dib waxay u gudbisay maxkamadda qiraalladii ay sameeyeen:

1- Axmed Xasan Shuuriye
2- Cabdiraxmaan Jaamac Cismaan
3- Axmed Cabdullaahi Nuur Qasaali
4- Cabdirashiid Shire Bile
5- Axmed Cabdi Dhicisow
6- Maxamed Warsame Cilmi.

Dhammaan qiraaladdaan waxaa laga hor qirtay qaalli ka mid ah qaaliyadda Maxkamadda Badbaadada. Xeer-ilaalintu waxay kaloo soo gudbisay lacag dhan 6730 Shilin Soomaali ah oo laga soo helay guriga Cabdirashiid Shire Bile. Ka dibna wuxuu u gudbiyay maxkamadda qoraal uu qoray eedaysanaha 3aad, Mudane Raas. Dokumentigaas oo ku saabsanaa sidii uu u fakiyay saraakiishii ka badxsatay saldhigga Ciidanka Cirka ee Cali Mataan Xaashi.

Geelle oo maxkamadda Guddoomiye ka ahaa, wuxuu ku dhawaaqay in maxkamaddu aqbashay dhammaan waraaqihii loo soo gudbiyay.

Halkaas marka ay marayso oo waqtiguna ku dhowyahay duhurkii ayaa lagu dhawaaqay in maxkamaddii halkaas ku joogsanayso hal saac ka dibna la isu soo noqdo (break time), laguna bilaabi doono Eedaysanayaasha iyo difaacooda, markhaatigoodana la dhegaysan doono. Kuraastii baanu iska fadhinay, waana tukannay, balse wax cunto ah xitaa biyo aanu cabno na la ma siin.

DIFAACII QAREENNADA EEDAYSANAYAASHA

Abbaarta 14:00 ayay Maxkamaddii Badbaadada dib u bilaabatay dhegaysii difaacayaga. Waxay ku bilaabatay iyadoo hadalka la siiyay qareennadii na difaacaayay, gaar ahaan ninka la yiraahdo Ismaaciil Jimcaale oo ku bilaabay sidaan: Qodabka 22aad ee Xeerka Ciqaabta wuxuu durayaa oo diidayaa in ay leeyihiin wax qiime ah warqadaha uu qoray Cabdi Xasan, sababtoo ah wax saxiix ah ma laha waraaqaha laga hayo ninkaas. Sida iska cad, Cabdi Xasan ma ahayn qof lagu kalsoonaan karo, waayo intuu waraaqo been ah iska qoray ayuu haddana u baxsaday Itoobiya. Tan labaad ee aanay wax qiime u lahayn waraaqaha maxkamaddu aqbashay oo Xeer-ilaalinta kaligeed ay ku koobnayd in ay iyagu doortaan khabiir xagga farta ah, Prof. Abukar Cali Abukar. Taasi waxay ka soo horjeeddaa qodobka 161aad ee Xeerka Ciqaabta. Qareenku wuxuna ka dalbaday in aanay maxkamaddu wax qiime ah siin waraaqaha loo soo gudbiyay sababtoo ah waddo waafaqsan qanuunka loo ma marin. Tan labaad qiraalka uu sameeyay Qasaali waxaa wax ka saxiixay Cali Xuseen Diinle oo ah madaxa NSS-ta ee Shibbis. Sidoo kale qiraalka Shuuriye waxa wax ka saxiixay NSS-tii jirdilka ku sameysay, wax qaalli ah oo ka madax bannaan NSS-ta la ma hor keenin. Wax sharci ah ma waafaqsana, taas oo ay iska caddahay in dhammaan qiraallada la soo gudbiyay lagu helay si aan waafaqsanayan sharciga, sida jirdil lagu sameeyay Eedaysanayaasha.

Garyaqaan Baashane iyo Garyaqaan Xabeed labaduba waxay caddeeyeen in ay ku raacsanyahiin Ismaaciil Jimcaale, taas oo dhammaan waraaqaha laga qabtay Xeer-ilaalintu ay baal marsanyihiin sharciga, qodobbada 68aad iyo 155aad ee Xeerka Ciqaabta. Ka dib markii garyaqaannadii ay dhammeeyeen diidmadooda waraqaha la aqbalay, maxkamaddu waxay ballanqadday in ay tixgelin siin doonto diidmadooda, balse waxay ahayd been qaawan oo Geelle iyo labadiisa La-taliye ay dan kale ka lahaayeen. Maxkamaddu waxay amartay in qareennadu u yeeran karaan markhaatiyaasha eedaysanayaasha.

MARKHAATIGA 1AAD EE EEDAYSANAYASHA

Garyaqaan Ismaaciil Jimcaale ayaa ugu horreeyay oo u yeeray Cabdullaahi Nuur Qasaali oo ah aabbaha dhalay Qasaali. Dhaar ka dib, wuxuu ku bilaabay: Markii aan maqlay in wiilkaygii la xiray ayaan waxaan ka soo tegay Beledwayne waxaana imid Muqdisho. Waxaan ka codsaday Aadan Cirday in uu wiilkayga sii daayo maadaama wax dembi aanu ah gelin oo waxa lagu haystana ay tahay been la dhoodhoobay. Aadan Cirday wuxuu iigu jawaabay, "Wiilkaaga wax aanu ku haysanno oo dembi ah ma jiro, keli ah waxaannu ka rabnaa in aan u isticmaalno in u ku markhaatifuro dad kale." Waxaan ka codsaday bal in aan arko wilkayga oo aan la hadlo. Aadan Cirday wuxuu u sheegay Qasaali aabbihiis in uu u fasaxayo in uu arko wiilkiisa haddii uu kala hadlayo in uu oggolaado in uu markhaati noqdo. Waxaa la ii oggolaaday in aan arko wiilkayka 08/03/1980. Waxaan la kulmay wiilkaygii oo xanuusan, markii aan is warsannayna wuxuu igu yiri, "Aabbe wax dembi ah oo aan galay ma jirto, in aan dad kale ku markhaati furo bay iga rabaan, mana yeeli karo. Aabbe waa la i jirdilay oo xanuun badan baa i soo maray ka dibna wax baan iska qoray been ah, si aan naftayda u badbaadiyo, balse Aabbe markii maxkamad la i geeyo baan sheegaya in waxaan aan qirtay naftu igu kalliftay oo xoog la igaga keenay iyo ciqaab ka dib.

Odaygii oo hadalkiisa si wata, wuxuu ku daray in uu mar labaad arkay Aadan Cirday oo u sheegay in aanu wiilkiisu wax dembi ah gelin, markhaati been ahna uusan furayn. Isla markiiba waxaan ka codsaday in aan mar labaad arko wuxuuna ii qabtay in aan dhawr bilood ka maqnaado. Dhowr bilood ka dib baan ku soo noqday Aadan Cirday wuuna ii oggolaaday in aan arko wiilkayga. Balse markaan wiilkayga waxaa ka muuqday in la gubay, markii aan warsadayna wuxuu ii sheegay in NSS-tu ay dab ku qabatay.

MARKHAATIGA 2AAD EE EEDAYSANAYAASHA

Cabdi Yuusuf Cabdi, dhaar ka dib wuxu ku bilaabay: Waxaan ahay macallin Wasaaradda Waxbarashada; maalin Khamiis ah oo ku aaddan 24/01/1980, Qasaali wuxuu iigu yimid meel aan joogay waxaana aannu wada joognay ilaa 2dii dambe (subaxnimo) oo qaad baannu cunaynay turubna waa ciyaaraynay.

MARKHAATIGA 3AAD EE EEDAYSANAYAASHA

Cabdullaahi Shiikh Maxamed Ibraahim, macallin Wasaaradda Waxbarashada, dhaar ka dib wuxuu ku bilaabay: Qasaali waan is-naqiin, habeenkii 24/01/1980 waannu wada joognay oo qaad baannu wada cunaynay ilaa 2dii dambe. Waxaannu wada joognay guriga Cabdi Yuusuf Cabdi, ka dibna waxaan maqlay in la xiray.

MARKHAATIGA 4AAD EE EEDAYSANAYAASHA

Axmed Maxamed Aadan, dhaar ka dib: Habeenkii 26/01/1980, aniga, Qasaali, Cabdi, Caasha iyo Cabdullaahi Shiikh waannu wada qayilaynay ilaa 2dii dambe.

MARKHAATIGA 5AAD EE XEER-ILAALINTA

Dr. Cali Muxyadiin Muunye (magaciisa dhabta ah waa Cali Mungaani). Waa dhakhtarkii berigii jirdilka yiri "welli waa la sii dili karaa." Dhaar ka dib wuxuu yiri: Qasaali waxaan ku daweeyay xarunta NSS-ta Banaadir wuxuuna qabay gubniin dab oo derajada 2aad ah (gubasho dab aan sidaas u waynayn), wuxuuna ii sheegay Qasaali in dabkaan u ahaa sigaar igu soo dhacay oo gudaha ii galay.

MARKHAATIGA 6AAD EE XEER-ILAALINTA

Cabdullaahi Cabdulle Maxamed, saaxiibkay Jaamacadda, dhaar ka dib wuxuu yiri: Waxaan ahay macallin Jaamacadda Polytechnic. Caynab waa is-naqiin ilaa iyo dugsigii farsamada ee Burco. Hebeenkaas waxannu u wada diyaargoobaynay imtixaan xisaab ah isku qolna waa degganayn. Waxaa la xiray 29/01/1980.

Xeer-ilaalintii baa su'aal waydiisay oo tiri: Haddii aad seexateen, in uu ka dib baxay iyo in kale see u kala sheegi kartaa?

Cabdullaahi: Ma garan karo in uu baxay iyo in uu jiifay habeenkaas, ma sheegi karo.

Aad baan uga carooday, runtii mana filayn lakiin waa u garaabaya oo naftiisa buu u baqay oo haddii ay rabaan way soo xiri kareen.

MARKHAATIGA 7AAD EE XEER-ILAALINTA

Cabdicasiis Maxamed Cali, dhaar ka dib wuxuu yiri: Aniga iyo Caynab ilaa Burco isku dugsi baannu ahayn, haddana qol baadnu wada degganayn, mana xasuusto habeen uu meel kale soo seexday.

MARKHAATIGII 8AAD EE XEER-ILAALINTA

Maxamed Cabdi Miriq, dhaar ka dib wuxuu yiri: Aniga iyo Caynab ilaa Burco isku dugsi baan ahayn, haddana qol baannu wada degannahay. Habeenkaas waxaan wada baranaynay xisaab oo subaxdii imtixaan baannu lahayn, ka dibna waannu seexannay. Wuxuu ku adkeeystay, waan hubaa in aanu Caynab habeenkaas meelna aadin oo uusan ka bixin qolka subaxdiina waannu is-raacnay.

Xeer-ilaalintii baa su'aal waydiisay oo tiri: Ma sheegi kartaa in uusan habeenkaas ka tegin qolka oo uu jiifay?

Wuxuu ku jawaabay: Habeenkaas waxaa i haysay xundhur (disantariya) oo 10-kii daqiiqaba musqushuu gelayay, Caynab meel ma aadin oo sariirtiisa tayda ka hoosaysay ayuu jiifay. Wuxuu ku daray: Waa been haddii aad tiraahdaan Caynab baa habeenkaas baxay. Inta uu codka sare u qaaday buu ku yiri Xeer-ilaalintii: Been baad ku haysataan Caynab!

Allaah ha u naxariisto oo jannadii ha geeyo Mudane Miriq. Saaxiibkay anigoo aan dib u arag buu geeriyooday! Hoygaaga Allaah ha ka yeelo Janatu Firdawsa! Aamiin yaa Rabbi. 'Allah yacisak yaa Miriq' baan hoos ka leeyahay aad baana ugu farxay geesinimada uu muujiyay. Saaxiibnimadii naga dhexaysay wuu ka soo baxay.

MARKHAATIGII 9AAD EE XEER-ILAALINTA

Xasan Maxamed Shuuriye (Aabbaha Axmaddey), dhaar ka dib wuxuu ku bilaabay: Eedaysanaha 9aad waa wiilkayga, anigaa dhalay. Waxaan u tegay madaxa NSSta Gobolka Banaadir, Aadan Cirday, ka dib markii aan xaaladda wiilkayga ka warsaday, wuxuu iigu jawaabay, Xasan Shuuriyow wiilkaaga wax dembi ah ku ma haysanno ee keli ah waxaan ka rabnaa in uu markhaati noo noqdo. Aadan Cirday oo hadalkii sii watana wuxuu igu yiri: Xasanow wiilkaaga ma ka codsan kartaa in uu dalabkaas noo fuliyo oo markhaati uu noqdo? Ka dib waxaan warsaday wiilkayga oo ku iri Aabbe adiga waxba ma laguu haystee haddii aad wax ka ogtahay maad markhaati isku qortid adna waa lagu sii dayne, sida uu ii ballanqaaday Aadan Cirday? Wiilkaygu wuxuu iigu jawaabay, Aabbe wax dembi ah oo aan galay ma jirto, dadka la leeyayay ku markhaatifurna wax dembi ah oo ay galeen ka ma warqabo. Waxa loo haysto iyo waxa aniga la igu haysato midna ma garanayo.

Labaduba waa geeriyoodeen ee Ilaah ha wada naxariisto. Waxaan xasuustaa 1972 ilaa75, Xasan Shuuriye wuxuu Xamar ku wadan jiray baabuur Landrover haaf ah. Maalin kasta oo Khamiis ah, marka calanka la dejinayo Dawladda Hoose (Ex-Officio Governo), isagoo si fiican u lebbisan buu calandejiska ka soo qaybgeli jiray. Waddani dhab ah oo aad u jecel Soomaalinimada buu ahaa Xasan Shuuriye.

MARKHAATI 10 - ISMAACIIL JIMCAALE

Maxamed Seraar Yuusuf, dhaar ka dib wuxuu ku bilaabay: Waan aqaan Cabdulqaadir Garwayne (waa Ina Caarre naanaystiisa). Taariikhda 24/01/1980 waxaannu tacsi isugu raacnay nin ku geeriyooday xaafadda Hodan. Waxaa na loo sheegay in aasku noqon doono berri, haddii Alle idmo. Subaxdii 25/01/1980 ayaan ku soo qaaday mootadaydii Vesbada ahayd waxaana wada tagnay gurigii geeridu gashay. Ka dib waxaannu raacnay meydkii oo aannu ka qaybgalnay aaskiisi iyo tukashadii jinaasada, ka dibna waa soo wada noqonnay oo xaafaddiisii baan geeyay.

MARKHAATI 11 - ISMAACIIL JIMCAALE

Faadumo Xasan Faarax, dhaar ka dib: Habeenkii 25/01/1980, fiidkii, Cabdulqaadir Garwayne wuxuu na la joogay xaafadda oo waan ku wada cawaynnay, oo odaygayga bay saaxiib ahaayeen.

MARKHAATI 12 — ISMAACIIL JIMCAALE

Warsame Aadan Maxamed, dhaar ka dib: Waxay i waydiisay NSS-ta Banaadir halka u ku sugnaa Cabdulqaadir Garwayne habeenkii 25/01/1980 waxaana u sheegay in habeenkaa aan kula kulmay bannaanka gurigii uu degganaa oo uu ahaa nin xaafaddiisa iyo ciyaalkiisa iska dhex jooga. Wax kale oo aan ka ogahay ma jirto, weligayna meel kale ku ma arag.

Wuxuu ku daray in isaga ruuxiisa la xiray 06/02/1982 ilaa 31/03/82. Intaas oo dhan hal mar keli ah baa wax la i weydiiyay ayuu yiri.

MARKHAATI 13 — ISMAACIIL JIMCAALE

Malyuun Xaaji Salaad Warsame (waa xaaskii Ina Caarre), dhaar ka dib waxay tiri: Gurigayga wax shirar ah oo ka dhacay ma jiraan. Waa been mana aqaan eedaysanaha 2aad (Ina Gaalooti).

Intaas baa waxaa ku dhammaaday markhaatiyaashii uu codsaday Ismaciil Jimcaale.

Waxaa haddana loo oggolaaday garyaqaan Baashane in markhaatiyaasha eedaysanaha 2aad iyo 8aad la dhegaysto.

MARKHAATI 14 - BAASHANE

Cabdullaahi Yuusuf Samantar, dhaar ka dib wuxuu ku bilaabay: Waan aqaan Cabdirahiid Shire Bile. Dhul buu ku lahaa xaafadda Wadajir ee Xamar wuxuuna ka gatay haweenay la yiraahdo Caasha Cali Barre oo ninkeedu Sacuudi Carabiya jiray, dadka loo yiqiin Jannaalaha, haddana iyadaa ku nool dhulkii ay berigaas ka gadatay. Bile wuxuu ku iibsaday dhulkaas 7500 Shilin Soomaali ah.

MARKHAATI 15 - BAASHANE

Faysal Cali Waraabe, dhaar ka dib wuxuu ku bilaabay: Aniga iyo Mudane Bile isku meel baannu ku xirnayn muddo 6 bilood ah. Tiro labo jeer ayay NSS-tu habeenkii la baxday, waxayna soo celiyeen isagoo si adag loo soo ciqaabay oo surkiisa ay ka muuqdaan in xargo lagu ceejiyay, waayo dhiig baa ka socday. Waa caddayd in uu dhibtooday oo jirdil xun ay ku sameeyeen NSS-tu.
Xeer-ilaalintii baa su'aal waydiisay: adiga intii aad xirnayd ma lagu dilay ama jirdil ma lagugu sameeyay?
Faysal: Maya, aniga la i ma dilin lakiin Ina Shire Bile waa la soo dili jiray. Balse geesi aad u hadal iyo calool adag buu ahaa ninkaasi.

MARKHAATI 16 - BAASHANE

Cabdullaahi Shiikhdoon Faarax: dhaar ka dib wuxuu ku bilaabay: Waxaan la xirnaa Ina Shire Bile 1980kii, in jirdil lagu sameeyayna iyo dhibka kaga dhacay xarunta NSS-tana waan ogaa.

Ka dib maxkamaddu haddana waxay amartay garyaqaannada, Baashane iyo Xabeeb, in ay keensadaan markhaatiyaasha 3aad iyo 6aad.

MARKHAATI 17 — BASHANE IYO XABEEB

Cabdiraxman Jaamac Cismaan (Raas), dhaar ka dib wuxuu yiri: Waxaa la i soo xiray 27/01/1980, waxaana waraysi la i la yeeshay 11/02/1980. Waxaan u caddeeyay in wax dembi ah oo aan galay aysan jirin. Ka dib waxay igu bilaabeen jirdil iyo ciqaabid. NSS-tu waxay igu khasbeen in aan qiraal sameeyo oo qirto waxa ay rabaan. Markii hore waa is-adkeeyay, haddana waxaa la igu sii waday jirdil xanuun badan waxaana aan ku khasbanaaday in sida ay rabaan u yeelo oo qiraal been ah oo aan naftayda ku furanayay qirto. Qiraalkaas waxaa la iiga saxiixay Xarunta NSS-ta Gobolka Banaandir, waxaana iga saxiixay Cabdullaahi Ismaciil Cirro, wax Qaalli ah oo na la joogayna ma jirin.

MARKHAATI 18 — BAASHANE IYO XABEEB

Maxamed Warsame Cilmi- dhaar ka dib, wuxuu ku bilaabay: Waxaa la ixiray 27/01/1980kii, raashin la'aan baan ahaa dhawr maalmood, ka dibna waxaa la igu sameeyay jirdil aad u xanuun badan oo xitaa xiniinyaha bay iga garaaceen. Dhibkii markii aan adkaysan waayay bay ii geeyeen nin ay ii sheegeen in uu Qaalli yahay oo joogay xarunta NSS-ta Gobolka Banaadir (Godka Cirday), waxaana u sheegay in aanan wax dembi ah gelin. Mar labaad waxaa la ii qaaday xarunta Shibbis oo qiraal la iiga sameeyay, anigoo ka hor sameeyay nin ka mid ah NSS-ta.

GABAGABADII XEER-ILAALINTA GUUD EE MAXKAMADDA BADBAADADA:

Xeer-ilaaliyaha guud ee Maxkamadda Badbaadadu wuxuu ku bilaabay: Markhaatiyada iyo qiraallada aan u soo gudbinnay maxkamadda waxay caddaynaysaa si faahfaahsan in eedaysanayaashu ay si wadajir ah u sameeyeen urur ujeedkiisu khatar ku ahaa jiritaanka dawladnimada Soomaaliya iyo wadajirka ummadda, taasoo ka hor imaanaysa qodobbada 3,4 sharciga 54aad ee soo baxay Siteembar 1970. Si aannu si fiican ugu caddeynno ayaa Xeer-ilaalintu waxay maxkamadda horteeda keentay markhaatiyo lagu kalsoonaan karo oo saraakiil dawladda u shaqeeya ah. Haddii aan u soo qaato tusaale markhaatifurkii

Gaashaanle Sare Maxamed Cismaan Qaaddi iyo warbixintii uu ka soo gudbiyay Cabdi Xasan, taas oo uu ku caddeeyay asaaska iyo jiritaanka urur qarsoodi ah oo khatar ku ahaa danaha Soomaaliya. Markhaatiyada aan hor keennay maxkamadda waxay si cad u caddeeyeen in eedaysanaha 1aad, Ina Caarre, uu ahaa madaxa ururka isla markaana uu ahaa xiriiriyaaha kooxda oo dhan. Midda kale, wuxuu ahaa ninka iska lahaa weeraha lagu qoraayo waraaqaha iyo gidaarradaba.

Eedaysanaha 2aad, Gaalooti, wuxuu ahaa gacanyaraha Ina Caarre wuxuuna si gaar uga hawlgeli jiray in uu dhaqaale ka soo ururiyo ganacsatada.

Eedaysanah 3aad, Raas, wuxuu qaabbilsanaa in uu saraakiisha ciidanka dalka ka saaro oo Itoobia iyo Kulmis u diro.

Eedaysanaha 4aad, Dhicisow, wuxuu qaabbilsanaa in uu ardayda kiciyo.

Eedaysanaha 5aad, Qasaali, sida ku salaysan qiraalkiisa iyo markhaatiyada; sida ku cad qiraalkiisa; wuxuu qaabbilsanaa dacaayadda, wayna noo caddaatay in uu gacantiisa uu ku qoray waraaqaha ka dib markii aan la tashannay khabiirka farta, Abukar Cali Abukar.

Eedaysanayaasha 6aad iyo 7aad waa arday dhigata Polytechnic waxayna qaabbilsanaayeen daadinta waraaqaha iyo wax ku qoridda gidaarrada .

Eedaysanaha 8aad, Ina Shire Bile, wuxuu qaabbilsanaa lacag ururinta.

Eedaysanaha 9aad, Axmaddey, wuxuu gacanyare u ahaa Dhicisow wuuna ka qayb qaatay waraaqa daadinta iyo gidaar wax ku qoristaba.

Ma rabo in aan u muuqdo qof ku celcelinaya wixii aannu soo sheegnay oo dhan mar labaad, balse waxaan rabaa in aan maxkamadda u sheego in ay iska caddahay in dembiyadda dhacay ay galeen eedaysanayaasha halkaan maxkamadda lagu saarayo maanta. Jiritaanka dembiyadaas waxaan ku caddaynaynaa qiraallo, markhaatiyo iyo caddaymo aannu u soo gudbinay maxkamadda.

Haddaba, waxaan ku boorrinayaa kuna adkeynayaa maxkamadda in ay ku xukunto dil toogasho ah wixii hanti ay leeyihiinna laga la wareego, sababtoo ah waxay jebiyeen qodobbada aan kor ku soo xusnay.

Gabagabadii Bareeraha Qareennada Difaaca ah

Waxaa hadalkii qaatay garyaqaan Ismaaciil Jimcaale oo difaacaya eedaysanayaasha 1aad (Ina Caarre), 5aad (Qasaali), 7aad(Caynab) iyo 9aad (Axmaddey) wuxuuna ku bilaabay sidaan: Markhaatiyada oo dhan ee maxkamadda la keenay waa dadkii kiiskaan baarayay oo NSS-ta Banaadir ka mid ah. Waxay dhammaan isku raaceen in Cabdi Xasan uu ahaa ninkii warka u soo tebinayay. Waxay noo sheegeen in ninkaas uu u baxsaday Itoobiya iyo Kulmis, taas oo ka dhigaysa in wixii uu soo gudbiyay ay tahay wax aan qiime lahayn ama lagu kalsoonaan karin. Wax caddaymo ah oo xooggan in urur jiray meesha la ma keenin, magac la ma sheegin, dastuur uu ururku leeyahayna la ma sheegin. Sidaas awgeed, qodobka 3aad ee Xeerka Ciqaabta isma taagi karo mana la dabbakhi karo.

Ismaaciil Jimcaale wuxuu ku daray hadalkiisii: la ma keenin maxkamadda dastuur iyo magac toona uu ururku leeyahay iyo meel ay ku wada shireen, ilaa iyo haddana NSS-tu laga ma hayo. Waxaan oo dhan waa wax la soo dhoodhoobay ee dhalintaan xorriyadoodda ha loo soo celiyo.

Qiraalka la leeyahay waxaa saxiixay Qasaali, eedaysanaha 5aad, iyo Shuuriye, eedaysanaha 9aad, waxaa lagu helay qiraalkaas si ka baxsan qanuunka. Qiraalka beenta waxaa lagaga helay ciqaab jirdil ah ka dib, waxaa la lagaga saxiixay xarunta NSS-ta dhexdeeda, taasna waxay si cad u burinaysaa in aanay wax qiime ah lahayn qiraallada meesha la keenay. Waa dad Soomaaliyeed oo dalkoodii dhexdiisa lagu jirdilay. Qoraalka farta ah ee la leeyahay waxaa loo geeyay khabiir farta, Abukar Cali Abukar, wax sharci ah ku ma qotomo sababtoo ah NSS-ta kaligeed baa u yeeratay wax Qaalli ah oo la socday ma jirin, arrintaasuna waxay baal marsantahay ama ka hor imaanaysaa qodobka 161aad ee Xeerka Ciqaabta.

Waxaa ku xigay Baashane oo difaacayay Ina Caarre iyo Cabdirashiid Shire Bile: Xeer-ilaalintu waxay soo bandhigeen in eedaynayaashu jabiyeen qodobka 3aad ee Xeerka Ciqaabta. Bal aynnu macnayno qodabka 3aad. Wuxuu qeexayaa ka soo horjeedid qarannimada Soomaaliya (ama qarandumis). Wax caddayn ah in qodobkaas la jebiyay la ma keenin maxkamadda. Waa kala labo in madaxwayne la caayo iyo in qof lagu eedeeyo qarandumis . Sidoo kale, qaran iyo madaxda qaranku waa kala labo, ilaa iyo haddana waraaqaha la daadiyay, gidaarrada wax lagu qoray haddii ay jirtaba, madaxda uun baa wax laga sheegay lakiin qaran waxba la ma yeelin. Sidaas awgeed, qodobbada 3aad iyo 4aad la ma isticmaali karo. Qiraalka la leeyahay waxaa bixiyay Cabdirashiid Shire Bile wax qiime ah ma laha sababtoo ah wuxuu ka soo hor jeeda qodobka 155aad iyo qodobka 68aad ee Xeerka Ciqaabta. Wuxuu saxiixay qiraal dil looga keenay si uu naftiisa u badbaadiyo. Haddaba,, waxaan ka codsanayaa Maxkamadda in ay xorriyaddooda u soo celiso Cabdirashiid Shire Bile iyo Ina Caarre oo aan difaacayo, waayo waa dad la dulmiyay.

Waxaa soo istaagay garyaqaan Maxamed Jaamac Xabeeb oo difaacaya Raas (Eedaysanaha 3aad) iyo Maxamed Warsame Cilmi (Eedaysanaha 6aad): Waxaa habboonaan lahayd in Xeer-ilaalintu beddesho eedaynta, waayo wax asaas u noqon kara in urur jiro ka ma haynno ilaa hadda Xeer-ilaalinta, sababtoo ah urur waa in uu magac iyo dastuur leeyhay, midna la ma keenin. Dhammaan markhaatiyada ay Xeer-ilaalintu keentay waa NSS-tii dembiga baaraysay, jirdilka sameeynaysay, hal qof oo ka mid ah oo indhihiisa ku arkay iyadoo fal dambiyeed dhacayo ma jiro. Xeer-ilaalintu ma keenin wax markhaati ah oo Cabdiraxmaan Raas ku markhaati furay in uu sarakiil dalka ka saaray. Midda kale, qof aan weligiis askari noqon way adagtahay in uu saraakiil dalka ka saaro. Qiraalka la leeyahay waxaa sameeyay Maxamed Warsame (Eedaysanaha 6aad) wax in la tixgeliyo istaahila ma aha, sababta oo ah waxaa lagaga keenay ciqaab xun oo jirdil ah. Sidaas awgeed, waxaan Maxkamadda ka codsanayaa in xorriyaddoodii loo soo celiyo.

Waxaa soo istaagay garyaqaan Cabdullaahi Macallin oo difaacaya Dhicisow wuxuuna ku bilaabay hadalkiisii: Qodobka 4aad ee Xeerka Ciqaabta wuxuu qeexaaya in hub lagu dagaallamo, mana haynno meel hub la lagu isticmaalay. Qodobka 3aadna wuxuu leeyahay labo macne, labadiisa faqro, wayna kala culays badanyihiin. Marka Xeer-ilaalintu waxay soo jeediyeen qodobka 3aad balse ma sheegin faqradda ay ka isticmaaleen oo eeddoodu ku qotonto e guud ahaan bay u soo qaateen qodobka 3aad. Maxkamadda horteeda wax la keenay aan ka ahayn qoraal uu sameeyay Cabdi Xasan mooyee oo hadda ka hor ka yimid Itoobiya haddana u baxsaday dalkaas. Waxa uu qoray ma aha wax la qaadan karo mana ahayn qof wanaagsan oo inta uu dad ku been sheegtay haddana u baxsaday. Qiraalka la leeyhay Dhicisow baa bixiyay (Eeedaysanaha 4aad) ka dib hal sano oo xabsi ah waa wax aan macno loo hayn. Tiro afar jeer baa Dhicisow loo geeyay Qaalli waxuuna mar kasta ka noqday isagoo aan waxba saxiixin.

 Wuxuu ku daray in xitaa haddii uu qofku qiraal u sameeyo Qaalli aysan wax macne ah lahayn sababtoo waxa asalka ah waa waxa uu qofku ka hor sheego maxkamadda horteeda maanta. Dhicisow wuxuu gacan siiyay maamulka Dugsiga Sare ee Hawlwadaag in uu la soo gaday kiimiko lagu tirtiray qoraalladii. Haddii uu ahaan lahaa nin arrintaan wax ka og, welwelka iyo dadaalka uu muujiyay waxay caddaynaysaa in uusan waxba ka ogoyn waxa ay Xeer-ilaalinta maanta maxkamadda keentay oo aan ahayn wax qiime leh. Ma aha wax u qalma in xitaa labo sano loo xirnaado. Waxaan ka codsanayaa maxkamadda sharafta leh in ay xorriyaddoodii u soo celiyso Dhicisow iyo Axmaddey.

GO'AANKII MAXKAMADDA BADBAADADA

Maxamuud Geelle baa hadalkii qaatay, isagoo yiri sidaan: Maxkamaddu waxay go'aankeeda saldhig uga dhigaysaa dhacdooyinkii, markhaatiyadii la hor keenay, qiraallada ay bixiyeen eedanayaashu iyo doodihii dhex maray qareennada iyo Xeer-ilaalinta. Wax shaki ah ku ma jiro in waraaqaha la daadiyay iyo in gidaarradda wax lagu qoray intii u dhaxeysay 24-28/01/80 ay ahayd hawl ay fuliyeen ururkaan ama eedaysanayaashaan hortiinna jooga, ujeedkooduna ahaa in la mijaxaabiyo dawladda kacaanka. Sababta aad loogu qanci karo in maxkamaddu go'aankeeda ku salayso waa arrimahaan soo socda:

Cabdi Xasan wuxuu ka mid ahaa ururka ilaa iyo intii uu ka niyadjabay oo uu ka haray go'aansadayna in uu dawlada ku wargeliyo hagardaamada ay wadeen, isagoo qof kasta doorkiisa caddeeyay. Maxkamaddu waxay ku qanacday in warqado daadinta iyo gidaar wax ku qoridda ay horay u sii ogayd hay'ada NSS-ta taasoo ka dib markii la soo wada xiray ay ahayd markii u dambaysay oo waraaqo kale la daadiyo ama gidaar dambe wax lagu qoro, iyadoo qiraalladii ay bixiyeen iyo warbixintii Cabdi Xasan ay isku mid ahaayeen.

b) Maxkamaddu waxay ku qanacday dhammaan markhaatiyadii ay Xeer-ilaalintu hor keentay, walow ay ahaayeen kooxdii kiiska baaraysay, iyagoo bixiyay maragfur cad oo is-waafaqeen bixintii Cabdi Xasan iyo qiraalladii ay sameeyeen eedaysanayaashu.

t) Maxkamaddu waxay ku qanacday dhammaan qoraallada loo soo gudbiyay iyo qiraalladii ay bixiyeen lix ka mid ah eedaysanayaasha, taas oo mid walba uu qirtay doorkii uu ka qaatay. Tan kale, maxkamaddu waxay ku qanacday qoraalka uu bixiyay khabiirkii farta, Abukar Cali Abukar, taasoo uu ku caddeeyay in qofkii qoray uu gacanta hadda ka hor ka jabay waana Qasaali.

j) Maxkamaddu waxay ku qanacday in uu jiro fal dembiyadeed ay si wadajir ah u galeen eedaysanayaashu, taas oo ay si wadajir ah u jebiyeen qodobbada aan soo sheegnay.

x) Maxkamadu waxay xaqiiqsatay in faqradda kowaad ee qodobka 3aad ee sharciga 54aad aan la jebin, sababtoo ah magac urur iyo dastuur toona la ma keenin maxkamadda, laakiin waxaan ognahay in eedasanayaashu ay koox midaysan ahaayeen una adeegaayeen cadawga Soomaaliya.

kh) Sidaas darteed, maxkamaddu waxay xakumaysaa in eedaysanayaashu ay ku xadgudbeen faqradda 2aad ee qodobka 3aad ee sharciga aan horay u soo xusnay, hase ahaatee maxkamaddu ma qabto in qodobka 4aad la jebiyay.

d) Maxkamadu waxay go'aamisay in:
* Maxamed Warsame Cilmi,
* Maxamed Cabdi Caynab,
* Cabdirashiid Shire Bile, iyo
* Axmed Xasan Cabdi Shuuriye, ay ka dembi yaryahiin eedaysanayaasha kale, sidaas awgeed ay maxkamaddu u naxariisatay, iyadoo u cuskanaysa qodobka 40aad, faqradda (g) ee Xeerka Ciqaabta.

Haddaba, Maxkamaddu:
* Markii ay dhegaysatay caddaymahii markhaatiyada, dooddii labada dhinac, aragtay oo tixgelisay qoraalladii la soo gudbiyay
* Markii ay dib u eegtay si taxaddar leh Qodobka 3aad iyo mid kale ee sharciga 54aad ee 10/9/1970 oo xiriir la leh qodobka 45aad iyo 71aad ee Xeerka Ciqaabta
* Ka dib markii ay ka baarandegtay qodobbada 109aad iyo 110aad ee Xeerka Ciqaabta
* Ka dib markii ay ka baarandegtay qodobka 40aad, faqradda(g,) iyo 119aad, faqradda (b), ee Xeerka Ciqaabta
* Ka dib markii ay eegtay qodobbada 109,110,163, 202 ee Xeerka Ciqaabta
* Ka bib markii ay eegtay qodobbada 120,121,123 ee Xeer Ciqaabta,

Waxay go'aan maxkamaddu ku gaartay in eydasanayaashu si wadajir ah ugu xadgudbeen qodobka 3aad, faqradda 2aad, ee sharciga 54aad ee 10/09/1970.

Waxay maxkamaddu xakumaysaa sidaan:
1. Cabdulqaadir Maxamed Jaamac (Ina Caarre)
2. Saaciid Faarax Isaaq (Gaalooti)
3. Cabdiraxmaan Jaamac (Raas)

4. Axmed Cabdi Dhicisow
5. Axmed Cabdulaahi Nuur (Qasaali)
    In lagu xakumay Xabsi Daa'in, mid kasta oo ka mid ah.

    Wuxuuna ku daray:
    1. Maxamed Warsame Cilmi
    2. Maxamed Cabdi Caynab
    3. Cabdirashiid Shire Bile
    4. Axmed Xasan Maxamed Shuuriye.
Waxay maxkamaddu ku xukuntay midkiiba 24 sano oo xabsi ah. Taas oo loo eegay qodobada xukunka fududeeya ee qodobka 40aad, faqradda (g) ee Xeerka Ciqaabta, taas oo xabsi daa'inkii loogu beddelay 24 sano.

    Waxa aanay waxba ka soo qaadin:
• In dhammaan eedaysanayasha lagu waayay in ay jebiyeen qodobka 4aad ee sharciga 54aad ee 10/09/1970, taas oo aan la keenin caddaymo waafi ah.
    Waxay amraysaa:
• In loo celiyo Cabdirashid Shire Bile lacag dhan 6,730 shilin Soomaali. Lacagtaas oo gurigiisa laga soo qaaday.

Muqdisho, 30/03/1982.

Gudoomiyaha Maxkamadda Badbaadada: Sarreeye Guuto Maxamud Geelle Yuusuf.
    La-taliye Sare: Cabdicasiis Macow Cumar
    La-taliyaal: 1. Dr. Xasan Maxamed Cismaan (Qaalli).
            2. Dr. Cabdullaahi Axmed Xaashi (Qaalli)
Maxkamaddu way xirantahay! racfaanna lama qaadan karo!

QAYBTA SHANAAD

NOLOSHII XABSIGA DHEXE EE XAMAR

MAALMIHII LOXOS EE XABSIGA DHEXE

Maalintii 30/03/1982, Abbaarta 17:00 galabnimo ayaa Xabsiga Dhexe na la ku soo celiyay. Maxaabbiistii ku jirtay oo dhan dhegtaa u taaganayd. Waxaa laga baqayay in dil toogasho ah na la ku xakumo. Berigaas Soomaaliya dadka waxaa la baray baqdin ah haddii uu maxkamadda guddoominayo Maxamuud Geelle Yuusuf, in natiijadu tahay dil toogasho ah, wax baana ka jiray arrintaas.

Irridka laga galo Qamta baa na la ku shubay, annagoo aad moodid in uu culays naga dhacay oo wadana xabsi daa'in iyo 24 sano oo xarig ah. Waxaannu u sii gudubnay barxadii Qamta oo maxaabbiistii badankood ay iska soc-soconayaan; labo labo, saddex saddex, iwm. Qaar baa dumnad ciyaaraya, qaar baa turub ama afar turub tuuranaya; hal mar baa na la ku soo qamaamay, iyagoo leh, 'haye, maxaa la idin ku xakumay…?" Qaar baa ku dhawaaqaya "dil ma ka badbaadeen?" Dadka shucuurtoodu waa kacsanayd oo baqdin waxay qabeen ah in dil toogasho ah na la ku xakumo, maadaama qodobka na la ku haystay uu ahaa 54aad oo ah dil toogasho ah.

Markii aannu si habqan ah ugu war celinnay in shan lagu xakumay xabsi daa'im, afarna lagu xakumay 24 sano, waxay la noqotay wax fiican oo aan dhib lahayn. Waa na loo hambalyeeyay, sidii aan koob horyaal qaadnay. Waa yaab! Dad la dulmiyay oo aan is-aqoon, isku dembi laga dhigay, ama urur qarsoodi ah lagu wada daray, la jirdilay, xabsi keli ah lagu hayay sida xoolahii oo haddana lagu farxayo in xabsi daa'im iyo 24 sano lagu xakumay! Soomaaliya dulmigu heerkaas buu gaaray waagaa; in qofka dembi loo sameeyo oo laga baqo in la toogto! Haddii na la toogtana deero deero u ma hardideen, waayo shacabka waxaa saarnayd habbiso Rabbaani ah.

Ninba koox baa kaxaysatay oo shaah, casho iyo waraysii baa na loo ku dhaqaayay. Dadku waa badanyihiin, waxayna u badanaayeen maxaabbiistii ama askartii ka hartay afgembigii dhicisow ee 9kii Abriil, 1978kii; macnaha intii aan la toogaan.

Dadka meeshaan ku xirnaa hal qof ka ma aqoon balse waa ku faraxsanaa in aakhirkii halkaan oo loogu yeero Qamta Xabsiga Dhexe na loo daayo. Qamtu waa qayta dad ku eedaysan siyaaso ama kacaandiidnimo lagu hayo. Waxaa ii muuqatay in maalintii oo dhan aan barxaddaas iska warwareegi doono, dad an la sheekaysto aan haysto, dad aan la kaftamo aan haysto, dad aan la ciyaaro dumnad,jes, turub, inta ay suura gal tahay, xitaa ay dhici karto in aan diin barto. Aniga waxay ii ahayd runtii meel janno ah, markii aan xasuusto xabsigii Laanta Buur ee keli kelida ahaa ee dhibka badnaa, halkaan waa raaxo. Sida aan is-leeyahay, xabsiyadii NSS-ta warkood daa.

Kooxdaydii waxaa na loo kala qaybiyay qolal shan ah oo yare waawayn - 5 x 7 meter baa na loo kala qaybiyay. Nin walba wuxuu xaq u leeyahay labo ilaa saddex taako oo ballac iyo labo mitir oo dherer ah. Qof kasta joodari xalleef ah baa u yaalla, dhinacaana la isku hayaa, badanaa waa la kala jeestaa oo qofka madaxiisu wuxuu ku beegmayaa lugaha deriskiisa. Dadkii qolka ila degganaa baannu is barannay, saaxiibbo wacan baa la yeeshay, balse waxaan soo fahmay in sagaalkayagii isla socday oo isla kiiska ahaa loo kala qaybiyay qolal ay degganyahiin dad la qabiil ah. Waa yaab!

Dhicisow iyo Axmaddey Shuuriye waxaa la dejiyay qolalka ay dagganyihiin rag ay isku beel yihiin, intayadii kale oo lix ahna waxaa na loo qaybiyay qolalka ay deggenyihiin dadka xabsiga u badan. Qasaali oo reer waqooyi ahaa waxaa la la dejiyay kooxda hore! Gadaal baan ka fahmay in dadkaan meeshaan ku wada xiran oo ku wada eedaysan inqilaab ama kacaandiid ay u kala safanyahiin beel beel oo sheekada in yar mooyee inta kale aanba la is-tusi karin, nacayb beeleed awgiis. Subxaanalaah! Waa heerka kacaanku Soomaali kala gaarsiiyey.

Caloolxumo waynaa, niyad jab waynaa ! Waa markii aan fahmay xaaladda dhabta ah ee ka jirta Qamta. Soomaali cudur qabiil la yiraahdo baa dilay lakiin waa la wada sheekaystaa oo turubka waa la wada ciyaara lakiin waa la kala sheekaystaa, qolalkana waa la kala degganyahay. Qolo kasta wax bay isu sheegaan habeenkii, run mise been.

Dadka aad u qabay cudurka qabiilka intii xabsiga lagu jiray oo runtii qofna iga rumaysanayn waxaa ka mid ahaa nin fannaan ah oo Soomaalidu aad u jeclayd balse intii xabsiga lagu jiray noqday qabiiliste liita, meesha Cali Sugulle (Ahn) uu ahaa Soomaali dhab ah oo waddani qiimo badan ah. Wuxuu ahaa sheekaalow xiiso badan, saaxiib macaan, deeqsi run ah, walaal Soomaali dhab ah. Haddana wuxuu ahaa xikmad socota. Allow qabriga kuu nuuri. Allow jannada ku gee. Allow dembigaaga dhaaf, Cali Sugulow. Ninkaas aad baan u jeclaa, waayo waxaan ka faa'iiday wax badan, dhan kasta. Aniga keli ah ma ahee, wuxuu u ahaa dhammaan maxabbiista maaweelo aan laga xiiso dhigin sheekadiisa. Aad baa loo casumi jiray oo xajis baa laga samaysan jiray in uu hadba habeen qol ka sheekeeyo. Alla qiima badnaayaa Cali Sugulle Cigaal.

Waa dambe, Cali Sugulle Socodkiisii u dambeeyay ee London baan kula kulmay, 2008 mise 2009 midkood. Waxaa loo dhigay xaflad wuxuuna ka yimid Imaaraadka. Markaan la kulmay waxaan ku iri, Cali Sugullow ma i garanaysaa ? Wuxuu ku jawabay, adeer soo ma tihid wiilkaygii Maxamed Cabdi Caynab, waana isku soo boodnay. Gooni baannu isu la baxnay, markaasaa dadkii oo dhan yaabeen sida gaarka ahee aan isu waraysannay. Adeer ma guursatay? Haa adeer baan ku iri, caruurna waa joogtaa. Alle ha idin barakeeyo buu noogu duceeyay, aamiin. Adeer Caliyow ka warran in Somiland rabto in ay ka go'do Soomaaliya, arrintaas adeer xaggee ka taagantahay baan weydiiyay ? Wuxuu iigu jawaabay, adeer Soomaaliya oo dhan baan igu filnayn oo ciriiri igu ah. Waxaan u hanqaltaagayaa Soomaaliweyn. Maxamedow igu ma filna waqooyi oo keliya. Adeer igu ma filna, mana igu filnaanayso weligay, mana qabo. Alle ha u naxariistee Cali Sugulle wuu ku dhintay Imaaraadka 2016.

Markii aannu ku wada xirnayn Qamta Xabsiga Dhexe, waxaan ku guulaystay in aan la soo dego qolka uu deggaana, si aan mar kasta u maqlo xikmaddiisa, waddaniyaddiisa. Wuxuu nooga sheekayn jiray heesiihi u allifay sababta ku kalliftay— *Dab iyo dhagax la iskuma dhuftee kala dhoowraay!*, *Af qalaad aqoonta miyaa?* iyo wax ciiddaas ka badan oo sheekooyin ah. Eebbow u naxariiso. Markaas uu London yimid, habeenkaas sawir baan kala haray, nasiib darrose wuu iga dhumay.

Subaxdii waxaannu ku soconnaa oo ku mijabaxsana barxadda Qamta, annagoo dhowr ah. Xabsiga mooye noloshu waa noo caadi ; cun, ciyaar, qosol, sheekayso, wax akhriso (Quraan ama buug), turub, dumnad iyo jes (chess) bay noo ahayd noloshu balse waxaan ogaaday in noolaha waxa ugu muhiimsan ay tahay in war la helo. Maxaa la sheegay? Maxaa la yiri? Maxaad maqashay? waxay ahaayeen weeraha ugu badan ee ka soo baxa afka maxbuus kasta. Waxaa na soo gaari jiray warar aan raad lahayn oo runtii qof kasta hadba waxaa u daran waxa dhibaya. Maxaabbiistu waxay isu sheegi jireen in cafis guud la fidanayo marka Oktoobar la gaaro. Mararka qaar waxaa dhici jirtay in nin madaxweyne ka ahaa dal kale uu Soomaaliya soo booqdo, markaas baa maxaabbiistu isugu sheekeyn in Maxamed Siyaad Barre maxaabbiista u fidin doono cafis. Tusaale, waxaan xasuustaa ayadoo uu imaanayo Madaxweynaha Kenya, Daniel Arab Moi. Markaas baa aad la isla dhex maray in na la sii daynayo. Bal maxaa iska galay safarka Moi iyo maxaabbiista? Waa wax aan la fahmi karin sida maxbuusku u fekerto. Markii cafis la waayey waxay cay ugu dhaqaaqeen Daniel Arab Moi oo magaciisa ay u beddeleen Daanyeer Carab Is-mooday.

Koox kasta intii sheeko-wadaag ah wax bay isu sheegaan, waxaas oo iyagu jecelyahiin. Waa la wada degganyahay waana la kala sheekaystaa. Waxaa aad uga jira Qamta dareenka qabiilka waxaana aad uga shaqayn jiray maamulka xabsiga oo maxaabbiista waxa la isu tusi jiray qabiil qabiil, si ayan isu aamminin.

Xabsiga waxaa aad uga jiray fikir ah in qabiil gaar loo yiraahdo iyagaa dhibkaas idiin keenay. Saraakishii iyo sarkaal-xigeenkii ka haray dadkii loo soo qabtay inqilaabkii dhicisoobay ee Abril 9, 1978, wixii aan ahayn Majeerteen waxaa laga dhaadhiciyay in Majeerteen dhibkaas iyo xabsiga ku riday. Kuwo badan oo waxmagarato ahaa, iyagoo ka rajaynaya in Gaaduur uu la tacaadufo, way u qushuuci jireen dacaayaddaas waana laga dareemi jiray dhaqankooda in ay aheeyeen dad xanaaqsan. Balse dad waxa jiray ka tirsanaa qabiillada kale oo runtii inqilaabkiina qayb fiican ka qaatay, asxaabtoodana aan u arag wax cadawnimo ah. Waxaa ka mid ahaa nin sarkaal ahaa oo maalintaasna si fiican u dagaallamay oo aan filaayo in uu ahaa Laba-xiddigle Maxamed Wardheere (Ahn).

Wuxuu ahaa saciim wuuna ku faraxsanaa ka qaybgalkiisi inqilaabka. Balse marka aad eegto askari la oran jiray Mahadala oo isla reer ahaayeen sarkaalka, farqi wayn baa u dhaxeeyay. Nasiib darro, xitaa raggii isku aamminay in ay inqilaab wada dhigaan ayaa xabsiga dhexdiisa la isaga hor keenay beel beel. Aan soo koobo e, xabsiga Qamta ama kan Dhexe wuxuu ahaa meel qabiil qurunsaday. Waa caddayd in aan Soomaaliya arrinteedu dhawayn.

Subaxdii waxaa la isu qaybiyaa xabbad rooti ah oo qallalan iyo baaquli shaah madow ah. Duhurkii waxaa la keena shuuro ama buleento lagu wado digsiyo waawayn oo madoobaatay oo maxaabbiis baa qaybinaysa. Dadku sidaas ugu ma yaacaan oo dadka badankiis raashin baa dibedda looga keenaa balse waa jirtay dad badan oo qaata. Waxaa la socda caanaboore kuwa jawaannada ku jira ama bacda lagu keeno ah oo qofkii raba meel loogu shubo.

Casar ka hor inta aan la is-xereyn, waxaa la qaybiya digir uu qofkii rabaa qaato. Badanaa digirta waxaa laga jeclaa soorta iyo bariiska, sabatoo ah qof kasta waxaa meel u yaal saliid macsaro iyo sonkor. Qofba si, dad ku nool raashinkaas waa jireen balse maxaabbiistu waxay ku fiicnaayeen wixii loo keeno waa wada cuni jireen, iyagoo isu la cunaaya beel beel, in yar oo aamminsanaa saxiibnimo oo aan qabiil lahyn mooyee, sida Sarreeye Guuto Ibraahin Rooble Warfaa (Doonyaale) (Ahn), Maxamed Cali Yusuf (Gaagaab) oo hadda ku jira Aqalka Sare ee DFS) iyo dhallinyaro kale oo u badnaa saraakil, sida Muuse Faarax Jebshe iyo Shakiib Shiikh Maxamuud (Ahn) oo ahaa nin aad bulshay u ah. Waxaa kale oo ka mid ahaa raggaas aadka u fiicnaa nin la oran jiray Maxamed Hayl (London buu ku noolyahay), Maxamed Baanso iyo qaar kale oo badan.

Markii la soo xeroodo maqrib ka hor, badanaa fiidka hore waa la iska sheekaystaa marar qaar, si guud ahaan iyo si walaahow ah, mararna qof baa sheekeeya ama ka hadla buug (novel) uu soo akhriyay, sida buugtii af Talyaaniga ahayd ee Il Giallo ama buuktii Agatha Christie oo ahaa sheekooyinka ugu caansan. Maxaabbiista qaar baa iska seexda oo khuurinaya, qaar baa xanuusanaya oo taahaya, qaar baa iska hadlaya oo isku buuqsan oo aan xammili karin xabsiga, qaar baa aanay hurdo ka immaanayn oo habeenkii oo dhan soo jeeda. Balse waa la is-ixtiraami jiray. Tusaale, haddii qof iska dhuuso ama iska daaco, cid kala jecel ma jirto in wax dhaceen iyo in kale qofka la ma dareensiin jirin. Waxay ahayd arrin la iska aqbalay, ku-qabsatay baa la oran jiray .Haddii mid khuuriyo cid juuq u oranaysa ma jirin.

Nolosho inta kale waa iska caadi oo labadii asbuuc ee ugu horreeyay waxay ii la mid ahaayeen damaashaad anigoo ku jira oo kale. Waan sheekaystaa, dad cusub baan bartay oo nooc kasta leh, waana la i soo booqdaa oo ehelku xabsiga waa iigu yimaadaan. Balse arrinta iigu yaabka badnayd oo aadna uga fogayd bani-aadamnimada waxay ahayd in qolalka lagu jiro aanu musqul lahayn oo makhrib ka hor marka la xeroodo nin walba wuxuu wataa dhalo yar oo uu habeenkii ku kaadsho, haddii kaadi qabato. Waa wax aan suuragal ahayn in hebeen musqul laguu sii daayo. Taas waxaa ka sii daran, haddii habeenkii qofka caloosha laga qabto, guri kasta oo maxaabbiista Qamta waxaa yaal baaldi wayn oo af yar leh oo maxaabbiistu ku xaajoodaan. Haddii qof coloosha laga qabto, meel irridka agtiisa ah buu yaallaa, qofkaas dhibban ee saxaroonaaya waxaa loo qabtaa maro lagu qarinayo cawradiisa ka dibna halkaas buu qofku ku xaajoodaa. Mararka qaarkood, haddii waardiyuhu yahay qof fiican oo raxmad leh marka loo qayliyo oo la yiraahdo qof baa dhibban oo musqul u baahan qaar baa ka soo dayn jiray oo u oggolaan jiray in uu qofku musqusha ku soo xaajaysto. Balse waa inta fiidka ah, haddii lagu qabto saq dhexe waa ku-qabsatay.

Bishii Mey 15, 1982, habeen Sabti ah bay ahayd markii ama habeenkii iigu horreysay ee aan khibrad u yeeshay markii nin qolka nagu la jiray uu shuban ku dhacay. Anigu waan argagaxay balse dadkii qolka igu la jiray iyaga caadi bay u ahayd. Sanka uun bay wada qabsadeen. Baq baq baq baa ka dhacday, maradiina waa loo qabtay . Dadkii qolka ku jiray qaarba hawl baa loo dhaqaaqay, aniguse waan daawanayay. Qaar baa beeyo shidaaya, ama barafuun qolka ku buufinaya, ama qaarbaa qori-cuud shidaya. Runtii waxay i la ahayd wax sidii filim ah sida ay ugu tababaranyahiin sida urka loo la dagaallamo. Ayaan darraduse waxay ahayd, qolalku ma lahayn dariishado hawo ka soo gasho! Cajiib waxaa ahaa urka cusub ee ka soo baxaya markii intaas ay hal mar kulmaan. Yacni urkii saxarada, beeyadii, barafuunkii iyo qori-cuudkii la shiday, intaas isku dar hal mar, waxaad urinaysaa ur cusub oo mushakal ah oo aanad weligaa urin. Waxaa iigu dambaysay urkaas berigii aan ka soo baxay xabsiga, xiiso uma qabo runtii.

Waxaan kale oo xasuustaa habeenkii sannadka cusub ee 1982 ee la gelaayay 1983, abbaarta saq dhexe markii ay ahayd baa nin ka mid ahaa kooxdii inqilaabkii dhicisoobay oo hadda ku nool Minnesota, Marykanka, ayaa caloosha laga qabtay. Hebelow waa sidee? Mid baa u tannaagooday. Markaasuu wuxuu yiri "waa Happy New Year. Ku soo dhowaada!" Qosol iyo faallo baa ku xigay, sababtoo ah waa habeenkii sannadka miiladdiga ahaa oo berigaas Soomaalidu waa u dabbaaldegi jirtay, xitaa anigu.

Qolalkii Xabsiga Dhexe ee Xamar

Dawladii kacaanku xitaa waxay awoodi wayday in qofka ay xorriyadda ka qaaddo ku xirto qol musqul leh. Arrintaasi waxay ka mid ahayd siyaabaha qofka loo niyad jebiyo, loo mooraal jebiyo, una dareemo bahdilid aan xad lahayn. Waxaa dhici jirtay in dad sumcad iyo magac ku lahaa ummadda dhexdeeda ay arrintaasu ku dhacdo uu ku dhex xaajoodo dadka dhexdiisa. Waxay ahayd arrin siyaaso iyo bahdilid ay ku jirto. Waxaa arrimahaas aad uga dembeeyay, sida in badan la xaqiijiyay, hoggaankii NSS-ta ee markaas joogay, waa sida maxaabbiistu rumaysnayeen. Hoggaankaasi wuxuu aad u jeclaa dadka loo tiriyo kacaandiid in aad loo ciqaabo oo la bahdilo, si qofku u niyad jabo. Waxaa na loo sheegay (sheeko ahaan) in markii Kacaanku xukunka maroorsaday ay damceen in qolalka Qamta ee Xabsiga Dhexe loo sameeyo musqulo gudaha ku yaalla. Maxaabbiistu waxay rumaynayaan in madaxdii NSSta ay arrintaas diiday, iyagoo ku andocoonaya in wixii kacaandiid ah oo xabsigaas galaa ay dhadhamiyaan bahdilid oo ay dadka dhexdiisa ku xaajoodaan.

Subaxdii waxaa qolalka loo furaa hal hal oo dhammaan maxaabbiista Qamta hal mar la ma wada furo albaabbada, sababtoo ah saddex musqulood keli ah baa meel gooni ah ku yiil, sidaas oo ay tahayna saf baa loo galayey.

Imisa qof ayaa isticmaali jiray saddexda musqulood? Maalintii oo dhan mashquul bay ahaa jireen oo waxaad arkaysaa in maxaabbiis saf ugu jiraan, sababtoo ah dadka meesha ku xiran iyo saddex musqulood dhib bay ahayd.

Maxaabbiista musqulaha waa loo kala horaa, sidii xoolo ceel ka cabbaya oo hadba qol baa la fasaxaa. Ka dib waa kala yaac iyo fagax , iyadoo qof waliba uu rabo in uu musqusha hor galo. Waxaa abuurmi jiray safaf dheer oo la is daba galayo. Runtii maxaabbiistu waa is-ixtiraami jireen oo dadka odayaasha ah oo mujtamaca ku lahaa sumcadda waa la ixtiraami jiray, sida Jeneraal Doonyaale, Abwaankii Cali Sugulle, iyo qaar kaloo badan. Waxaa kaloo isaguna mudnaanta lahaa nin curyaan ahaa oo salka ku gurguurta oo la oran jiray Muuse Maxamed Xasan Dalab(Ahn). Muuse waxaa Gaalkacyo looga soo xiray in uu rabay in uu Kulmis u dhuunto, waxaana loona haystay in uu dad fakiyay. Waa yaabka adduunka curyaan looga cabsi qabo in uu fakado! Dadka noocaas ahaa waa loo bannayn jiray oo iyagu safka badanaa ma geli jirin. Haddii qof xalay uu shubmay ama ku saxarooday qolka, askarta waa loo qayliyaa, si ninkaas dhibban loo hor mariyo. Marka ninka dhibban uu qolka ka baxo oo uu horay u qaato baaldigii, hawadaa freshka ah ee soo gasha qolka waxay ahayd nimco aad u wayn. Waa arrin qof aysan soo marin aanu marna suurayn karin. Sidaas oo ay tahay, dhammaan maxaabbiista waxa ka muuqata faraxsanaan iyo in ay noloshaan iska la qabsadeen. Makhaayado shaah lagana quraacdo baa ku yaal oo badanaa waxaa ka shaqaysan jiray askartii inqilaabka. Runtii, qaar baa reerahooda ka masruufi jiray. Waxaa jirtay in ay badanaa dayn dadka ku qori jireen oo waxaa jiray macaamil fiican lacagtoodana way heli jireen.

Labo meelood oo shaaha lagu kariyo baa ku tiil Qamta. Shaaha Saajin Mahadalla oo ahaa askartii inqilaabka iyo Shaaha Xasan Wayne (Xasan Cadde) oo ahaa askartii inqilaabka. (Shaki baa iiga jira sugnaanta magaca). Makhaayaduhu ma kala soocnayn oo qof walba midduu rabo buu wax ka cunni jiray. Runtii, nolosha Qamtu aad bay u firfircoonayd oo waxaa jiray duruus diini ah. Khayr Alle ha siiyee, labo dhallinyaro ah oo reer Hargeysa ahaa, Shiikh Ciise Yare iyo Shiikh Maxamed (hilmaayay magaciisi kale) ayaa noo bilaabay in ay na baraan tafsiisrka Quraan ee kutubka tafsiisrka Jalaalaynka. Waxaa kaloo na loo bilaabay akhriska tajwiidka Quraanka annagoo koox ah. Waxaannu wax ku baran jirnay meel yar oo mawlac u eg oo wareegsan oo salaadahana lagu tukado, kuna dhex taallay qaybta Qamta. Waxaa kaloo jiray dhallinyaro iyaguna wax ku dhex barta xabsiga dhexdiisa oo ku xiranaa Wasaaradda Waxbarasha. Waxaa jiray oo aan xasuustaa nin askari kuwa taararka ahaa oo Xuddur laga soo xiray oo waxbarasho ka dhex bilaabay Xabsiga Qamta. Wuxuu kaga baxay ilaa dugsi sare, markuu u fariistay imtixaankii fasalka 4aad (Form Four), kuna guulaystay. Ninkaasu ka dib xabsigii waxbarasho ilaa heer jamacadeed oo uu dhaqaale bartay ayuu ka gaaray. Mar dambe Puntland ayuu wasiir ka noqday. Waxaa kaloo jiray wiil aad u da' yaraa oo la dhihi jiray Magalaw. Markii la soo xiray buu diiday in uu xabsiga soo galo. Waryaa gal baa lagu yiri, isaguna wuxuu ku jawaabay ma galaw! Magalaw hadda wuxuu ku noolyahay London aadna saaxiib baan weli u nahay. Waxaan gacan ka siin jiray maaddada xisaabta, mar dambena Yemen baannu isugu nimid.

Kacaanku khaladaad badan iyo dulmi badan waa lahaa, haddana marka aad eegtid, qofkii isagoo xiran in uu wax barto oo Wasaaradda Waxbarasha laga diiwaangeliyo waa la oggolaa oo imtixaanka waxaa lagaga qaadi jiray xabsiga dhexdiisa. Waxaa imaan jiray dad ka socda Wasaaradda Waxbarashada, qaybta imtixaanaadka.

Maalinta Jimcaha waa maalinta booqashada. Hooyo, Habaryar Buuxo Siciid, xaaskayga mustaqbalka oo markaas ardayad jamacadda ka ahayd oo ayaduna i soo booqan jirtay. Safiya Cabdullaahi oo Eeddaday dhashay iyo ehel kale oo fara badan baa i soo booqan jiray. Lix billod baan si caadi ah ugu noolahay Qamta, noloshuna waa isku mid balse bulsho baad iskaga dhex jirtaa. Culays badan ma jirin oo aan ka ahayn welwelka xorriyad la'aanta iyo dhibta xabsiga.

KOOXDII UFO QAARKOOD OO XABSIGA LA KEENAY

Bishii Oktoobar bartamaheedii, 1982, baa waxaa xabsiga la keenay dhallinyaro laga soo wareejiyay Xabsiga Hargeysa oo ay ku xirnaayeen muddo ilaa siddeed bilood ah. Dhallintaas oo ahayd kuwii Hargeysa lagu xakumi jiray markii dhagaxtuurku ka dhacay bishii Febarwari 20, 21 iyo 22, 1982. Rabshadahaas oo socday muddo saddex beri ah waxaa ku dhintay hal qof oo la oran jiray Barre Xaaji Jaamac (Ahn), dhaawacna waa jiray, waxaana hormuud ka ahaa rabshadahaas ardayda Dugsiga Sare Faarax Omaar.

Maxaabbiis gaaraysa ilaa 20 qof oo rag ah oo kooxdii UFO ah oo xukuman baa Xabsiga Dhexe qaybta Qamta la keenay. Waxaa lagu guray labadii qol ee aannu soo marnay oo dadku sheegaan in ay ahayd meeshii lagu hayn jiray Maxamed Faarax Caydiid iyo Cabdullaahi Yusuf Axmed. Waana meeshii na la ku hayay markii Laanta Buur na la ka keenay ee maxkamadda na la saarayay. Muddo saddex beri ahayd ka dib ah, waxaa laga soo saaray kooxdii Hargeysa laga keenay lix ka mid ahaa oo ku kala xukunnaa xabsi u dhexeeyay saddex sano ilaa siddeed sano, intii kalana waxaa lagu hayey meeshoodi. Dhallinyaradaa lixda ahaa magacyadoodu waa sidan:

1. Inj. Cali Cige¨Faarax (Cali-Biid)
2. Dr. Maxamed Cali Sulub - Dhakhtar Guud oo ka baxay Kulliyaddii Caafimaadka ee Xamar
3. Maxamuud Cabdi Jaciir, macallin jaamici Lafoole
4. Maxamed Macallin Cismaan (Ahn)
5. Axmed Muxumed Madar , macallin Jaamici Lafoole
6. Cumar Ciise Cawaale

Lixdaa dhallinyaradaas ahaa ee laga soo reebay ayaa Qamta lagu sii dhex daayay. Si aad iyo aad ah baa loo so dhaweeyay oo maxaabbiistii meesha ku xirnaa looma kala harin. Waxaa la siiyay gogol iyo wax kasta, si fiican oo Soomaalinimo ku jirto baana loo soo dhaweeyay oo weliba dadkii sida aadka ah u soo dhaweeyay waxaa ka mid ahaa:

1. Cali Ciise Islaan

2. Maxaxuud Islaan
3. Gaboobe Cabdi Samatar (Ina Cirrid Yaambo)
4. Saciid Bootaan oo hadda ku nool Iswiidhan
5. Dhicisow
6. Mahadalla
7. Wardheere.

Si guud, odayaashii Qamta, kooxdaydii iyo dhammaan maxaabbiista cid u kala hartay soo dhawayntooda runtii ma jirin. Dhammaantood waxaa la dejiyay qolka saddexaad, dhanka midigta. Ugu dambayn, wuxuu noqday qolka reer waqooyiga. Mar dambe maxaabbiis kale oo badan baa Hargeysa, Burco iyo meelo kale laga keenay. Waxaan ka xasuusta Cabdi Haybe oo Aabbahay aad u yiqiin (meel uu ku dambeeyay ma garanayo), Ina Askar iyo nin naafo ahaa oo ganacsade ahaa. Waxaa kaloo jiray oday la oran jiray Ibraahin oo ahaa ganacsade reer Ceerigaabo ah oo ahaa nin ikhyaar ahaa. Maalintaas waxay ahayd walaahow, salaantuna ma kala go'ayn maxaabbiista dhexdeeda.

Maalintii saddexaad, goor ay tahay casar, baa waxaa dhacay arrin aan la malaysanayn oo fajaciso nagu noqotay! Saraakiil ay ka mid ahaayeen kuwa hoos ku qoran oo kulli wada ahaa beesha Majeerteen/Cumar Maxamuud (Allah ha u naxariisto intii dhimatay) oo ahaa raggii ka haray intii la toogtay inqilaabkii dhicisoobay ee 1978 ayaa loo qaaday xabsiga cabsida badan ee Labaatan Jirow. Waxay kala ahaayeen:
1. Cali Ciise Islaan
2. Maxamuud Islaan Cabdulle
3. Gaboobe Cabdi Samatar
4. Maxamed Cali Shirwac (Il-Tuke)
5. Cabdullaahi Nuur Guhaad (Cabdullaahi Wayne)
6. Afey Cali-Xaashi oo hadda ku nool Puntland.
    Waxaa lagu daray oo la sii waday 14 qof oo kooxdii UFO ah oo kala ahaa:
    1. Maxamed Baruud Cali
    2. Axmed Maxamed Yuusuf (Jabane)
    3. Cabdiraxmaan Cabdillaahi Xaaji Aadan
    4. Maxamed Cali Ibraahin
    5. Maxamed Xaaji Maxamuud Cumar

6. Dr. Aadan Yuusuf Abokor
7. Dr. Cismaan Cabdi Meygage
8. Dr. Maxamuud Xasan Taani
9. Dr. Cabdillaahi Cali Yuusuf
10. Axmed Xuseen Caabbi
11. Xuseen Maxamed Ducaale
12. Yuusuf Cabdillaahi Kaahin
13. Aadan Warsame Saciid
14. Baashe Cabdi Yuusuf.

Sababta loo beddelay keli ah waxay ahayd iyadoo kooxdii Gaaduur (Taliyaha Xabsiga Dhexe) ay ka caroodeen soo dhaweyntii ay usameeyeen kooxda UFO ee waqooyiga laga keenay. Raggaasi soo dhowayntii bay eersadeen, taas oo jawaasiistii gudaha xabsiga ay Gaaduur u geeyeen in ay sameeyeen soo dhaweyn heer sare ah. Dhammaan 20kii qof (14 Hargeysa laga keenay iyo lix lagaga daray Qamta waa la waday). Labaatan Jirow iyo dhankaas Baydhabo baa loo qaaday. Xitaa nabadey ma oran karin oo qolalkii baa na la ku guray. Waa na la xereeyey, sidii arigii marka raggaas la tarxiilayey.

Habeenkii sidii baa loo kala xerooday. Waxay aad u la yaabeen dhallintii lixda ahayd ee UFO markii mid walba loo keenay qasacaddii kaadida. Way yaabeen wayna ku adkaatay balse markii loo sheegay halkaan sidaas baa looga noolyahay way iska qaateen. Qaarkoodse waa qaadan waayeen in qasacad qolka la la galo oo lagu kaadsho, haddii kaadi ku qabataba. Balse waxaa la tusay in haddana qol walba uu yaallo baaldi af yar leh oo haddii caloosha lagaa qabto ama shuban kugu dhaco lagu xaajoodo. "Noow! Weger! Waaryee!" Waxaas uun baan ka maqlaynay iyo iyagoo aad u yaabban. Nin walba isaga oo la yaabban buu daasaddiisa qabsaday, sidii maahmaadii ahayd "Haddii aad tagto meel la wda il la'ayahay, il baa la iska tuuraa" baa xaal noqotay.

Nimankii UFO waan is-baranay oo badankood sheeko-wadaag baannu noqonay. Waxaa ugu furfurnaa nin la oran jiray Cali-Biid. Nin dheer oo caato ah aadna u ciyaari jiry ciyaarta jees-ta buu ahaa. Wuxuu nooga sheekeeyay sidii loo soo xiray iyo wixii lagu eedeeyay, si guud ahaan ah, waayo kalsooni badan nagu ma qabin oo wuxuu u ekaa nin wax naga qarinaya. Taasi waxay ahayd gar, waayo xabsiga dadku waa kala baqaan, iyagoo kulli u wada xiran xabsi dheer oo kacaandiidnimo ah. Kacaandiid kala baqaya, cajiib! Sida lagu soo xiray iyo sida kooxdayadii lagu soo qabtay waa isu ekaayeen. Nin UFO ka mid ahaa baa la shaqaynayay NSS-ta oo warka u gudbin jiray iyo magacyada. Ka dib markii uu liiskooda iyo nin walba meesha uu ku suganyahay u gudbiyayy NSS-ta, wuxuu u baxsaday Itoobiya. Warkaas waxaa noogu sheekeeyay qaar ka mid ah UFO. Waxay nooga fiicnayd kooxda UFO wax jirdil ah lagu ma samayn (kolleyba lixdii laga soo reebay) oo waa la soo xiray keli ah. Muddo afar biilood ah ka dib, Maxkamaddii Badbaadada ee Maxamuud Geelle iyo xertiisii baa Hargeysa ku xukuntay.

Waxaa kaloo jiray dhacdooyinka yaab leh, sida nin nagu la xirnaa Qamta oo keligiis nool, yacni cidna wax ku ma darsado oo haddii aad salaanto aan jawaab kuu celinayayn. Mar mar dhif ah buu ku oran,"Kacaandiid anigoo la sheekaysanaya ma rabo in Gaaduur loo geeyo", ama "anigoo reerkaas u badan xabsiga la sheekaysanaya…", iwm. Aniga waxay i la ahayd nooc waalli ah balse wuxuu u arkay habka keli ah ee Gaaduur war looga geyn karo, si markaas uu u gaarsiiyo xukuumada oo uu xabsiga uga baxo. Nasiib darro, isagoo weli ku jira baan ka baxay xabsigii.

Waxyaalo caqliga qofku aanu qaadi karin oo fajaciso lahaa baa mararka qaarkood ku arkaysaa maxaabbiista qaarkeed. Tusaale, waxaa jiray nin da' dhexdhexaad ahaa oo cidna aan la hadlin. Ninkaas markii aad aragto Qur'aan buu akhrinayaa ama salaad buu tukanayaa, ama sujuud buu ku ducaysanayaa. Mashaallah waa khayr. Muddo haddii uu sidaas ku waday baa goor galab ah oo casar dabadiis ah la isu diyaarinaayo in la is-xereeyo oo qof walba uu musqusha ku oradayo waxaa lagu war helay ninkii intaas Quraanka akhrinayay oo inta uu istaagay Kitaabkii ku halgaaday gidaarka, tusbaxii ku halgaaday gidaarka, sijaayadiina ka daba geeyay! Waa la wada eegay oo lagu soo xoomay waana la gartay in uu ku dhuftay. Markii la la hadlay oo lagu yiri maxaad kitaabka (inta laga soo qaaday halkii uu ku dhacay) ugu tuurtay, saliga iyo tusbaxaba? Maxaa kugu dhacay? Is-deji.Wuxuu ku jawaabay,"Illaahay intaas waan baryaayay, intaas Qur'aan baan akhrinaayay, intaas waa tukanayay" iyo hadallo kale oo khaldan, wuxuuna ku soo koobay ,"Illaahay anigoo intaas sameynaya muxuu xabsiga iiga saari waayay oo xor iiga dhigi waayay? Mar dambe Ilaahna u tukan maayo e ha i dhaafo" buu leeyahay. Subxaanallaah, yaa Raabi. Alle wuxuu qaddaray in labo asbuuc ka dib ninkii Madaxwayne Maxamad Siyaad Barre soo cafiyo oo uu xabsiga ka baxo. Waa arrin aan u soo joogay waana xanuunadda ku dhaca maxaabbiista qaarkood ee dhimirka asiiba.

Xabsiga waxaan ku bartay nin u dhashay dalka Koongo (Zaire) oo uu dhalay sida uu shaagtay Raisalwasaarihii Koongo lixdamaadkii, Patrice Lamumba, oo markaas mudo ku xirnaa Xabsiga Dhexe, afka Soomaaligana bartay lana nool dadka maxaabbiista Soomaalida ah. Waa la dhaqaaleyn jiray ninkaa ajnabiga ah. Ninkaas wuxuu ii sheegay in 1980 isaga oo ka soo safray Nairobi una socdaa Qaahira oo reerihiisu qaxooti ku ahaayeen uu Muqdisho kusoo maray hakasho (transit) in uu diyaaradda Somali Airlines u raaco Qaahira. Wuxuu watay lacag dhan 50,000 oo doollar Ameerikaan ah, siduu ii sheegay. NSS-tii Airportiga Xamar ayaa ogaatay in uu lacag intaas le'eg wato, markii la weydiyayna wuxuu u sheegay in uu yahay wiilkii Patrice Lamumba. (Radiyo Muqqdisho waxaa laga qaadi jiray heesta ah *Lamumba ma dhiman mana noola…*). Wuxuu sheegay in lacagtaas uu isagu leeyahay una socdo hooyadiis iyo walaalahiis oo kun nool Qaahira.

Waxaa lagu soo xiray NSS-tii Banaadir ama Godkii Jilicow, lacagtiina waa laga dhacay, isagana waxaa la isaga soo tuuray Xabsiga Dhexe oo qaybta dadka caadiga ah ku xirnaayeen iyo maxaabbiistii dagaalkii Itoobiya 1977. Markaas aannu Qamta ku la kulmayno wuxuu marayaa saddex sano oo uu ku xiranyahay Xabsiga Dhexe - waana 1983. Dambeyadii iyo dulmigii ay galayeen NSS-tii Banaadir bay ka mid ahayd. Ka dib koox aaminsanayd hantiwadaagga cilmiga ah oo uu horboodaayo Gaagaab iyo prof. Abukar Xasan Yare (Ahn) baa u dacwooday oo waxaa loo soo wareejiyay qaybta Qamta, sababtoo ah Xabsiga Dhexe oo ah meel qof kasta la keeno dhib baa ku haystay. Raggaasi waxay ka urinaayeen Patrice Lamumba, Soomaalidii kalena reer reer bay taaganyahiin.

Ina Lamumba wuxuu ii bilaabay barashada afka Faransiiska, walow sida loogu dhawaaqo uu lahaa lahjad Afrikaan oo culus, haddana naxwaha asaaska ah oo dhan isagaa i baray. Waa dambe wax wayn bay i tartay, markii aan Fransa galay cidna iima tarjumi jirin oo waa isku dabbari jiray wixii uu i baray.

Waxaa kaloo ku xirnaa nin dhakhtar ahaa oo la oran jiray Dr. Lagase oo Itoobiyaan ahaa oo ka soo baxsaday xukunkii Mingistu Haile Mariam oo markii uu Soomaaliya soo galay isagoo xoogaa lacag doollar ah wata isagana inta NSS-tu qabatay lacagtiina laga qaatay xabsiga lagu soo tuuray. Dhakhtar si fiican wax u soo bartay buu ahaa oo mararka qaarkood isaga ayaa dadka dawooyinka u qori jiray, aadna wuxuu saaxiib dhow u la ahaa Mudane Gaagaab iyo Prof. Abukar Xasan Yare oo ay mar kasta isla joogeen isku qolna ahaayeen.

QABYAALAD HARAYSAY XABSIGA DHEXE

Kooxdii UFO haddii ay muddo ku dhow labo bilood na la joogeen Qamta, waxaa muuqatay in jawi cusub ay Qamta ka abuureen oo ahaa wax markaa aad u yaraa. Waxay ka bilaabeen xabsiga sheeko la yiraahdo taxaalufka (gaashaanbuurta) Irir. Magacaas maqalkiisa waxaa iigu horreysay waqtigaas, mana garanayn runtii. Arrintaas waxaa horboodayey qaar ka mid ah dhllintii UFO balse in Irir looga olaleeyo xabsi dhexdiis maxay taraysaa Irirism ayaan isweydiin jiray. Ragga keli ah oo aan oran karay waxaas waa ka soo horjeedeen oo maskaxiyan ka faani jiray waxay ahaayeen Dr. Sulub iyo Cumar Ciise. Dadka ka soo jeeda gobolada waqooyi ama Isaaq ee ku xirnaa Qamta ma badnayn. Inqilaabka dadkii u xirnaa waxaa ka mid ahaa:

1. Labo-xiddigle Cawaale (Ahn)
2. Xasan Qajuur (ma garan karo in uu nool yahay iyo in kale). Wuxuu ahaa nin aad u edab badnaa, ikhyaar ah oo la wada jecelyahay, qurun iyo qabiilna ka koray.
3. Saajin Maxamed Diiriye oo ahaa nin qiime badan maalintii inqilaabkana aad ugu dagaallamay qoryaha shiishka leh ee meesha fog wax ka toogta (snipper). Ninkaas oo ay ku waynayd Soomaalinimada oo aan aamminsanayn qabiilaysi in Soomaali loo kala guro, weliba iyagoo xabsi ku jira, waxaan maqlay in uu geeriyooday (Ahn).

Inta badan maxaabbiista cudur qabiil baa qurunsaday, si guud, oo il fiican la isku ma arki jirin, sida Daarood ka soo horjeeda Hawiye ama Irir ka soo horjeeda Daarood. Wax la fahmi karo ma ahayn oo caqliga saliimka ah baa diidaya dad Xabsi ku wada jira oo iska la guraya balse ayaan darro , waa xaqiiqo aan u soo joogay iyo jawigii ka taagnaa Qamtii Xabsiga Dhexe ee Xamar. Haddana, qabiil kasta waxaa ku jiray dad labeen ah oo qurunkaas qabiilku uusan saamayn, sida Cabdulqaadir Tooxow; iyo rag reer waqooyi ah, sida Cabdi Haybe, Ina Askar, Cali Sugulle iyo labadii shiikh ee dadka barayey diinta. Kooxdaani ma muuqan wax xiiso ah oo ay u qabeen qabiilaysi iyagoo xabsi ku jira, sidoo kalena dhanka kale waxaa jiray dad badan oo wanaagsanaa oo aan ka xusi karo Muuse Faarax Jabshe, Maxamed Cali Yuusuf (Gaagaab) iyo kuwo badan, balse waxaan xaqiiqsaday in Soomaali meel ay joogtaba ay isu naceen qabiil oo ayan lahayn qaddiyad diineed ama waddaniyeed midna. Waayo, anagoo xabsi ku jirna dhib badanna na la soo mariyay haddana xabsiga dhexdiisa aniga iyo Maxamed Siyaad Barre aan isku kafad nahay waxay ahayd nasiib darro gaammurtay, mana ahayn caqli saliim ah. Bal ka warran marka aan xorriyad helno oo shacabka caadiga ah la dhex galo. Waxaa waagaas la saadaalinayey in ay suurogal tahay in dagaal sokeeye dalka ka dhici karo. Habdhaqanii xabsiga yaallay markuu dibedda tago la ma yaabin in ugu dambayn dadku qabiil qabiil isu laayo. Sababta aan taas ku rumaystay, waxaan arkay cuqdadda ka taaganayd xabsiga dhexdiisa. Daruuro madaw baa iiga muuqday aayaha Soomaaliya

Dhanka kale, isir-nacaybku meeshuu gaaray, dadka sheegta magaca Daarood iyagana xabsiga dhexdiisa bay isku xulufaysan jireen, iyagoo leh waxaa na neceb Hawiye iyo Isaaq ee waa in aynnu kacaandiidmada iska dhaafno oo Maxamed Siyaad Barre la heshiinno. Hadallada ay dhahaan waxaa ka mid ahaa, "Waxaa dhici karta in Maxamed Siyaad Barre uusan asal ahaan ina tirtirin balse taxaalufka Irir ay noqon karto suulinta beelweynta Darood, ama in dalka laga saaro ama in la gumaysto. Wax taas u eg in ay dhaceen 1991 kolley wax baa ka jira. Waxaan jeclaan lahaa in dad kale wax ka qoraan wixii dhacay markii xeero iyo fandhaal kala dhaceen. Ma anaa waalan mise Cadan baa laga heesayaa? Caqliga ka guuxayay Xabsiga Dhexe, qaybta Qamta, sidaas buu ahaa. Waxaase muhiim ah in hoosta laga xarriiqo in waqtigaas nacaybka xabsiga ka jira ay ka dambaysay siyaasaddii xukuumaddii Kacaanka oo ahayd ummadda iska hor keen si aad u sii xukuntaan. Nasiibdarro, dadkii ku xirnaa xabsiga baa garasho ahaan liitay oo qaatay. Arrimaha kore waxaa caddaynaya wixii dhacay markii dawladii la riday oo Maxamed Siyaad Barre ka cararay Xamar, illeen waa tii dalkii u burburay oo Soomaali isu laysay qabiil qabiil. Waxay ahayd arrin laga hor tagi karay haddii ay jirto maskax fayow. Reer barigu waxay tanoo kale oran jireen *duf ku baxa iyo dooriso*! Doqonimo ka wayn ma jirin markii Xamar, Baydhabo, Kismaayo, Gaalkacayo Soomaali isku xasuuqday iyo dalkii oo la bililiqaystay. Soomaali bohol cidla' ah bay isku gurtay, burbur iyo halaag, ayaan darro, waxaas oo dhan waxay u dhaceen 99% qabiil dartiis. Maantana weli waa taagantahay oo aan joogno 2024.

RAG ISKU DAYEY FAKASHO

Waxaan kaloo ku bartay Qamta labo nin oo aan aad u la saaxiibay oo la kala oran jiray:

1. Dhamme Maxamed Xaashi; wuxuu ku noolyahay Xamar waana Jeneraal maanta. Wuxuu ahaa nin aad u deggan oo ikhyaar ah runtii, berigii xabsigaa iigu dambaysay.

2. Maxamed Hayl (hadda London ku nool) wuxuuna ahaa nin aad u fiican. Wuxuu ahaa fariid ka xoroobay xargaha qabiilka qurmay ee Soomaali lugaha kaga maran una diiddan in ay horay u talaabsadaan dhan kasta. Maxamed Xaashi waxaa lagu so xakumay xabsi dhan 24 sano oo isaga iyo nin kale oo sarkaal sare ahaa oo la oran jiray Kaaldo (Ahn) oo lagu toogtay Baraawe. Waxa lagu soo eedayay in uu ku baxay gacantiisa nin isbatoore ah oo waardiye ka ahaa xero ciidan oo ku tiil Baraawe. Gaaduur, taliyahii Qamta Xabsiga Dhexe ee Xamar, aad buu u soo dhaweeyey Maxamed Xaashi oo wuxuu shaqo ka siiyey xafiisyada xabsiga. Wuxuu ahaa nin aad u shaqeeya oo fursad u helay xitaa in uu bannaanka u baxo.

Muddo markaannu isku sheeko-wadaag ahayn, Maxamed Xaashi wuxuu soo jeediyey in aan ka baxsanno Xabsiga Dhexe iyo sidee looga baxsan?.Waxay ahayd fikir fiican. Dood baa noo bilaabatay balse halkaas bay ku istaagtay oo mar dambe isla ma soo qaadin mana noqon wax sii socda. Muddo saddex bilood ka dib ah, horraantii Janawari 1984, subaxdii markii aannu soo kacnay ayaa waxaa horay na loo ka furi waayay qolalkii oo waxaa na loo diiday in aannu u baxno musqulihii. Warkii waa nasoo gaaray in Maxamed Xaashi iyo Maxamed Hayl xabsiga ka baxsadeen. Duhurkii baa maalinttas na loo soo daayay musqulaha, askarta dusha saaranana ee qoryaha wadatayna waa la badiyay. Qamta barxaddeeda sheekadu waxay ku socotay sida ay u baxsadeen iyo in askari waardiye ka ahaa Qamta uu la baxsaday oo uu gacanta ugu wayn ka gestay. Gogoshii iyo booskii ay ka tageen baa laga dhaxlay oo dhammaan wixii joodari, dhar, iyo maacuun ay haysteen waxaa toos u kala qaatay nin walba qofkii la beel ahaa. Markii ay sii maqnayeen maalin iyo habeen baa maalintii labaad waxaa askarta laga soo sheegay in Maxamed Hayl iyo Ina Xaashi lagu qabtay iyagoo maraya Laascaanood oo waa la soo wadaa. Warkii baa haddana Qamtii si fiican u shiday. Waxaa maalintii saddexaad duhurkii lagu so celiyay xabsiga, waxaana toos loo geeyay Sheelo Moorto oo ah meesha lagu ciqaabo dadka la rabo in aad loo cadaabo.

Sheekadii iyo sida ay ku baxsadeen baa na soo gaartay iyo qorshahii ay kaga baxeen isla maalintii la soo ceshayba. Maxamed Xaashi wuxuu la xiriiray baa la yiri intii aysan ka bixin xabsiga rag ay ciidamada ka wada tirsanaan jireen oo asxaab ah. Wuxuu la wadaagay arrinta in xabsiga laga baxsanaayo iyagoo saddex ah, macnaha askarigii baa saddex ku ahaa. Wuxuu ka codsaday raggaas bannaanka ka la shaqeynaayay oo Xamar jooga in baabuur kuwa raaxada ah loo diyaariyo ilaa Beledwayne. Wuxuu u sheegay habeenka la baxsan doono ama D-day. Waxaa la qabsaday habeen (ma xasuusto habeenkaas). Waa habeen kolba horaantii Janawari ee 1984 ahaa.

Sidii baa qorshuhu ugu fulay oo Xamar habeenkaas waxaa lagaga qaaday baabuur kuwa raaxada ah ilaa Beledwayne ay ku tageen isla habeenkiina ay gaareen. Waxay la kulmeen sarkaal caan ku noqday dagaalladii sokeeye oo lagu magacaabi jiray Gaashaanle Sare Maxamuud Maxamed Xaashi (Shabeel). Nasiib darro, Shabeel aakhirkii wuxuu ku dhintay Beledxaawo, isaga oo ka tirsanaa ururkii hubeysnaa ee USC, Ahn. Shabeel wuxuu u soo jeediyay in ay Mustaxiil maraan balse waxaa diiday, sida na loo sheegay, Maxamed Hayl oo halkaas khilaaf baa ka dhex dhashay. Shabeel wuxuu siiyay baabuur ciidan oo ranji tuute leh, dharka ciidammada ee sarakiisha, iyagoo saddex ah. Waxay qaadeen dariiqa dheer ee laamiga ah. Waxay mareen Dhuusamareeb, Galkacayo iyo Garoowe. Markii ay marayeen Laascaanood ayaa waxaa lagu yiri, "Wax dhaafaya halkaan caawa ma jiraan ee suga iskana seexda oo subaxdii baa la idin fasaxayaaye." Maxamed Xaashi oo lebbisan sarkaal sare ayaa ka diiday in uu seexdo Laascanood kontoroolkeeda wuxuuna u sheegay in ay degdegsan yihiin oo ay tahay in la fasaxo. Waa laga diiday, waxayse ku adkaysteen in ay gudbaan hawlo shaqo ciidan awgeed. Warkii wuxuu gaaray sarkaalkii haystay kantoroolka Laascaanood. Sarkaalkii meesha haystay baa soo aaday saraakiishaan la sheegaayo ee degdegsan wuxuuna gacanta ku soo qaatay telegaraamkii baafinta rag xabsi ka fakaday. Isla markiiba wuxuu gartay Maxamed Hayl, fakashadoodiina sidaa bay ku fashilantay oo gacantaa lagu soo dhigay.

Soo-qabashadii Maxamed Hayl iyo Ina Xaashi waxay soo kicisay xurguf hore oo dhex martay reerkaa Hayl iyo Gaaduur oo Xabsiga Dhexe ka ahaa Taliye. Waxaa dhacday dhowr beri ka dib soo-qabashadii in Maxamed Hayl hooyadii ay soo booqatay wiilkeeda oo Sheelo Moorto ku jira. Iyagoo isla jooga meesha la isku qaabbilo ee Xabsiga Dhexe ayaa waxaa soo galay saajin la oran jiray Bayl oo ahaa nin aad u dhib badnaa. Wuxuu ahaa kacaan kacaan dhaafay oo runtii maxaabbiista dhib wayn kaga hayay dhan kasta. Markuu arkay in Maxamed Hayl uu hooyadii la sheekaysanayo ayuu qaylo afka furtay iyo sidee ku dhici kartaa in ninkaan (Hayl) dad la tuso? Wuxuu isku dayay Bayl in uu Maxamed Hayl ku celiyo sheeladii kana wado hooyadiis, isagoo handadaya oo xitaa gacan u qaaday. Maxamed Hayl inta uu xanaaqay ayuu feer iyo laad kala daalay saajin Bayl. Si fiican ayuu u qaraacay, ilaa uu hunqaaco ka wareegay. Askartii baa ku soo xoontahay oo Maxamed Hayl ku tumatay oo si xun bay ugu baduugeen hooyadii horteeda. Hooyo way ku qarracantay. Maxamed waxa uu sameeyay waxay ahayd wax geesinnimo ah oo runtii waa loo wada riyaaqay. Ninkii Bayl hunqaacada kaga keenay wuxuu xabsiga ka noqday wiil-hoog (Atoore).

Waxaa xusid mudan in Hayl ahayn nin tabar ama xoog badan ka muuqdo. Cagsigeeda, wuxuu ahaa nin cas oo weyd ah.

Gaaduur baa arrintii gaartay, wuxuuna amray in loo beddelo Maxamed Hayl iyo Inni Xaashi xabsi ku yiil Baraawe. Waa la waday, walow muddo yar ka dib xabsiga dib loogu so celiyay. Sababtoo ahayd, in tolkii Hayl(xawaadle) ay dawladdii kacaanka kaalin libaax ku lahaayeen aadna u la shaqayn jireen dawladda una istaageen oo dadaal badan ku bixiyeen in Mohamed Hayl dhibka laga daayo lana soo daayo. Arrintii cirkay ku sii dhegtay oo waxaa loo fasirtay in Gaaduur uu u daba joogo Maxaamed Hayl arrin horay u dhacday oo uu Hayl awoowgiis Kabacad(Ahn) uu hadda ka hor dilay Xuseen Deyl(Ahn) oo Gaaduur aabbihiis ahaa. Gaaduur oo wiil yar ah ba la socday abbihiis, Xuseen Deyl, iyo labo nin oo kale markii lagu dilay ceelka Ulasan kuna yaal deegaanka loo yaqaan Ceelgaab ee ku yaalla gudaha Kililka Soomaalida kuna aaddan xudduud beeneedka inoo dhaxeeya cadawga soo jireenka ah ee Somalida , Ethiopia . Waxaa la qaatay ama loo fasirtay in dhibka lagu samaynaayo Mohamed Hayl ay halkaas ka socoto xurgufta u dhexaysay Gaaduur iyo reer Beledwayne. Aanooyin badan iyo dilal badan baa ka dhacay deegaanka, labada dhinacba. Markaa waa la qaboojiyay oo maslaxo iyo in nabadda la soo cesho baa lagu heshiiyay, ka dib markii reer Beledwayne arrintii gaarsiiyeen Maxamed Siyaad Barre. Adigu, labadii nin waxaa lagu soo ceshay Qamta. Kuwii gogosha u dhaxlay qaab beelaysan gogoshii waa laga soo celiyay ugu dambayn. Haseyeeshee, Maxamad Xaashi waxaa laga joojiyey shaqadii uu ka qaban jiray xafiisyada xabsiga oo hadda meel uma dhaafo Qamta. Intii muddo ah sheekadii fakashadu waxay ahayd arrinta mar kasta looga sheekaysto barxadda Qamta iyo majlisyada kale ee lagu haasaawo ee qaadka lagu cunno xabsiga dhexdiisa (the talk of the jail).

EEDNAY BOOQASHADII ISMAACIIL AXMED ISMAACIIL!

Ayaamo ka dib baa waxaa xabsiga qaybta Qamta soo booqday taliyahii Asluubta, Jeneraal Ismaciil Axmed Ismaciil (Ahn) oo ay weheliyaan sarakiil badan oo Asluubta ah. Dadkii ama maxaabbiistii oo dhan baa la soo shiriyay wuxuuna ka hadlay isagoo warsanaya xaaladda guud ee maxaabbiista. Ka warrama cuntada? Ka warrama caafimaadka? Ma heshaan dawo haddii aad xanuusataan, iwm? Hadallo aan macne lahayn isagoo ku hadlaya ayaa lagu oriyay oo weliba hadallo cay ahna waxaa ku tiri maxaabbiista qaarkeed. Isla markiiba wuu ka baxay Qamta. In yar ka dib waxaa dib u soo noqday Gaaduur oo wata askar fara badan wuxuuna amray in dhammaan qolalka na la ku xereeyo (duhur la ma gaarin waa barqo). Waxaa na la ku xereeyay qolalkii, waxaana ku xirnayn muddo ilaa laba saac ah. Casarkii markay tahay baa waxaa dib u soo noqday Gaaduur oo wata askar fara badan, wuxuuna akhriyay magacyo warqad ku qoran.

Waxaa la soo shiriyay maxaabbiistii, ka dibna wuxuu yeershay magacyo u qornaa:
1. Cabdulqaadir Caarre
2. Maxamed Cabdi Caynab.
3. Axmed Cabdi Dhicisow
4. Cabdirashiid Shire Bile

Asagoo amray in na lagu xiro Sheelo Moorto. Maxay tahay sababta aad Sheelo Moorto noogu xirayso, maxaan samaynnay? Waxaa weydiiyay Axmed Cabdi Dhicisow. Waa na la waday, Sheelo Moorto ayaan na la ku guray. Nin walba waxaa lagu xiray qol gaar ah . Aniga waxaa la igu xiray qol uu ku jiro nin dil ku xakuman . Sharci ahaan, waa mamnuuc in qof dil ku xakuman la la xiro qof aan dil ku xakumayn. Ninku wuxuu ahaa nin laga soo xiray tuulo u dhow Baydhabo. Waa nin dhallinyaro ah, reer baaddiye ah oo ilaa 30 sano jir ah.

Ma hadlaayo oo markii qolka la i soo geliyay meel gees ah buu isku ururiyay, isagoo kadalooba. Dhar badan ma gashanayn oo go' cad oo wasakh badan ka muuqato baa dhexda ugu xirnaa, wuuna feera qaawanaa. Qolka gudihiisa waxaa ka buuxay saxaro fara badan iyo kaadi oo qarmuunka ka soo uraya wax maskaxdaada geli kara ma ahayn. Meel kasta baranbaro baa ordaysa oo waxaan fahmay in aan ninkaan qolkaa laga furin, habeen iyo maalin midna.

Albaabkii baan haraati ku qaraacay, anigoo diiddan in aan qolkaan ku nagaado balse cid ii jawaabtay ma jirin. Markii aan daalay sidii aan haraati u la dhacayay albaabkii ayaan meel gees ah inta aan iska xaarey wasakhdii taallay salka dhigtay. Waxaan fariistay meel toos ugu beegan ninkii qolka ku jiray, sababtoo ah waxaan is iri waa dhici kartaa in uu ku soo weeraro waayo waxaan u qaatay nin waalan oo aan caadi ahayn. Habeenkii oo dhan waxay ii ahayd in aan waardiye iska hayo oo aamminaad ku ma qabin ninkaan waalan ee dilaaga ah oo aan qolka ku la jiro. Markii dambe, qurunkii, wasakhdii iyo baranbaradii yaacaysay intaba waa hilmaamay runtii. Waxaan maqli jiray dani waa seeto. Difaac nafsiyan ah baan ku jiraa iyo in aan iska ilaaliyo ninkaan dilaaga (mashiidiyada) ah.

Muddo labo saac ah markii aan qolka ku jiray ayuu wuxuu igu yiri, magacaygu waa Xasan, waxaana ahay Liisaan. Markaas Lisaan maba garanayo oo mar dambe baan bartay in ay tahay magac qabiil. Runtii waqtigaas Soomaaliya dadku qabiil sidaas u ma aqoon, anigana waxay igu ahayd Liisaan wax igu cusub. Hadda badi Soomaali waa taqaan Liisaan oo ah beel ballaaran. Waxaan ku iri, aniga magacaygu waa Maxamed Cabdi. Nasiib wanaag, i ma uusan weydiin beesha aan ka soo jeedo aniguna la ma hoos ordin.

Ugu dambayn, waan iska sheekaysannay, wuxuuna ii sheegay in uu nin dilay oo isaguna dil ku xakumanyahay. Wuxuu ii sheegay in uu shan sano yahay dil-suge. Insha'allaah waa lagu cafin doona ee Ilaah bari baan ku iri. Nin dhib badan u ma muuqan oo wuxuu ii la muuqday qof iska wareersan oo ay xaaladdu kalliftay. Laakiin wuu degganaa, aniguse marna feejignaantayda ma yarayn, hurdana ma jirin habeenkii kowaad. Abbaarta saq dhexe buu wuxuu igu yiri, wax aan aad u la yaabay oo runtii aad iiga fajacisay. Ma filayn su'aasha uu i waydiiyay oo ahayd, "Iiga sheekee marka haweenka loo galmoodo." Balo ku degtay! Ma tanuu keenay? baan isku la hadlay. Ma garanayo baan ku iri, waxaana aan ugu daray in aanan weli guursan waxna ka ma aqaanno arrimaha haweenka iyo waxa dhex mara ninka iyo naagta. Yaabka yaabkiis, wuu iga qaatay oo su'aal dambe ii ma weydiin, wuuna iska seexday!

Alle ayaa mahad leh. Waagii baa noo beryay, waxaana aan sugaaya in musqul la iiga furo. Waxaan go'aansaday in wixii dhacaaya ha dhaceene aanan dib dambe ugu noqon qolkii ninka waalan ee mashiidiyada ahaa ku jiray. Markii aan musqusha ka soo noqday baan ku iri askarigii waardiyaha ahaa in aanan ku noqonayn haddii wax kasta dhacayaan qolkii. Askari fiican buu ahaa, wuxuuna la yaabay in xalay aan la hoyday ninkii waalnaa ee dil-sugaha ahaa, waana khalad buu igu yiri. Ka dib wuxuu ii geeyay qol ay ku jiraan Axmed Cabdi Dhicisow iyo Cabdirashiid Shire Bile. Allaa mahad leh iyo Alxamdulillaahi baan isku daray.

Meeshu waa Sheelo Moorto oo dhammaan dadka ku jiraa waa dilaa dil wada sugaya, laakiin ma badna dadka ku jiray markaas oo muddo bil ka yar ka hor baa waxaa dhacday in nin lagu naanaysi jiray JiifJiifsade oo dil ku xakuman uu isku dayay in uu ka baxsado Sheelo Moorto. Wuu ku guulaystay lakiin askartii ilaalada ahayd oo dusha saarnayd baa aragtay oo toogatay isagoo ka baxay xabsiga oo bannaanka taagan. Dhacdadaas ka dib, waxaa lagu qaaday olole in la laayo dhammaan dil-sugayaasha. Waa la xaaqay oo ilaa 20 qof baa waxaa lagu dilay hal asbuuc gudihiis!

Waxaa ku jiray Sheelo Moorto nin Tunni ah oo dil loo soo qabtay maalintii Maxamed Siyaad Barre uu afgembiga ku qabsaday dalkaa maalintii ku xigtay ee 22kii Oktoobar, 1969, oo Kismaayo laga soo xiray. Ninkaasu waa iska xirnaa, xukun maxkamadeed ah oo ku dhacayna ma jirin, wax dokumeenti ah oo lagu eedeynayo la ma hayo, xitaa qofkii uu dilay la ma aqoon, sida na loo sheegay. Markaa hadalkii buu gabay oo ma hadlo oo waa iska aammusanyahay. Maanta oo dhan haddii aad la hadlaysid, indhaha uun buu kaa fiirin. Waxaa la ii sheegay in dhawr iyo taban sano aan kalmad hadal ah afkiisa laga hayn, qol buuna keligiis ku jiraa. Raashinka xabsiga ee shuurada ama buleendada, digirta, caanabooraha iyo xabbad yar oo rooti ah iyo baaquli shaah ah, wixii la siiyo wuu cunaa lakiin ma hadlo. Waxaan filayaa inuu ka mid ahaa dadkii xabsiga ka baxay markii dawladdii dhexe dhacday, 1991, haddii uusan dhiman markaas ka hor.

Waxaannu ku jirnay Sheello Moorto muddo hal asbuuc ah, ka dibna waxaa na la ku soo celiyay qaybtii Qamta. Noloshu waxay ii noqotay wax joogto ah oo isu eg, isbedel aan lahayn. Maalinta Jimcaha baa la dhereraa oo booqashada la oggolyahay. Maalintaas qof walba dhar qurxoon buu gashadaa, sida macawis, shaal iyo kabo saandal ah, taas oo macnaheedu ahaa in marka lagu soo booqdo adoo qurxoon lagu arko. Runtii waxay ahayd fikir fiican. Balse waxaa dhici jirtay inta aad maalintii isu diyaarisay in dad ku soo booqadaan in qofba ku imaan waayo. Markaas qofka waxay ku noqon jirtay niyadjab.Markii qof kuu yimaado, askari baa wuxuu ku dhawaaqayaa magacaaga ka dibna waxaad ka gudbaysaa albaabka Qamta oo waxaad gelaysaa qaybta qaabbilaadda oo ah barxad yar oo ku dheggan xafiiska Gaaduur.

Wixii aan ku soo arkay, dhibka iyo xuquuq la'aanta dadka ku jira Sheelo Moorto waxay igu abuurtay bal in aan soo arko sida looga noolyahay Xabsiga Dhexe oo dadka caadiga ah lagu xiro. Xabsiga Dhexe iyo Qamta waa la isaga dhex socon karaa oo badanaa askarta cidna u ma diiddo in qof ku xiran Qamta uu ku soo sheekaysto dhanka Xabsiga Dhexe ee dadka uga badan ku xiranyihiin. Dadka ku xiran waxay ahaayeen nooc kasta oo bulshada Soomaaliyeed ah, sida tuug, dembiyo caadi ah, xatooyo xoolo dadwayne, qof nabarro u geystay qof kale, yacni wax kasta oo qof lagu soo xiro oo aan ka ahayn dil iyo siyaasad ku-sheeg ayaa lagu soo xiraa xabsigaas.Waxaa ku xirnaa ilaa dhowr kun oo qof. qolalkuna waa kuwo aad iyo aad u waawayn ama waa sida bakhaarrada galleyda lagu kaydin jiray ee shirkaddii ADC (Agriculure Development Agency) oo kale. Yacni waa qolal aad u baaxad waawayn. Dadku waa is dhinac jiifaan oo sida Qamta ayaa qofba loo cabbiraa saddex taako iyo labo mitir oo dherer ah. Qol kasta waxaa ku jiray dhawr boqol oo Soomali iyo Itoobiyaan ah. Gudaha hool kasta waxaa ku yiil labo musqulood oo isugu jira fadhi iyo qubays. Waxaan la yaabay waxaa ka mid ahaa in maxaabbiistu ay madaxa ku hayaan irridka musqusha. Qol kasta waxaa ka batay dadkii.

Dadka ku xiran waxaa ka mid ahaa maxaabbiistii Itoobiyaa ee Dagaalkii 1977 oo aad u badnaa waxaana ka muuqday dayac fara badan dhan kasta ah. Qaar baa baranbaradda ma hee wax kale aan cuni jirin. Indhahaygaan ku arkay askar Itoobiyaan ahayd oo aan wax kale cunayn. Waa meeshii laga yiri ishii dhiman waydaa geel dhalana way ku tustaa.

Waxaan xasuustaa nin loo soo xiray xatooyo xoolo dadwayne (Shirkaddii Enji-ENCI). Wuxuu ku xakunnaa 25 sano. Intii uu xabsiga ku jiray asbuuc kasta hal habeen ayaa gurigiisa la geyn jiray. Isla habeenkana waa lagu soo celin jiray xabsiga, inta lagu darro labo askari, sababtoo ah Gaaduur bay ciyaal Oorfane (agoontii dawladdu hayn jirtay) isla ahaayeen. Waxaa igu maqaalo ahayd in isagoo xabsiga ku jira ay caruur u dhalatay, sababtoo ah markuu doono ayaa reekiisa loo wadi jiray. Xabsiga haddii aad lacag haysatid wax kasta waa suuragelayay. Nin deeqsi ah oo gacan furanna waa ahaa, "tii badanaysayna" waa hayay oo wuxuu soo dhacay Enji, askartana lacag fiican buu siin jiray. Marka maxaabbiista Xabsiga Dhexe la xereeyo isaga bannaanka ayuu iska joogi jiray oo hawada ku qadan jiray ilaa waqti dambe mana ahayn nin looga baqayay in uu baxsado. Si caadi ah ayuu u qayili jiray.

Maxaabbiista waxaa ka mid ahaa kuwo la oran jiray xabsigaa guri u ah oo dhawr iyo toban sano aan ka bixin. Xitaa waxaan arkay qaar inta xabsigii u dhammaaday oo markii laga gaaro maalintii ay bixi lahaayeen ay askarta jeelku raadinayaan oo dhuumanaya oo aan rabin in ay ka baxaan xabsiga. Sababata, wuxuu u noqday adduunkoodii, yacni gurigooda iyo booskii ay adduunka ku lahaayeen.

Waxaa kale ee aan u soo joogay maalin wiil dhallinyaro oo ilaa 30 jir ah oo la ii sheegay in markii uu xabsiga soo galay uu jiray shan iyo toban sano. Maalintii la sii daynayay, dhammaan wixii uu alaab lahaa, sida joodari, buste, barkin iyo wax yaalo kale, intaba wuxuu u dhiibtay qaar ay saaxiib ahaayeen. Wuxuu leeyahay ha la ii sii hayo waan soo noqonayaaye! Dadka noocaas ah oo iska la qabsaday xabsiga way badnaayeen. Waxay badi ahaayeen dhallinyaro ciyaal Xamar asal ahaan ahaa oo bilaa rejo noqday, waana nooca kuwa gala dembiyada joogtada ah, sida tuugada iyo dilka. Caadi bay ahayd in aad aragtid mid ka mid ah dembi-galayaasha joogtada ah (Hooligan) ah oo la sii daayay oo dhawr beri ka dib xabsiga dib ugu soo noqday. Wax lala yaabo bay ahayd, marka lagu soo cesho xabsiga aad buu u faraxsanayahay wuxuuna ka sheekeeyaa intii uu maqnaa waxaa uu soo sameeyay!

MASHAAKILKII CAAFIMAADKA EE XABSIGA

Dadka qaarkiis waxaa ka muuqday jirrooyinka jirka ku dhaca (skin disease), sida isnidaamiska oo caadi ahaa. Waa jirro ku dhaca hoosta ragga iyo dumarka oo leh cuncun aan loo adkaysan karin inaad gacanta la gashid mooyee. Waxaan aad u la yaabi jiray dadka xaaladdaas ku nool, haddana meel kasta ama qol kasta waxaa lagu gadaa shaah, raashinna waa lagu kariyaa qolka dhexdiisa; qaad waxaa la cuno habeenkii, sigaar iyo khamri waxaa ka xiga maxbuuska lacag. Xabsiga Dhexe ganacsi baa ka jiray oo askarta qaarkood baa ka wadday iyo maxaabbiis shuraako la ahayd. Wax kasta oo daroogo ah waa la heli jiray, beeso kali ah kaa xigtay. Maxaabbiis badan oo ku indho beelay xabsiga dhexdiisa baa jirtay oo ay ahayd in Tarakoomo ama Gulookoomo laga qalo ama laga daweeyo, mase dhicin. Runtii dhib wayn ba ku haystay ku noolaanshaha xabsi dadkii ka bateen. Sababtoo ah, waxay u baahnayeen in mar kasta gacanta la hayo, danahooda loo fuliyo, balse Soomaalidu waa isu naxariistaan, qabiil ha isugu naxariisteen ama si kale e, dadkaas indhaha la' waa loo roonaa. Qofku haddii uu jirrado wax dhakhtar ah oo ka jiray xabsiga dhexdiisa ma jirin. Balse waxaa jiray nin kalkaaliye ah oo da' ahaa. Halkaas oday baa ka ahaa dhakhtar iyo farmashiiste oo dadka siiya kiniini. Waxaa ku dhex yiil dhanka maamulka Xabsiga Dhexe farmashiye aad u yar oo haddii ay yaallaan wax anfacaya maxaabbiista waa lasiin jiray. Waxaa u badnaa kiniinka kaneecada (Kaloorokuwiin). Kiniinkaas maxaabbiista dhexdeeda caan buu ka ahaa, waayo jirradda keneecadda midda ugu badan bay ahayd. Sidoo kale, TB-dana waxaa la siin jiray kaniin kaabsol ah oo la oran jiray Rifadiin.

Waxaa ayaguna aad u badnaa jirroonyinka beerka. Qofku haddii laga helo jirrooyinka beerka ilaa inta calooshu waynaanayso ama biyo gelaayaan wax cusbitaal ah la ma geyn jirin. Kaliya haddii dadkaagu kaa la hadlaan Gaaduur ama saraakiisha xabsiga oo aad dad ku leedahay way dhici kartay in qofkaas wax loo qabto. Laakiin qof aan dad ku lahayn Xamar ama dhanka dawladda xaalkiisu waa adkaa. Waayo, ma jirin cid u xilsaaran muwaadinkaan ku dhex xanuusaday Xabsiga in caafimaadkiisa la daryeelo oo inta ay goori goor tahay laga eego dhiigag iwm. Maxbuuska in uu beerka ka jirranyahay waxay ku rumaysan jireen in beerku bararo ama caloosha biyo ka galaan ama marka qofku tabar darreeyo ayaa waxaa la geyn jiray cusbitaalkii Martini, halkaas oo xabsigu ku lahaayeen qayb ka kooban saddex qol iyo hal musqul oo dhanka gidaarka baddu qaraacdo ahayd. Sidoo kale, TB-da ayaa aad u badnayd, dadkuna waa ku dhib qabeen in mid ka mid ahi qabay jirradaas oo qofkaas qaba cudurkan qaaxadda haddana dadkaa ku dhex jiraa oo intaas qufacaya. Markii qofkaasi uu tabar darreeyo oo uu dhiig matago baa loo qaadi jiray cusbitaalka qaaxadda ee Laasareeti oo ku yiil Xaafadda Cabdicasiis.

Cudurro kale, sida kuwa gala indhaha, ilkaha, sanka, cunaha, kelyaha iyo uur-ku-jirta wax dhakhtar ah ah oo qaabbilsan ma jirin mana loo arki jirin wax dhakhtar u baahan. Dhibka ka jiray dhanka caafimaadka Xabsiga Dhexe in aan xasuusto murugo badan bay i gelisaa, xitaa haddeer la joogo. Yaan loo qaadan in aan ka badbadinayo balse waa dhabta ka jirtay Xabsiga Dhexe ee Xamar. Meel silic badan bay ahayd oo i soo martay oo aadna loogu raafaadsanaa, rafaadkaas oo noocyo badnaa.

Dadka intaas tiro le'eg ee xabsiga ka buuxa inta bannaanka shaqo loogu qaado waxay ahayd tiro aad u yar. Waxbarasho ha sheegin nidaamsan , haba yaratee, balse waxaa jiray maxaabbiis iyagu wax is bara oo diinta aad u barta. Waa daahiro caam ah in dadku xabsiyada diinta ku bartaan. Xitaa dad aad cibaadada ugu liitay markii la xiray badi waxay ka soo bixi jireen xabsiga ayagoo gar wayn leh aadna diinta ugu xiran. Waxaan maqli jiray xabsiyada Ameerika dad badan oo madow ah baa ku Muslima. Maashallaah. Waxaan badiyaa u tegi jiray dhallinyaro aan qaraabo ahayn oo ku xirnaa Xabsiga Dhexe, kuwaas oo la kala oran jiray Taako Siyaad iyo Cabdinaasir Aadan Cartan.

LA-KULANKII MAXAMED SIYAAD BARRE IYO DABAYSHII XORRIYADDA

Noloshaas Xabsiga Dhexe ee dhibka badnaa waxaan ku jiray ilaa 17/10/1984. Maalin Arbaco ah, goor ay tahay sagaalkii subaxnimo, ayaa waxaa soo galay barxaddii Qamta Gaaduur oo warqad wata. Wuxuu cod dheer ku yiri, ''Kooxdii sagaalka ahayd ha is-diyaariyeen!'' inta uu akhriyay magacyadooda. "Waxaa soo cafiyay Madaxwaye Maxamed Siyaad Barre." Wuxuu ku daray in 10ka subaxnimo na loo qaadaayo Madaxtooyada, si aannu u la kulanno Madaxwayne
 Maxamed Siyaad Barre. Kala orod, farxad, bash bash iyo musqulihii oo aan u kala orodnay, si aan u mayranno oo u ugu lebbisanno dhar qurxoon baan bilownay. Dhammaan maxaabbiistii waa noo tahniyadeen, qaar baa dhabannada iska dhunkanaynnaa, qaar baa aad noogu farxay in aannu ka baxaynno xabsiga, qaar baa waxay noo arkayeen in aan nasiib badannahay. Waa run oo waa nasiib iyo qaddar Ilaah in aan shan sano oo noloshayda ka mid ah ku qaato xabsi aanan galabsan. Ma kala garanayn in aan faraxsanaa iyo in an isciilkaabinayay balse waxaa hubanti ahayd in aad ugu farxsanaa in aan dib u helay maalintaa xorriyaddii ay iga dhaceen Aadan Cirday, Cabdulahi Ismaciil Cirro iyo Cali Xuseen Diinle iyo kuwo kale oo badan. Alle ayaa mahad leh anigoo caafimaad dhan kasta ah qaba in uu iga saaray xabsigii dheeraa ee xaqdarrada iyo dulmiga ahaa.

Wixii dhar ahaa waan qaybiyay, wixii buug ahaana dad baan siiyay, wixii aan anigu la harayna hal meel baan ku urursaday oo qof baan u dhiibtay oo aan ku iri maalinta aan ku soo booqdo baan kaa qaadanayaa ee ii sii hay. Waxaan ku soo ururnay kuraas dhaadheer oo taallay xafiiska Gaaduur, dhammaan kooxdayadii sagaalka ahayd, waxaa qaybta dumarka laga keenay qof haween ah oo ilmo yar oo gabar ah dhabta ku wadata. Annagoo ku yaabban qoftaan haweenka ah oo ay ka muuqato in ay ahayd qof reer miyi ah oo isla markaana loo wado Jaalle Siyaad! Arrintaas way isu kay qaban wayday. Haye iska warran? Gabadha goormaad dhashay? Su'aalo badan baannu waydiinnay, bal in aannu wax ka ogaanno gabadhaan iyo sababta loogu wado Madaxweynaha. Waxay noo sheegtay in gabadha ay xabsiga ku dhex dashay labo bilood ka hor.

Waxay ku dartay in iyadoo awr ku wadata dhibaad loo soo raray una socota ninkeedii oo ka mid ah Kulmis in ciidammada Soomaaliya soo qabteen ayna ahayd aroos cusub, uurna ay qaadday, uurkiina ay ku dhashay gabadhaan yar ee labada bilood jirta. Xamar weligaa ma timid? Weligay magaalo ma tegin, reer baaddiye baan ahaa oo tuulooyinka waa aqaan, sida Tuulo-Jalam (waxay u dhexaysaa Buurtinle iyo Garoowe). Gabadhaas reer baaddiyaha ah maxaa Maxamed Siyaad Barre loogu wadaa? Fajaciso bay igu ahayd iyo wax aanan fahmayn, kolba Maxamed Siyad Barre odayaal baa kala hadlay oo ka sii daayay.
Waxaa hadalkii qaatay Saciid Faarax Gaalooti (ku dhintay Xamar 1991). Wuxuu nagu la dardaarmay in marka aannu u tagno Madaxwayne M. Siyaad Barre iska ilaalinno in la la doodo, wuxuuna nagu sii adkeeyay in wax kasta oo uu nagu yiraahdo aannu niraahno waa yahay. Mid baa yiri anigu waxaan ku darayaa "waa yahay Aabbe Siyaadow. Mar lee ma bixi karaa anoo xor ah?" Sidaas waxa yiri Axmeddey Xasan Shuuriye, isagoo qoslaya oo ilkacaddaynaya.

Gaaduur baa ka soo baxay xafiiskiisi, waxaana na la ku guray saddex baabur oo yaryar oo shibil ah. Askar na la ma socoto, katiinadna nagu ma xirna. Waxay ahyad saansaantii ugu horreeysay in aannu xor noqonayno. Gabadhii ilmaha yar wadatayna way na la socotaa. Waxaannu soconnaba, waxaannu tagnay Villa Somalia. Barxad wayn baannu sii dhex marnay oo meel kasta waxaa maraysa koofiyadcas. Baabuurtii waxay is-taageen meel ay ka muuqato jaranjaro wareegsan agteed. Waxaa naga hor yimid dad ka shaqaynayay oo waa na la horgalay. Gaaduur iyo saraakiil kale oo asluubta ahaa baa iyaguna na la socday.

Waxaannu soconnaba, waxaa na la ku shubay qol wayn oo kuraas qurxoon oo wareeg ah taallo. Qofba meel buu fariistay, kuraastu waa raaxo badnayd. Qoftii haweenta ahayd meel gees ah baa kursi loo dhigay. Gabadheediina dhabta bay ku haysatay. Way yaabbantahay, waxaana aan hubaa in aanay xitaa fahmi karayn meeshaan waa Madaxtooyadii dalka looga arriminayay. Sidoo kale, waxaan hubay in aanay garan karin madaxwaynihii dalka baa laguu geynayaa. Aniga sidaas bay i la ahayd, sababtoo ah waxay ahayd qof reer miyi ah oo in ay xoolo raacdo mooyee aana weligeed magaalo arag.

Anigu waxaan fariistaay kursigii ugu horreeyay, waxaana dhanka bidix iga qabanaya irrid albaab alwaax saad ah leh. Dhanka midigta waxaa iga qabanaya kursi aan cidna loo oggolayn in ay fariistaan. Hadal ma jiro oo waa la is-eeg-eegayaa. Dareen fiican iyo farxad baa naga muuqda iyo in aan xor noqonayno dhawaan baan nafta u sheegaynaa. Aniga waxaa ii dheer shaki, waayo horaa la igu yiri waa lagu cafiyey oo gadaal la iga soo xiray. Tolow ma sidii oo kale baa dhici doonta baa madaxayga ku wareegaysa, marna waxaan is-leeyahay intaan oo dad ah inta la cafiyo la ga ma noqon karo. Rabbi talo ku filan.

Cabbaar haddii aannu fadhinay ayaa waxaa so galay askar koofiyadcas ah oo saddex ah oo midba meel gees ah istaagay. In yar ka dibna waxaa soo galay Jaalle Maxamed Siyaad Barre oo dhar shibil ah qaba, baakad sigaar Benson ahna gacanta ku wata. Waxay i la tahay riyo markaan arkay Maxamed Siyaad Barre soo galay qolkii. Weligay ku ma riyoon in aan anigoo ag fadhiya ama meel la jooga.Yaab! Waxaan ku mashquulsanahay wejigiisa, waxaan raadinayaa sababta Afwayne loogu bixiyay, illeen maba lahayn afwayn e! Maxaa Afwayne loogu bixiyay baan madaxayga ka guuxaysa. Midda kale, ma ahayn nin dheer sababtoo ah sawirradii ku dhegganaa Xamar wuxuu u muuqan jiray qof dheer. Nin maarriin ah buu ahaa. Haddaan soo koobo, waxaan aad u daawanayaa oo aan la yaabbanahay in Maxamed Siyaad Barre aan maanta la joogo oo weliba ka ag dhawahay. Mar kale waxaa igu noqotay cimrigaaga oo dheeradda geel dhalaya ayuu ku tustaa.

Markii uu soo galay qolka dhammaantayo waa istaagnay wuuna na salaamay oo wuu na gacanqaaday, isagoo oranaya, iska warran? Sidee tahay? Ma fiicantahay? iwm. Markii uu fariistay kursigiu loogu tala galay, Jaalle Siyaad wuxuu fariistay kursigii iigu dhawaa ee dhanka bidix iga xigay, gadaashiisana askari baa taagan. Waxaa hadlay Gaaduur oo yiri, "Waa kuwaan dhammaan dhallinyaradii qaar ardayda ahaayeen, qaarna macallimiinta ahaayeen ee aad cafiska u fidisay iyo *hebla hebel* oo iyadana aad soo cafisay. Wuxuu ku daray in ay intii ay xirnayd ay xabsiga ku dhashay gabar." Hadalkii wuxuu ku soo dhaweeyay Jaalle Siyaad.

Jaalle Siyaad hadalkii ugu horreeyay oo uu yiraahdo wuxuu ahaa sidaan: "Tan kowaad, haweentaan waxaan leeyahay Ceelgaabta ha la geeyo, gaarina ha la saaro, haddii ay rabtana Mahbarkii qabay ha aaddo ama Mudug ha ku noolaato." Wada oo gaari saara buu ku soo gabagabeeyay. Waa la waday isla markiiba, wax ay mudantay iyo magaceeda midna ma hayo oo maalintaas baa iigu dambaysay, war iyo wacaal toona. M. Siyaad Barre wuxuu u soo jeestay dhankayagii, hadalna wuxuu ku bilaabay, "Anigu idin ma kala aqaane, qof walbow ii sheeg magacaaga iyo waxaa aad ahayd intii aan lagu soo xirin ama shaqaadaadii." Aniga ayaa ugu xigay dhankiisa wuuna i soo eegay. Ma biqin balse si deggan ayaan u iri, "Magacaygu waa Maxamed Cabdi Caynab, arday dhiganayey Kulliyadda macallimiinta ee Polytechnico." "Sida aad u yartahay u ma guux yarid" ayuu Maxamad Siyaad Barre iga daba yiri markii aan magacayga sheegay. Inta aan hilmaamay wixii aannu ku soo heshiinay aniga iyo saaxiibbaday baan ku iri, "Jaalle, been baa laguu sheegay, beenna waa la igu xiray." Intaas markii ay afkayga ka soo baxday baa baqdin i gashay, taas oo ah haddii uu rabo wuxuu ku oran karaa qofkaan hadalka igu soo celiyay weli diyaar u ma aha in bulshada lagu sii dhex daayo ee ha lagu celiyo xabsigii. Indhahaygu wuxay ku dhaceen Gaadur oo aan jeclaysan hadalkii aan ku iri Maxamad Siyaad Barre. Gaaduur Kacaankiisa ha ilaashado balse nin fiican oo ku dili kara kuna noolayn kara buu ahaa. Maxamad Siyaad Barre baa ku jawaabay, "Arrintaas hadda u ma joogno."

Qof kasta sidaas buu u warsaday, magaca iyo maxaad qaban jirtay ama ahayd. Dhammaan waa la is-baray Jaalle Siyaad, balse waxaa aad iiga yaabiyay nin ka mid ahaa kooxdayadii markii uu magaciisa sheegay ayuu Siyaad Barre ku yiri ma ogtahay in eeddadaa hebla hebel ay ka timid magaaladaas oo ay hadda Xamar ku sugantahay? Ninkii oo yare xishooday baa ku yiri odaygii, "Haa oo shalay bay xabsiga iigu soo booqatay." Maxamad Siyaad Barre wax kasta wuu la socday, kolba waxaan u qaadannay islaan sirdoonkiisa ka mid ahayd ama si kale ugu xirnayd odayga ama macruuf fiican la ahayd.

Maxamad Siyaad Barre wuxuu bilaabay hadal dheer oo runtii qaatay saacado oo mar waa na waaniyaa, mar waa na handadaa, marna baxa oo Qurmis aada buu na yiraahdaa Mar wuxuu ka sheekaynayaa jaamacadaha, dariiqyada, warshadaha, isbitaallada iyo horumarka uu sameeyay. Mar wuxuu ka hadlayay sida uu dalku ahaa markii uu xukunka qabtay, far Soomaaligii uu qoray. Haddii aan soo koobo, mawduuc uusan ka hadlin ma jirin. Balse waxaa aad ii taabtay mar uu ka hadlaayay oo uu yiri, "Imisa qof oo leh wax baan soo bartay oo iga hor yimid ama kacaandiid ah oo gidaarrada fariista ama Shabeelle war wareegaaya? Imisa baan waxba baran balse Kacaanka daacad u ahaa oo nolol fiican ku nool dalkoodana u shaqaynaya?"

Labadii duhurnimo goor ay tahay oo aan ku caajisay balse aannu iska dhigayno dad la dhacsan hadalkiisa, qaar baa lahaa waa run Aabbe Siyaad, sax Aabe Siyaad, noolow Jaalle Siyaad, iwm. Balse waxaan ku dhaaranayaa in hal kalmad ahi afkayga ka soo bixin, sida saaxiibaday qaar ugu wardiyayeen Abbe Siyaadow sax weeye.Wuxuu hadalkiisii tirada badnaa ku soo koobay sidaan:

- Laga bilaabo maanta, 17/10/1984, xor baad tihiin oo waan idin cafiyay (qaar baa sacbiyay).
- Qof ku noqon kara shaqadii uu horay u hayay ma jiro.
- Mid arday ahaa oo dib ugu noqon kara jaamacad ma jiro.

Wuxuu ku daray:

Waxaan wax idiin ku qabanayaa ama shaqaale dawladeed aad mar labaad ku noqon kartaan, ama arday wax barashadiisa sii wataa ku noqon kartaan sidaan:

- Hadba sida la idiin ka soo warbixiyo baa wax la idin ku qaban (yaa naga warbixinaya?)
- Iyo sida aad isugu daydaan in aad la qabsataan kacaanka.
- Iyo wixii dadaal fiican ah oo aad la timaaddaan waana la soconaynaa.

Hadalladaas markii uu lahaa M. Siyaad Barre waxaan is-weydiinayay: sida la idiin ka soo war bixiyo? Yaa iga war bixinaaya iyo sidee u la qabsan karaa kacaan? Ma garan mise waa in aan jaajuus noqdaa oo Cirday iyo Cabdullaahi Ismaaciil Cirro la shaqeeyo mise waxaan iska xaadiriyaa hanuuninta. Waan garan waayay mana waydiin karin su'aal Maxamad Siyaad Barre. Annagoo dhan waa ku yaabnay hadalladii ka soo yeeray Jaalle Siyaad.

Abbaarta 3dii ayuu istaagay oo yiri, nin walba halka uu rabo hala geeyo wuuna na macasalaameey. Maalintaas baa iigu horreysay iiguna dambaysay aragga Maxamed Siyaad Barre. Dhawrkii qof oo isu dhawaa hal baabuur baa na la ku qaaday. Aniga, Axmaddey Xasan Shuuriye, Saciid Faarax Gaalooti iyo Dhicisow isku baabuur baa na la ku qaaday.

Cabdirashiid Shire Bile, Ina Caarre, Qasaali, Raas iyo Maxmed Warsame iyagana waa la qaaday oo waannu kala tagnay. Dib waxaan u arkay intii aan joogay Xamar Axmed Cabdi Dhiciow, Axmed Xasan Shuuriye iyo Maxamed Warsame. Intii kale dib u ma rag. Xaafaddii Waabberi baa la i geeyay. Hooyo iyo dhammaan ehelkii waa joogeen. Soo dhawayn, farxad, iyo duco aan joogsi lahyn baa ii bilaabatay.

QAYBTA LIXAAD

XAALKII XAMAR YIIL IYO DAMASHAADKII XORRIYAD HELIDDA

Xorriyad qofkii waaya ayaa garan kara qiimaheeda. Waa sida caafimaadka oo ilaa qofku jirrado ma garto qiimaha caafimaadqabka. Ayaamihii hore ee aan xabsiga ka soo baxay xaaladdu waa ii fiicnayd. Dad badan oo qaraabo ah baa runtii iga taageeray dhanka dhaqaalaha ama jeebka, si fiicanna waa la ii sooryeeyey. Ilaa 30,000 oo shilin Soomaali ah baa i soo gashay bishii ugu horraysay ee aan xabsiga ka soo maqnaa. Ma badnayn balse berigaas lacag kuusan bay ahayd. Dhar fiican baan gatay ; surweello, shaarar, iyo kabo, si aan la iiga garan in aan ahay nin yaabban oo xabsi ka soo baxay. Waxaa khasab igu noqotay in aan dib u barto sida loo xarragoodo, waayo shan sano ayaan ahaa nin aan waxba ka duwanayn qof qaawan oo inta badan qol cid la' ah yuurura. Waxaan booqasho ugu tegi jiray asxaab aan isla xirnayn oo weli ku jira xabsiga, sida ilma-abtiyaashayo oo dhawr ahaa iyo asxaab kale oo aannu Qamta ceysh oo milix ku ahayn. Waxaan garan karay macnaha ay leedahay in qof xabsiga lagu soo booqdo.

Badanaa fiidkii waxaan tegi jiray guriga adeer Cabdisalaan Ismaaciil Faahiye oo runtii intii aan ku xirnaa Xabsiga Dhexe wixii aan dawo u baahdo ama Hooyaday u baahato nagu dhaqaalayn jiray. Waxaa taas weheshay anigoo gabadhiisa, Faadumo, runtii jeclaa ilaa iyadoo aad u yar oo Qardho ku nool, ayada oo markaas dhigan jirtay Kulliyadda Xanaanada Xoolaha. Ugu dambayn, aniga iyo Faadumo Cabdisalaam waxaan is-guursannay bishii Juun, 1989, carrurna Ilaah ba na kala siiyey, sidaad gadaal ka arki doontaan.

SAFARKII QARDHO EE ANIGA IYO HOOYO

Hooyo baa dabada iga gashay oo rabtay in ay ii kaxayso Qardho. Waxay ka baqaysay in mar kale Xabsiga la igu celiyo. Beer wax dhalay Allow ha cadaabin iyo Hooyo oo i oranaysa wa in lagu soo qaras faala oo aad caano geel soo dhantaa, si qurunku kaaga baxo. Hooyo qurun igu ma jiro markaan iraahdo waxaa furmi jirtay dood dheer oo waxay aamminsanayd in uu jiro qaras meel caloosha ka mid ah fadhiya. Waa arrin ummadda Soomaalida badi ay qabto. Waxaa lagu oran is-qarasfaal, si aad u fududaato.

Sagaalkii Noofembar baa aniga iyo Hooyo u safarnay Qardho. Gaari Izuzu ah ee nooca xammuulka ah baannu dusha ka kornay oo aan ka raacnay Yoobsan (Ceelgaab). Saddex beri baannu ku sii jirnay waddada dheer ee gobollada isku xiri jirtay. Waxaan ku hakannay Garoowe oo berigaas magaalo yar oo dansan ahayd. Sababtaan ugu hakannay waa ayadoo ay degganayeen adeerraday qaar ka mid ah, sida Cabdi iyo Kaarshe Xuseen (Ahn) oo aan sii salaannay.

Alle mahaddiis, Qardho baannu gaarnay.Waa magaaladii aan ku dhashay kuna soo koray ciyaalnimadii oo aan dugsiga dhexe uga baxay, shaqadii qarankana aan ku qaatay. Waa meel xasuus badan noloshayda ku lahayd ayna degganaayeen ehel ama qaraabo fara badan. Waqti barwaaqo ah ma ahayn balse ma xumayn oo runtii caano badan baan heli jiray. Caano geel oo dhay ah baa la ii rukumay, ka dibna waan shubmay oo qurunkii iyo qaskiinkii hooyo raadinaysay si fiican buu iiga baxay. Magaaladii waa la qabsan kari waayay oo waan yare dhibsaday, sababtoo ah markii aan magaalada dhex marayo dadka badankiisu waa garanayaan in aan xabsi dheer ka soo baxayna oo waa ay ka dheregsanyihiin. Qofkii aan salaamo ama la istaago badanaa waxay iiga sheekaynayaan dhib dhaqaale xumo oo haysata oo waxay is-leeyihiin ninkaan waa yaabbanyahay oo xabsi buu ka soo baxay. Waxaa is-weydiiyey, maxay iigu dayrinaayaan, ma anigaa wax waydiistay? Dad aad u qallafsan baan kula kulmay Qardho, taas oo aakhirkii keentay in aan keligay iska dhex socdo magaaladda oo aanan dadkaba waxba ku darsan, in yar mooyee.

Allaha u naxariisto, Bashi(Gacamey) Ciise Carshe baa iigu fiicnaa dadkii aan kula kulmay Qardho berigaas. waxaan xasuusta maalin inta aan isk helanay geedkii caanaha agtiisa, buu wuxuu igu yiri sidatan,"

Awoowe tolkaa xoolo baadiye bay leeyihiin, waan ku wadaaya oo baadiye baan xoolo kaaga soo ururin oo tolka baan so gacan marinaynaa : mid orgi nasiiya, mid geel na siiya , mid wan nasiiya , mid waxar ama orgi yar na siiya, wax waan kasoo helaynaa ee is diyaari kuna talagal in aan safrayno oo baadiye u socdaalayno"

Hadalkaas Baashi ciise Carshe aad buu ii taabtay , waxaana gartay in uu ahaa shakhsi ehel ah oo jecel in uu wax ila qabto.

"Awoowe waad mahadsantahay, waana ka qabaa , balse baadiye in xoolo layga ururiyo uma baahni mana u socdo" baan ugu warceliyay .

Awoowe waa ladnahay , lacagna waa haysta igu filan baan u sheegay! intaas markii aan ku iri, ayuu nafisay oo uu ogaaday in aanan gacan marnayn; allaha u naxariisto! Aamiin yaa Rabbi.

Waxaa kaloo aad iiso dhoweeyay Adeerkay Abshi Xuseen Nur Dhegay oo toban kun oo shillin i siiyay, igulana taliyay in aan iskaga baxo Somaliya (Allaha u naxariisti adeer fiican buu ii ahaa oo i dhaqaaleeya)

Waxaan ku fekeray in aan Xamar ku noqdo oo aan ka cararo Qardho iyo dayradooda anigoo aan waxba uga baahnayn. Balse sidee hooyo ugu sheegi karaa Xamar baan ku noqon oo ma sii joogi karo Qardho? Hooyo waxay qorshaynaysaa in aan miyi aado oo mudo ilaa saddex bilood ah ku negaado Qardho iyo baaddiyaheeda. Dadka badankiisu marka ay i arkaan waxay ii arkayeen sidii qof mucaawimo u baahan oo aan waxba haysan, aniguna lacag aad iigu filan baan wataa oo aan xitaa sannad iyo siyaado ku noolaan karo. Hooyo madaxaan isla galnay iyo waan baxaya, ma joogaayo, iyo ma bixaysid ee waad joogin. Habeen kasta dood bay noo ahayd, aakhirkiina hooyo waxay iga oggolaatay in aan Xamar ku noqdo. Waxaan ugu sheekeeyay in aan baxayo oo Carabta iska aadayo, sababtoo ah dalkaan wax shaqo iyo tacliin ah la iiga ma oggola.

Alle ayaa mahad leh e way iga oggolaatay. Sagaal beri markii aan joogay Qardho ayaan Xamar ku soo noqday waxaana aan degay Waabberi, meel aan ka dheerayn gurigii habayar ayaan la degay dhallinyaro qol u kiraysnaa.

KU SOO NOQDAY XAMAR

Markii aan imid Xamar waxaan la xiriiray dhallinyaro Sacuudiga joogta oo aannu isku iskuul Burco ahayn, sida Cabdullaahi Cabdulle, Maxamed Yuusuf Fagare iyo Cabdicasiis Maxamed Cali-Hayaan iyo kuwo kale oo aannu asxaab ahaan jirnay. Waxay ii soo direen lacag dhan 40,000 oo Shilin Soomaali iyo tii hore oo aan ka haysto ilaa 20,000 Shilin, intii kalena hooyo ayaan siiyay. Waa lacag igu filan in muddo ah. Qolka aan deganahay baan meel kaga qarsaday oo hadba waxaan la soo baxaa wixii aan uga baahanahay? bangi maba aaminsanayn berigaas.

Dadka aan shaqqayn ee Xamar ku nool baan xubin ka noqday. Subaxdii waxaan soo adaa Shabeelle iyo Kafateeriya Ilma Jaamac Magan oo Shabeelle ku dhawayd. Fiidkii badanaa waxaan galaa Shineemada Equatoore. Noloshii Xamar waxay ku socotaa sidii Jaalle Siyaad sheegay oo ah imisaa iga soo horjeestay oo gidaarka Shabeelle taagan? Kuwaas in aan ku biiraayo baa ii muuqata, sababtoo waxaad is arkaysaa adigoo taagan gidaarka Shabeelle oo ah meel ay ku kulmaan dad bilaa camal ah.

Waxaa lagu jiraa 1985 horraantiisi, wax aan hayana ma jirto, jeebkii waa sii socdaa wax i soo gelayana ma laha. Sidii baan u soo aadaa dhanka Shabeelle subax kasta. Maalin anigoo ka soo laabtay geeskii ay ku qornayd Alitalia, meeshii tigadhada diyaaradda laga goosan jiray, kana imid qaxwihii Ilma Jaamac Magan, baa waxaa iga soo hor baxay labo wiil oo mataano ahaa oo berigii la ixiray u baxsaday Kulmis. Mid ka mid ah waa waalanyahay, kan caafimaadka qabana kan waalan buu ilaalinayaa. Naxdin! Waa Axmed iyo Liibaan. Kii waalnaa baa i gartay, yaabka adduunka! "Maxamed Cabdi Caynab, ina-adeer…" buu i leeyahay. Waannu is waraysanay, aad baan u calool xumaaday markii la ii sheegay in Axmad ku soo waashay Kulmis. Liibaan wuxuu ii sheegay in berigii la i xiray iyagana la xiri lahaa oo dad badan la ururiyay oo u dhashay qabiilka kacaandiidka loo saaray, sidaasna ku galeen Kulmis.

Wuxuu ku daray, waxaan rabnay in aan ka soo halgamaan halkaas oo M. Siyaad Barre xukunka laga tuurno balse ay dhibaato la kulmeen. Waxay ii sheegeen, maalmo ka dib markii aannu balannay, in markii ay Kulmis tageen ay u tageen keligitaliye ka daran M. Siyaad Barre oo sidaas Axmed ku galay xabsi xun, sidaasna uu ku waashay, haddana ay ku soo noqdeen Xamar. Balse ay fiicanyihiin oo runtii aad loogu gurmaday dhan kasta ehelkoodna la joogaan, Axmedna hadda ay dawo u socoto. Labada wiil waxay ahaayeen reer Galkacyo. Reer Muduggu waa dad hiil leh isuna gargaara kana duwan dhaqanka Reer Bariga aan waxba is-tarin oo xaalkoodu yahay bakaylow nin iyo bur, nin walow nafataa iyo Nebiyow ummaddaa!

Sidaan ku ma sii jiri karo oo Xamar iska macaanso ma soconayso. Waxaan go'aan ku gaaray in aan isaga baxo Soomaaliya. Waxaa jirtay in nin uu ii ballanqaaday in uu iqaamo Sacuudiga iiga soo diro. Muddo waqti ah baa igaga dhumay mana suuragelin ballantaasi aakhirkii warkiisu been buu noqday.

GOOSTAY IN AAN DALKA KA HAAJIRO: DIYAARGAROW IYO DALLOWGII YEMEN

Berigaas Soomaalida waxaa loo cararayay oo la aadayay Yamen. Waxaa laga heli jiray shaqo macallinimo ah, lakiin anigu ma haysan wax shahaado ah, xitaa Lafoole. Balse waxaan bilaabay in aan raadsado shahaadadii dugsiga sare oo waxaa la ii sheegay in dugsiyadda hoose ee Yamen ay dhici karto in la ii qaato macallin, waana la soo baxay. Si aan dalka uga safro, waa in aan baasabboor helo. Nasiib darro. Magacayga, *Maxamed Cabdi Caynab* cid baasabboor igu siinaysaa ma jirto. Waxaan arrintaas kala tashaday nin aan abti u ahaa oo la oran jiray Mudane Ciise Faarax (Ahn) oo ay u furnayd makhaayadii African Village. Wuxuu iga ballanqaaday in uu baasabboor iiga soo qaadayo Cabdullaahi Gaafow oo madax ka ahaa xafiiska baasabboorrada saxiibna ahaayeen. Runtii, si sahlan baan ku helay baasabboor magacayga oo si kale u qoran leh: Maxamed Cabdi Jaamac (Caynab waa naanaysta Jaamac). Way noo socotay balse xagee ka helaa dal-ku-gal Yemen ah iyo shahaado?

Bishii Mey, 1986, habeen anigoo la socda koox asxaabtay ah una casho tagnay meel makhaayad ah oo la oran jiray Lafawayne oo markaas cusubayd baa waxaan meeshaas isku barannay nin la yiraado Cismaan Maxamud Xayle. Cismaan berigaas wuxuu ahaa nin dhallinyaro ah oo bulshay ah, xarrago badan, ganacsadena ah. Markii loo sheegay magacayga iyo in aan xabsi ka soo baxay ayuu ii qaaday caaddifad wayn. Sheeko dheer ka dib oo mudo bil ah socotay, waxaan u sheegay in aan jeclahay in aan aado dalka Yemen. Wuxuua iga ballanqaaday in uu iga taageerayo sidii aan ku heli lahaa dal-ku-galka Jamhuuriyadda Yementa Waqooyi. Waxaa sidoo kale aad iiga caawin jirtay in aan ku guulaysto arrintaas Batraan (Saynab) Karuur Ildab (oo hadda ku nool Bariga London) oo runtii aad gacan uga geysatay dhan kasta .

Aan soo koobee, dal-ku-galkii aan ku aaday Yemen labadaas qof baa mahad wayn ku lahaa, khayr Alle ha ka siiyo.

Cismaan saaxiib baannu noqonay oo aad baannu isugu soo dhawaannay ka dib markii uu ogaaday in adeerkay Dalmar oo walaashiis qabo uu ii yahay aabbe labaad. Wuxuu i baray dhammaan walaalahiis intii Xamar joogatay. Wuxuu noqday nin ku soo koray Xudur iyo Baydhabo kana soo jeeda dadka loo yaqaan Buraadshadlayda. Cismaan wuxuu qayb wayn ka soo qaatay noloshaydii Xamar oo wuxuu ahaa nin gacan furan oo deeqsi ah. Baasabboorkii buu iga qaaday wuxuuna igu yiri aniga ayaa dal-ku-gal ku soo dhufanaya. Sidaas baan ugu dhiibay. Isaga uun baa dabageli jiray, mar mar dhif ahna waa is-raaci jirnay. Saf dheer baa la galaa waxayna ku qaadatay in uu dal-ku-galkaa ii so saaro muddo labo biloog ah.

Maalin dambe, Cismaan oo ordaya baa iigu yimid gurigii aan degganaa wuxuuna ii keenay basaabboorkii oo ay saarantahay dal-ku-gal Yemen ah oo weliba nooca dalxiiska ah. Xaggee dalxiis ka jiraa, waxaan rabaa in aan mar Xamar ka baxo oo adduunka u shaqo tago e! Waxaan xasuustaa dharkii aan ku dhoofay, surweelkii, jaakaddii, niigteynkii iyo kabahaba Cismaan baa ii soo gaday. Si kale ku ma garatide, wuxuu ii noqday khadar eebbe ii soo diray, Alle ajar ka siiyo hana barakeeyo. Ninkii sidaas ii wanaajiyay adduunyo waa kala dhunnay, meel uu ka baxyana ma garanayn burburkii ka dib. Hase yeeshee, bishii Maarso ee 2019, anigoo ka dhoofaya Bosaaso una socda Dubai, si aan Sacuudiga oo aan ku noolaa ugu sii gudbo, ayaa waxaan ku arkay Cismaan Maxamuud Xayle oo dhex taagan Airportiga Bosaaso! Qacdii horeba waan is garannay, waana isku soo boodnay. Sheeko iyo waayo wayo iyo Cissmaanow iyo Maxamedow baa ka dhacday. Waxaan ku kala bayrnay Airportiga Dubai, isaga oo u socda dalka Sweden oo uu degganyahay aniguna waxaan u sii gudbay Jidda, balse saaxiibkay mar dambe ma annaan kala dhumin oo waan isla xiriirnaa. Maashallaah!

Markii aan dal-ku-galkii helay, waxaa timid su'aasha ah xaggee ka helayaa shahaado? Waxaan arrintii u soo bandhigay nin saaxiibkay ahaa (Ahn) oo la oran jiray Cali Cawke Yusuf oo haystay shahaado Lafoole kuna takhasusay afka Ingriiska. Markii aan u sheegay xaaladdayda iyo in aan socdo, dal-ku-galna aan haysto, wax hadal ah iga ma gelin e wuxuu i siiyay shahadadiisii oo igu yiri ku shaqo tag.

Bishii Juulay baan goostay tigid, Hooyana waa ii timid si aan isu macasalaymayno. Walow ay aad uga xumayd in aan ka tago Soomaaliya, haddana waxaan ku ganciyay in ay dhici karto in mar laab la i xiro. Waa beer wax dhalaye, markaas bay inta xasuus gashay igu tiri meel aad tagtaba Alle ha ku xafido. Hooyo waa i la joogtay ilaa iyo maalintii aan ka baxay Soomaaliya oo ahayd maalin Talaada ah taariikhduna ahayd 15/07/1986. Diyaaradii Alyamda ee Yementa Konfureed oo isaga duuli jiray Muqdisho - Jabuuti- Cadan – Sanca ayaan raaci doonaa.

Photo Kaah, aagga Dabka - 14/07/1986

WALAACII XAMAR KA DHOOFIDDA

Bal shan sano ka hor qiyaas inta aan le'ekaa oo aan jirdil, Laanta Buur iyo Xabsigii Dhexe ku soo qaatay mudo dhan shan sano ah oo noloshayda ka khasaartay! Ha khasaartee maxay igaga khasaartay? Dulmi iyo reerkaas baad u dhalatay!

Photo Kaah, aagga Dabka - 14/07/1986

Subaxdii, abbaarta barqadii ayaa waxaa Airportiga i keenay saaxiibkay Cismaan Maxamud Xayle iyo Hooyaday. Waan yare baqayey oo kalsooni ma qabin, sababtoo ah mamnuuc bay naga ahayd in aan baasabboor qaadanno ama dalka ka baxno oo haddii NSStu ogaato wax kasta waa suurtagal, ugu yaraan khashkhashaad iwm. Waan lebbisanahay, boorso yarna waa wataa, lacag oo dhanna waxaan ka wataa wax ka yar 200 doollar - Alle aammin baan ahaa.

Safkii garoonka diyaaradda baan galay, boorsadii baa la ii miisaamay wayna gudubtay. Intaas waxaa ordaya Cismaan Maxamuud Xayle. Waxaan saf u galay Laanta Socdaalka (Immigrationkii) oo inta ay hubiyaan baasabboorka ku dhufanaya shaabbadda bixitaanka. Waa markii iigu horreysay ee aan dhoofo oo waaba didsanahay. Waxaan ka baqayaa in kuwii baas (NSS-ta) igu soo baxaan oo diyaaradda iga reebaan. Alle magaciisaan ku dhaartaye, markii baasabboorkii la ii soo taagay oo bixitaan la iigu dhiftay baa waxaa ishaydu qabatay Axmed Daqarre oo ka mid ahaa kooxdii jirdilka. Asaga oo dhankayga u soo socda ina fiirinaya markaan arkay baan dhinac uga jeestay waana dhaqaaqay. Waxaan u socdaa in aan kuraasta fariisto inta diyaaradda la korayo, mise waa i daba socdaa! Waxaa igu soo dhacday hees la oran jiray "Dheeraa wakhtigu...." Kun wax baa ku soo dhacday maskaxdayda; ma ku qabanayaa? Ma diyaaradduu kaa reebaya? Naxdin, qarracan iyo wel-wel baa i soo foodsaaray. Anigoo aan weli fariisan buu isla kay soo taagay, wuxuuna igu yiri,"Walaalow adigaa Carab u socdee oo saacad heli karayee maad i siisid saacadda." Hal-haleel baan ugu furay saacaddii, anigoo dhinaca kale eegaya, si uusan u garan wejigayga oo buuxa, waana iska dadbay oo qof aan jirin baan u qaylinaaya "waryaa Caliyow i sug!" iwm. Saacaddii markii aan iska furay baan dhaqaaqay anigoo, Axmd Daqarre saacadda gacanta uga dhiibaya, sida orodka qori-isu-dhiibka. Wuu qabsaday saacaddii, mase garan karo in uu i yiri waad mahadsantahay iyo wax kale toona. Waan ka dhaqaaqay oo meel halkoo ahayd safka hore ah baan gees iska fariistay. U ma ekayn in uu i gartay.

Waan naxsanahay dhidid baana iga socda. Dad Yeman macallimiin ka ah baa dadka safraya u badan balse qofna ka ma garanayo. Waxaa socday dad badan oo kale oo hadda ku cusub tegitaanka Yemen, sidayda oo kale, mar-dhoof.

Waxaan fadhinnaba, Alle ayaa mahad lahaa e, diyaaraddii in la koro baa bilaabantay, waana koray aakhirkii. Alxamdu Lillaahi. Weli waxaan eeg-eegayaa dhanka dariishadda oo welwel baa igu jira in NSS-tii iga daba timaaddo oo diyaaradda iga soo dejiso. Waxaan maqli jiray dad bay ka la soo baxaan diyaaradda dhexdeeda. Ciddii soo gasha diyaaradda sas baan ka qaadayey. Aad baan ugu farxay markii diyaraddu ku orodday gegida duulimaadka ee ay kacaysay.

Diyaaradii waa kacday, Yemena waan aadnay, anigoo bilaa saacad ah laakiin niktayn ii xiranyahay si fiicanna u lebbisan. Waxaa cajiib ahayd in aan ku farxo ka bixidda Soomaaliya oo ahayd dalkaygii aan jeclaa! Isla markaa waxaad moodaysay in culays iga dhacay oo ah in aanan ka biqi doonin NSS-tii Aadan Cirday iyo Cabdiraxmaan Ismaciil Cirro. Waxaan soo taabtay runta oranaysay "Soomaaliya waxay ahayd xabsi dusha ka furan."

Dhanacayga kursiga waxaa fadhiya nin dhalin yaro ah oo Lafoole ka soo baxay, magaciisa wuxuu iigu sheegay Cabdulaahi Garoon, intii diyaardu hawada ku jirtay sheeko baanu wadnay iyo isbarsho!

QAYBTA TODDABAAD

WAAYAHAYGII YEMENTA WAQOOYI

Abbaarta saddexdii galabnimo goor ah baa diyaaraddii soo cagadhigatay garoonka caalamiga ah ee Sanca. Waa addunyo cusub, waxay ishaydu qabatay askar fara badan iyo haween kulli wada gashan dhar isku mid ah; cabbaayad wada madaw oo indhaha keli ah ka muuqdaan. Wuxuu ahaa dhaqan igu cusub, sababtoo ah Soomaaliya haweenku dirac, guntiino, canbuur iyo sarawiil bay gashanaayeen. In kastoo Soomaaliya Carabtii joogtay ay shuko madaw qaadan jireen, haddana wejigu waa u furnaa badankooda. Waxaan is kula hadlay in Yamen ay tahay dad diinta Islaamka ku dheggan. Maasha allah baan hoos ka leeyahay. Mana garan karin in ay tahay dhaqan Yementu leedahay iyo in aysan ahayn u hoggaansanaan diinteenna suubban.

Xafiiskii Socdaalkaan saf u galnay, Allena waa sahlay oo wax dhib ah ka la ma kulmin. Isla markiiba waxaa la iigu dhuftay saddex bilood oo joogitaan ah. Waxaa na waday macallimiintii ka soo noqday fasaxa Soomaaliya, waxayna noo sheegeen in ay jirto meel la yiraahdo Istaraaxo oo ah guri ay macallimiintu kiraysteen. Ilaa labo guri baa ku yaalla Sanca, waxayna noo sheegeen in kulligeen aanu wada aadi doonno Istaraaxadda. Dhawr gaari baannu isku gurney annagoo ilaa dhawr iyo toban qof ah. Lacagta waa la isla bixinay oo intii aannu joognay Airportiga baa qof kasta sarriftay doollar. Gaariga Dabaabka waa markii iigu horaysay oo aan maqlo. Waa caasi yar oo dhawr qof qaada lagana isticmaalo Yemen. Waxaa sameeya shirkadaha Izuzu iyo Nissan iwm. Waxaannu soconno, waxaan na la ku soo shubay Istaraaxadii macallimiinta.

Waa yaabe, waxaa fadhiya istaraaxada Axmed Cabdi Dhicisow oo aannu isla xirnayn, saaxiib fiicana ku noqonay xabsigii oo macallinkaygii hore ee Dugsiga Hoose ee Qardhana ahaa! Farxad iyo yaab wada socda bay ahayd. Wuxuu igu bilaabay, goormaad timid? Iska warran, waan ku faraxsanahay in Alle kaa soo saaray Soomaaliya. Allaa kaa soo saaray dalkii, ma hadal la is- dhahaa haddaan wax badan qaldanayn? Waa wax laga calool xumaado iyadoo in laga tago dalkii hooyo in la isugu tahniyadeynayo. Cajiib! Markaas qof kasta oo ka soo baxa Soomaaliya waxay u ahayd farxad, waayo ugu yaraan waxaad ka magangelaysaa NSS-tii iyo dulmigoodii. Dhanka kale, waad shaqaysan oo waxaad noqon qof naftiisa iyo dadkiisa wax tari kara. Marka aan xasuusto hadalkii Jaalle Siyaad ee ahaa "imisa baa iga soo horjeestay oo gidaarka Shabeelle taagtaagan?", kuwaas oo aan ka mid noqday dadkii uu sheegayey odaygu. Dhicisow oo ahaa saaxiibkaygi dhibka si fiican buu ii soo dhaweeyay. Gogol buu ii keenay, shaah ka dibna sheeko baannu bilownay. Dad badan buu i baray oo madax ka ahaa Istaraaxdda sida, Shiikh Cabdinasir oo dhawaan gacan ka xaqdarani ku dishay Kismaayo. Wuxuu ka mid ahaa odayaasha maamula Istaraaxadda. Wuxuu kaloo i baray nin ilaa hadda aannu saaxiib wayn nahay oo Bariga London ku nool oo la yiraahdo Xasan Maxamed Cumar (Xasan Dheere) oo ahaa macallin xisaabta Lafoole ka soo baxay. Xasan wuxuu Soomaaliya ka ahaa mar bare xisaab marna Maamule Dugsiga Sare ee Bartamaha (Xamar). Hadda xaafadda Woolwich waxaa looga yaqaana Macallin Xasan.

Habeenkii kowaad baa na loo sheegay xeerarka u degsan ku-noolaasha Istaraaxadda :

1-   Qaad in lagu cuno la ma oggola.

2-   Sigaar in lagu cabbo la ma oggola.

3-   Buuq iyo qaylo la ma oggola.

4-   Cunto karintu waa wareegto, haddii qof wax ka cunaayo Istaraaxadda, haddiise qofku bannaanka ka soo cunayo waa oggol.

5-   Nadaafadda guud, weel dhaqidda iyo xaaqitaanku waa meerto oo liis baa la soo dhejiyaa.

6-   Gogoshu waa in ay haggaagsantahay oo markii wax la cunayo joodariyada qaar waa la banneeyaa oo dhulka inta la dhigo sufrad (gogol balaastig ah) baa lagu cunaa qadada iyo cashada.

7-   Kabuhu meel gaar ah bay leeyihiin, waxaana reebbanayd in qof la soo galo qolka iskaalso aan nadiif ahayn. Bannaanka buu dhigaya ama wuu iska mayrayaa.

8-   Waxaa khasab ah in qof kastaa la baxo lacagta ijaarka iyo tan raashinka, haddii kale alaabta banaanka baa laguugu tuurin.

Waa markii iigu horraysay ilaa waqtigii Xalane ee 1977 ee aan arko Soomaali meel ku wada nool oo inta ay isla noolyihiin haddana xeerar kala haga yeeshay oo haddana la fulinaayo. Waa saamaynta qurbaha Yemen, waayo Yemeni meel sahlan ma ahayn. Si qofku u samatabaxo way adkayd, gaar ahaan qof Xamar ka yimid way ku adkayd si uu u la qabsado afka dalka, dhaxanta, iyo Yementii martida loo ahaa oo naftigeedii sabool ah oo aan waxba haysan. Rejada keli ah ee lagu noolaan karey Yamen waxay ahayd in aad hesho shaqo macallinimo ah, dhakhtar, ama kalkaaliye/kalkaaliso caafimaad.

Dhaxan xun oo qallalan oo jirka dhiig kaa keenaysa baa ka dhacaysa habeen iyo maalinba. Waxaan bartay in aan is-mariyo kaareemaha jirka. anigoo aan weligay isticmaalin, marka laga reebo kareemkii sabaadi iyo tii burcadka ee timaha. Durba waxan bilaabay in aan u hiloobo hawadii macaanayd ee Alle ku mannaystay Soomaaliya. Halkaan waxaa la isku dhabooqayaa dufan jir jajabka kaa difaaca, qof kastana jeebka wuxuu ku wataa mid yar oo bishimaha la marsado. Dhulkii hooyo dumarka keli ah ayaa wax marsan jiray bishimaha.

Lacagtii aan la imid waxay ahayd 150 doollar. Asbuucii waxaa igu baxa Istaraaxadda ilaa konton dollar: jiif, cunto iyo qaadka. Qaadka waa cunaa balse la iiga xariifsan oo waan liqi jiray, ka dibna calool qurun baa igu dhici jiray, sigaarkana waan cabbi jiray, in kastoo aan mar dame joojiyey. Saaxiibkii aan bartay, Xasan Maxamed Cumar, baannu isla qayilnaa oo sheekadii baa isigu kaayo baxday.

Asbuucii kowaad waan iska joogay oo badanaa waxaan fadhiyey istaraaxadda, sababtoo ah waxaa igu taagan welwel aanan garan sida aan xal ugu heli doono. Dadku dhammaan waxaa la ii yaqaannay Maxamed Cabdi Caynab, balse waxaan wataa shahaado macallinimo oo magaca ku qoran uu yahay Cali Cawke Yusuf. Cid aan u sheegan karo sirtaydana waxaa jiray Axmed Cabdi Dhicisow, sababtoo ah waa shakhsiga keli ah ee meshaan aan ka garanayo. Waxaan noqday qof iska maahsan oo aan faraxsanayn, sababtoo ah ma hayo lacag aan ku samaysto baasabboor waafaqsan shahaadada. Haddii la iiga baahdo xaqa mukhallas, wax aan siiyo ma hayo. 100-ka doollar ee ii soo hartay labo asbuuc keli ah bay igu filantahay. Maxaan sameeyaa? Sidee xal u helaa? Su'aalahaa iyo kuwo kaloo badan baa madaxayga ka guuxayey. Alloow sahal ammuuraha.

Sidaan soo sheegay, Xasan Maxamed Cumar baannu noqonay dad sheekadu isugu baxdo, waana wada qayilnaa galab kasta, annagoo fariisanna xaafad la yiraahdp Saafiya oo Sanca ku taal. Maalintii dambe, annagoo mirqaansan baan Xasan Dheere u waramay oo ku iri, "Xasanow maxaad ii taqaanna magac ahaan? "Maxaad uga jeeddaa?" ayuu yiri, isagoo i la yaabban oo indhaha igu taagaya, ilka caddaynayana. Waxaan uga jeedo anaa ku sheegine, magacay? "Ma mirqaankii baa kula tegay?" buu weli i leeyahay, isagoo yare qoslaya. Waxaan ku iri, "Xasanow, waxaan kuu sheegayaa in maanta laga bilaabo uu magacaygu yahay Cali Cawke Yusuf". Intuu qoslay oo i la yaabay buu yiri, "maxaad tiri?!" Waan ugu celiyay, magacaygu waa Cali Cawke Yuusuf, laga bilaabo saacaddaan aan joogno. "Maxaad uga jeeda?" buu Xasan Dheere igu soo celiyay. Waxaan gadaal ka ogaaday in Xasan naftiisu magaca ka beddeshay walaalkiis Xuseen, markii ay ka baxeen dugsiga sare, si Xasanna Lafoole u galo Xuseenna Jaamacad kale. Waxaan uga sheekeyey xaaladdaydii ilaa xabsigii, ilaa sida aan ku soo helay shahaadaan aan wato. Wuu i laa qushuucay oo i la caaddifooday, wuxuuna igu yiri arrintaan cid kale ha u sheegin waxaa dhici karta in lagu jaajuuso oo aad waydo baasabboorka ama xitaa Yementa ruuxeeda lagu sheego, waa aniga iyo adiga kali ah. Waa in arrintaani noqotaa sir culus ayuu hoosta ka xarriiqay, aniguna waa yahay baan ku jawaabay.

Aniga iyo Xasan Dheere ma kala harno aad bayna u korortay saaxiibtinimadayadii, in kastoo ay dhawaan bilaabatay. Wuxuu ii noqday runtii saaxiib fiican oo sheeko badan, waxaase noogu darnayd markii annagoo fiidkii dariiqii Taxriir ee Sanca dhex soconna aan soo ag marnay meherad digaagga lagu dubo. Waxay lahayd mashiin wareegaya oo dab gaas ku baxayo oo shiilaysa digaag. Waxaannu u bognay muuqaalkii digaagga shiilan. Waa casaan huruud ah. Xasan wuxuu ku hadlaa Af Carabiga fasiixa ah. Ninkii digaagga shiilayay buu la hadlay, markaas buu igu yiri, waryaa Cali Cawke, bahashaan waxaa la yiraahdaa "Dijaajatun Mashwiyah." Inta aan qoslay, anigoo ku qoslaaya magaca cusub ee Cali Cawke xiisaynaya baan ku iri Dijaajatun Mashwiyah! Dijaajah gartay oo waa digaaggeenniye, "Mashwiyah" maxay tahay?

Mashwiyah waxa weeye "way shiilantahay", wuxuuna ku daray intuu mid dhan dalbaday, "makuu dalbaa oo ma cunaysaa?" Weligay digaag ma cunin baan ku iri. Waa nin reer Mudug ahe inta uu dhaartay buu igu yiri, "adeer aniguba weligay anigoo aan cunin baan Sanca ku bilaabaye ee ma rabtaa bahasha?" Haye e i noo dalab hal xabo oo aan wada cuno. Intuu i fiiriyay, isagoo i la yaabban, buu yiri, "adeer aniga hal xabbo cidna i la ma cuntee adna xabbaada cun." Haye baan ku iri, waxayna ii ahayd markii noloshayda aan xabbad digaag ah oo dhan cuno. Waaw oo macaan badanaa!ar yaa reer tolkay, reer Qardho u sheega macaankeeda baan iskula hadlay…..waaba dhamaystay, isaguna sidoo kale.

Istaraaxadda waxaa jooga rag subaxdii hore oo dabayl xun oo qabow dhacayso kallaha oo intay dhar culus gashadaan shaqo taga. Waan warsaday waxaana la ii sheegay in Jaamacadda Sanca oo hadda la dhisayo ay u shaqo tagaan. Raggaasi waa xammaali tagaan oo ciidda, shamiitada iyo wixii shaqo gacameed ah baa loo diraa. Raggaan oo wada ahaa macallimiin sugaya inta la furayo shaqo qorista, biilkii nolosha iyo kharajkii Istaraaxadda baa la soo shaqeeyaa. Ninba timo xamar! Dhanka kale, waa ayaan darro. Raggani dhammaan waa macallimiin ka soo baxay Lafoole oo Istaraaxadda dhulka wada jiifsada, subaxdiina u wada kallahaya xammaali. Bal yaa carruurtii Soomaaliyeed wax baraya? Sanca waxaa ku yaalla labo Istaraaxo oo ay ka buuxaan macallimiintii qiimaha lahayd ee Lafoole ka soo wada baxay. Kuwo kale oo badan oo deggan magaaladda baa ayaguna jiray. Waa raggii ilmahii Soomaaliyeed wax bari lahaa. Dhanka kale, ma moogi in ay jiraan daruufo fara badan oo keenaya in macallinkii qiimaha lahaa u soo baxsado Yemen oo buuro dushood iyo nolol qarniyo hore laga soo tegay ku sugnaado. Anigaba naf baa i keentay iyo ka baxsad noloshii baqdinta lahayd ee Xamar taallay.

Waxaan xaqiiqsaday in Soomaaliya ay cagta saartay dariiq aan ka soo noqosho lahayn iyo burbur, sababtoo ah haddii aad rabto in aad qaran ama ummad halligto ama dumiso oo ay burburaan, adiga oo aan u baahan in aad xabbad la dhacdo, keli ah waxaa ku filan in tayada tacliinta aad hoos u dhigtid. Inta macallin ee joogta Yamen iyo kuwa jidka ku soo jira waxay ku tusinaysay in Soomaaliya burburayso. Waa waxyaabaha aan ka sheekaysan jirnay marka aannu qaadka cunno; yacni in Soomaliya rejadii dawladnimo sii socoto ayna yartahay.

Tan kale oo kuntusinaysa in Somaliya ay burburayso waa sidatan:

Waxaan ka mid ahaa ardaydii markii fasalka 8aad ka baxeen, kuwaugu darajada fiicnaa baa waxaa loo leexiyay dugsiyada farsamada, aniga waxaan nasiib u yeeshay Dugsiga Farsamada Gacanta Burco oo aan saddex sano ku baranaayay Makanikaal. Mar dambe, markaan Fransa tagay, dib baan u galay dugsi sare oo farsamo waxaana aan ogaaday in saddexdaa sano ay ahayd khasaaro oo aanan runtii wax la taaban karo ka baran. Waxaan ka bartay keli ah sida birta loo qoro ama toornada oo adduunka reer Galbeedka lagu barto wax ka yar bil, meeshii aannu ku qaadannay saddex sano! halkaas waxaa ku khasaaray ardaydii IQ fiicnayd oo dalka wax tari lahayd , runtiina tallo fiican ma ahayn in ardaydii Drs-ka, Injeerka, Cilme baarre iwm noqon lahayd loo weeciyo farsamo gacan oo mustawaheedu aad u hooseeyay, yacni burburka Somaliya lagu waday bay ka mid ahayd sida aan qabo.

Tan kale oo burburka tacliinta qayb ka ahayd waxaa ka mid, labadii goosan ee hore mooyee, ardada loo qaatay macallimiin PP (Primary Program) in ka mid ah in aan loo tixgalin shuruudihii macallin ruuxa noqonaya laga rabay in uu buuxiyo, sida dhacda adduunka hore u maray macallinka soo barbaarinaya ardayda dugsiga hoose dhexe waa in uu yahay kan ugu qiimaha badan uguna muhimsan iyada oo laga fakarayo mustaqbalka carruurta uu barbaarin doono iyo waxbarshadooda. Sidoo kale ayaa Jaamacadahiina waxaa galay dad lahaa IQ dhex-dhexaad ah (avearge), waana waxa na haysta maanta, marka aynnu aragno kuwa inoo soo baxay ee xukunka maanta qabanaya. Runtii, mujtamac burburkiis waxaa ku filan tacliinta iyo macallimiinta tayadooda oo la xumeeyo. Markaas mujtamacu isagaa iska burburaya, sida Soomaaliya haysatay 34dii sannadood ee la soo dhaafay.

MAALMAHAYGII MAGAALADA SANCA

Toban berri markii aan joogay Sanca baan subax waxaan raacay raggii xammaalku aaday Jaamacadda la dhisayo. Waxaannu soconno oo hadba dabbaab korno, waxaannu iska xaadirinnay safkii shaqada, waana aroor hore - lixdii subaxnimo. Shaqaalaha sabax kasta waa la kala doortaa, waxaana dooranaaya niman Filibbiin ah oo dhismaha kunturaad ku haysta. Safkii baa la iga la soo baxay oo waxaan ka mid noqday dadka maanta shaqaynaya. Magacaygii baa la qoray, ka dibna waxaan weydiiyay imisa baan ku shaqayn halkii saac? Saddex Riyaal baan bixinaynaa halkii saac, waqtiga salaadda 15 daqiiqi baad leedahay, duhurkii qadadana hal saac oo nasasho ah baad leedahay. Way i laa yaraatay waana saluugay markaan arkay dhaxanta ka dhacaysa meessha. Waxaan is iri macquul ma aha saddex Riyaal saacaddii. Waxaan u sheegay Filibbiinkii in saddex Riyaal ay yartahay. Wuxuu iigu jawaabay orodoo raadso meel kale oo intaa ka badan aad ka helaysid, magacaygiina wuu ka tirtiray liiskii shaqaalaha. Aniga iyo labo kale baa ka soo noqonnay oo bilaa shaqo ah. Ragga badankii waa shaqaysanayaan oo way la qabsadeen. Istaraaxaddii baannu isku shubnay. Galabtii baannu soo aadnay baar Soomaalida macallimiinta raadinaysa ay ka qaxweeyaan oo ku yaal dariiqa Taxriir. Wuxuu lahaa balbalooyin iyo barxad fiican oo la fariisto. Baarkii sidii aan u fadhinay baa waxaa soo galay dhallinyaro Filibbiin ah iyo macallimiin Soomaali ah oo soo xamaashay. Ninka Filibbiin ah waa mid markii aan safka ku jirnay aan Af Ingiriis ku la sheekaystay. Salaan ka dib, wuxuu igu yiri, maxaad uga soo tagteen shaqadii haddii lagu siiyay? Waxaan ku iri, saddex Riyaal way yartahay iyo shaqada oo adag wax la qaadan karo ma aha. Inta yare fekeray buu wuxuu igu yiri, ”Maanta ismisaa baa ku soo gashay”? Wax iga baxa mooyee waxba i ma soo gelin baan ugu war celiyay. Maalin aanay waxba ku soo gelin waxaa ka fiican maalin wax yar ku soo gasho ayuu igu yiri. Weertaas waxay ii furtay waayo cusub, fikir cusub, runtiina waan qaatay. Noloshayda saamayn wayn bay ilaa maanta ku leedahay weertaasi oo aan xitaa ilmahayga waan ku barbaariyay. Qof kasta oo Soomaali ahna aan ku baraarujiyo in shaqo keli ah ay muhiim tahay iyo maalintii ay wax ku soo galaan balse aanay muhiim ahayn inta ku soo gasha. Waa aragtida dalalaka Aasiiyada fog ku horumareen oo dhaqaalahooda wax uga beddeleen. Aasiyada fog waa soo kacaysaa Afrikana waa sii degaysaa, dhaqaale ama teknoolajiyad ahaan.

Shaqadii aan ka soo tagay baan dib u bilaabay. Alle mahaddiis, waxay ii noqotay naas la nuugo oo maalintii aan dan leeyahay waan gooyaa, maalintii kalena waan shaqaystaa. Macallimiinta waxaa qaadata Wasaaradda Waxbarashada iyo hay'ad la yiraahdo Dugsiyadda Macaahidda Cilmiga, waana Ikhwaan Muslimiin oo dhanka anshaxa diinta ayey culays saaraan.Waxaa madax ka ah nin Soomaali ah oo la oran jiray Cabdulqaadir Gabayre (Ahn) – waa dambe ayuu Xamar ku geeriyooday. Asaga oo Madaxtooyada ka soo baxaya ayaa waxaa haleelay madfac habow ah. Yemen ka dib wuxuu ku noolaa dalka Poland. Dhab ahaan, geerida Gabayre si gaar ah baan uga naxay, waayo wuxuu ahaa nin aad u firfircoon in badanna nadiif ka ahaa qurunka qabiilka oo markuu madaxda Yemen ka ahaa gurigiisu wuxuu noo ahaa xarun, dadkana isku si buu wax ugu qaban jiray. Nin aad u macaan ayuu ahaa oo kolba aniga xiriir gaar ah baannu lahayn wuuna ii tixgelin jiray dhibkii iga soo maray xabsigii oo xitaa wuu ogaaday in Cali Cawke uusan ahayn magacayga runta ah.

MA LIHID XUQUUUQ BAASABBOOR – DANJIRE TAREY

Maalin dambe waxaan ku kallahnay, aniga iyo Xasan Qunsuliyadda Soomaalida, aakhirkiina waannu galnay. Waxaa Qunsul ka ahaa nin la oran jiray Xasan Tarey (Ahn) oo ay Jaalle Siyaad is-xigeen. Foomkii dalabka baasabboorka waan buuxiyay, lacagtiina waa la iga qaaday."Labo beri ka dib soo raadso basaboorka haddii laguu sameeyo" gabadhii xoghayna ahayd baa sidaas igu tir. waa yahay iyo mahadsanid
.

Banaanka markii aan u soo baxay baan waxaan ku arkay nin aannu diyaaradii Alyamda isla fadhinay, Abdullaahi Garoone. Warba waa kan! wuuna arkaa in aan ka soo baxay xafiiskii baasaboorrada laga dalbanayay! Tub qabaa takaraysan baan maqli jiray. Waxaan isla markiiba aamminay in ninkaan uu i fashili doono oo sheegi doono in aan baasaboor watay oo diyaarada isla soo raacnay. Wax baa baallahayga yaacay!Wax baa baallahayga yaacay!

Ninkii oo barxadda taagan oo rag kale oo safaardda ka shaqeeya la taagan baan u yeeray, wuuna ii yimid isagoo dhoollacaddaynaya. "Maxaa maanta kaa soo galay qunsuliyadda" ayuu i waydiiyay, wuxuuna ku daray "ma ogtahay in qunsulku adeerkay yahay oo aan gurigiisa degganahay?"mar labaad Wax baa baallahayga yaacay!Wax baa baallahayga yaacay!

Waxaan go'aansaday si deg deg ah in aan runta u sheego, ugana digo in uu wax warbixin ah iga siiyo qunsulka. Waxaan u sheegay xaaladdayda dhabta ah; in magac been ah aan wato; in aan baasaboor cusub u baahanahay! Waxaan kaloo u sheegay haddii aad sirtayda u sheegtid Xasan Tarey (qunsulka) oo aad i fashilisid, ogow in aad naftayda khatar gelinaysid oo ay wax kasta iga suura galaan, xitaa in aan mashiidyo kugu noqdo. Waxaan u la hadlay sidii qof aan waxba dhowranayn oo runtii kax taagan. Cajiib! si fiican buu ii dhegaystay Abdullaahi Garoone, intii aan hadlaayay hal weer ah afkiis kama soo bixin.Markii warkayga dhameeyay ayuu hadalkii qaatay , wuxuuna ii ballanqaaday in uu i caawiyo mooyee in uusan wax dhib ah ii geysanayn, wuuna kasoo baxay ballantaas oo wax dhib ah ii ma geysan.

Labo berri ka dib baan ku so noqday Qunsuliyadii anigoo hoos ka ducaysanaya oo rejo ka qaba in aan helo baasaboor cusub, Yaa Rabbi. "Dalabkaagii markii loo geeyay Xasan Tarey wuu diiday in baasaboor laguu sameeyo" waxay ahayd hadalkii gabadhii xoghaynta ahayd, waxayna isoo celisay waraaqahii dalabka, sawirradii iyo lacagtii oo dhan!

"Sababtu maxay tahay uu iigu diidday" baan waydiiyay.

Wallaahi ma garanaayo bay si sahlan iigu jawaabtay.

"Ma u geli karaa qunsulka, si aan u la hadlo?" baan waydiiyay.

"I sug waan soo warsan" bay igu tiri, aakhirkiina waa uu diiday in uu i qaabbilo ama na qaabbilo aniga iyo Xasan. Waxaan is-weydiiyay, tolow ma waxaa gaaray in aan xirnaan jiray iyo in aanan magacaas lahayn. Waxaan xaqiiqsaday in uusan war qabin oo haddii uu sir iga ogaan lahaa intaas iyo muranba ma jireen. Ma uusan ogayn in aan la i oran Cali Cawke, waayo waxay ahayd sir aniga iyo Xasan Dheere keli ah nagu kooban. Waxaan eersaday meesha aan ku dhashay ee Qardho oo Cali Cawke wuxuu ahaa nin isaguna ku dhashay Qardho.

Maalin dambe oo aan ku so noqday Qunsuliyadda baan Xasan oo barxadda rag kale ka jooga waydiiyay sababta uu iigu diiday basaboorka! Miyaanan Somali ahayn? Miyaanan xaq u lahayn? Iwm. Markaan waydiiyay sababta uu iiga qaban la'ayahay codsiga baasabboorka, wuxuu toos iigu jawaabay "Mahbar baad tahay." Wuxuu ahaa nin hadalkiisu cadyahay oo aan la gabban oo colaad u qaba dadka lagu tiriyo kacaandiid. Dhalashada Qardho oo keli ah baa iigu filan in xuquuq kasta la ii diido. Balo ku degtay!

Ka ma annaan harin ee asbuucii labada jeer ee codsiga baasabbooradda la qabto waan tagaa Qunsuliyadda waana u gooya xammaalka. Ugu dambayn, waxaa i bartay Xasan Tarey, wuxuuna igu oran jiray, "meel kalc ka raadso baasabboor." Nin Yemeni-Soomaali ah iyo gabar baa qabta codsiga iyo lacagta. Ninku waa uu ila caaddifoodaa wuuna ka xumaa oo wuxuu igu oran jiray markii aan isku aragno meel ka baxsan Qunsuliyadda, "Wallaahi adiga iyo daktoorka xaalkiinna waa ka xumahay, anigu waxba ma idiin qaban karo, mana u hoos gelin karo, sababtoo ah adigana Qardhaad ku dhalatay dhakhtarkuna Gaalkacyo buu ku dhashay. See wax loo qaban karaa, Qardho iyo Gaalkacayo? Warka waa iska cadyahay nooh!" Inta aan halkaan joogo waxba ku ma siinayo oo af cad ah buu Xassan Tarey igu yiri aakhirkii markii aan ka badbatay.

   Meeshii waxaan ku bartay oo isaguna dhibka i la qaba nin Dhakhtar ah oo la oran jiray Axmed-Bashiir Cabdullaahi Hoolif (Dr. Hoolif) Ahn. Dhakhtarka baasabboorkii baa ka buuxsamay oo baal wax loogu dhufto ma laha. Wuxuu eersaday in uu Gaalkacyo ku dhashay, taas oo keentay in loo diiday cusboonaysiin. Aabbihiis wuxuu ahaa jeneraal ciidammada Soomaliya aad looga yiqiin lixdamaadkii. Ka dib safiir buu ka ahaan jiray dalka Suudaan, intaan Kacaanku xirin muddo dheer. Wiilkiisii oo dhakhtar ahna waa kan loogu dawgalay inuu Galkacyo ku dhashtay ama ninkaas caanka ahaa dhalay. Bal heerka dulmigaasi gaaray eeg!

   Talaa igu barraahsatay, maxaan sameeya? Dhawaan waxaa la qaadanayaa macallimiintii oo haddii aanan helin baasabboor waa jab iyo naaso-beel iyo camal la'aan Sanca ku joog. Nolosha Sanca waa mid adag oo dalku waa sabool, dadka muuqaalkooda waad ka naxaysaa. Annagoo liidanna baannu u nimid qolo naga liidata! Asxaabtaydi wax i la raadinaysay waxaa ku soo biiray nin aan is barannay oo ayaantaa Baqdaad ka soo galay. Waa injineer dhanka korontada ah waxaana magaciisu ahaa Maxamed Cabdi Kulmiye. Hadda wuxuu ka yahay masuulka labaad safaaradda Soomaaliya ee Baarliin, Germany. Waa dhexe waxaan ku kulannay Jidda isagoo ka ahaa Qunsul Guud oo aad loo ixtiraamo. Labo nin baa garbaha iga kala taagan sidii la iigu heli lahaa baasabboor, ayagoo i la halgamaya. Maalin waxa dhacday in Kulmiye uu jaakad iyo niigteyn uu qaatay, isagoo gacanta ku sii qaatay codsigaygi baasabboorka iyo kii Dr. Hoolif, bal in uu wax ka soo dhammayn karo. Nasiib darro, wuu ku soo guuldaraystay. Bal adigu Qardho iyo Galkacyo meel u dhaaf bay noqotay natiijadii.

Dr. Hoolif Yamen wuu ka tegay oo wuxuu aaday dalka Suudaan. In uu doon raacay baan filaya mase hubo, waa sida la ii sheegay, si uu u helo baasabboor Soomaali ah oo uu xaq u leeyahay. Dhibka iyo dulmigana waa iiga horreeyay oo anigu waxaan ku soo biiray isagoo dhowr bilood la rafaadinayay in loo cusbooneysiiyo baasabboorka. Wakhtigaas baa iigu dambaysay dhaktarka, waxaana aan filayaa in uu mar dambe ka shaqayn jiray gobollada Puntland, dhakhtar ahaan. Dabcan, halkaas baasabboor iyo sharci midna uga ma baahnayn.

Waxaa la gaaray bishii Sibteembar oo waxa bilaabatay macallin qaadashadii, waxna gacanta ku ma hayo. Macallimiintii Istaraaxadda way i la yaabbanyahiin oo waxaa isu qaban la' ninkaan marna xammaalka u socda marna meelahaas iska warwareegaya. Xaalkayga waxaa la i weydiiyaa gaar ahaan Axmed Cabdi Dhicisow, isaguna u ma baxo. Saaxiibkay Xasan Maxamed Cumar waa la qaatay oo Wasaaradda Waxbarashada baa siisay kunturaad shaqo macallinimo oo waxaa lagu qoray magaalo loo yaqaan Tacis oo dhawaan waa uu iga tegayaa. Waxaa bilaabatay in macallimiintii ay kala shaqo tageen. Badankood waa baxeen saxmaddii Istaraaxadduna waa yaraatay balse weli Xasan loo ma sheegin marka uu baxayo oo waxaa uu sugaya in sharci (Iqaamad) loogu soo dhufto baasabboorka.

Galab bartamaha Sibteembar ahayd, goor casar gaaban ah baa Xasan oo ordaya iigu yimid Istaraaxaddii. "Waaryaa soo lebbiso soona qaad codsigii iyo sawirradii oo ina keen, dhakhso, waxna ha i weyddiin inta aynnu ka baxayno Istaraaxadda." Haye! Haye! Is-deji keli ah baa afkayga ka soo baxday. Waannu is-raacnay, dabaab baannu ku dhacnay. Xasan wuxuu ii sheegay in uu la soo kulmay qof haween ah (Cumar Maxamud - Reer Khalaf ah) oo Xasan Tarey habaryar u ah, isla markaana uu Xasan Tarey ina-adeerkiis u dhaxda. Waxay u egtahay waddo la helay rejana jirto. Waxay ku soo tiri Xasan, isla caawa ii keen codsiga iyo sawirrada, waxayna ku dartay wax lacag ah ha ka soo qaadin wiilka, isagaaba la dhibaye. Magaceeda ma xusuusto waxayna la deganayd oo marti ku ahayd guriga Qunsulka.

Xasan meel dhexe buu igu dejiyay oo yiri meeshaan igu sug, wuxuuna ku daray, "Xasan Tarey gurigiisa yuusan kugu arag." Isagaa u geeyay waraaqadihii oo u sheegay in uu iska kay soo reebay isagoo ka baqay in uu Xasan i arko. Dhib ma laha berri baasabboorkiisa waan u keenayaa, markaas baan arki doonaa wiilka bay ku soo tiri Xassan. Xasan oo buubaya oo faraxsan baa ii soo noqday wuxuuna igu yiri, baasabboorkii berri waa haysataa ee sidaas ku seexo. Khayr Alle ha ka dhigo.

Galabtii dambe baannu aadnay xaafad ay Xasan u sheegtay in annu ugu nimaano oo Saafiya ku taal. Afartii galabnimo baannu iska xaadirinnay meeshii ballanta. Waan is-baranay gabadhii, wax wayn bay i tartay. Markii aan fariisannay bay gacanta iigu soo taagtay baasabboorkii oo samaysan oo uu ku qoranyahay magacii shahaada, Cali CawkeYuusuf. Salaatu shukri baan tukaday, sababtoo ah waxaan ku jiraa badbaado naftayda iyo bal noolow. Gabadhii si wayn baan ugu mahad celiyay. Meeshii baan ku bururay oo ilma uun baan iga imaan, yacni dareenkayga iyo dhibka ay iga furatay. Baasabboorkii baannu aniga iyo Xasan fiirfiirinay, mise wallaahi wuxuu u qoranyahay sidii aannu rabnay - Allaa mahad leh.Subaxdiiba waxaan u tegay Cabduqaadir Gabayre, si baasabboorka gelid loogu soo dhufto oo aan markaas macallinnimo raadiyo. Wasaaraddii Waxbarashadu waa i dhaaftay balse weli waxaa wax qaadanaya macallimiin Macaahidda Islaamiga ah. Imtixaan baa la iga qaaday, si aan u noqdo macallin English, wuxuuna ahaa imtixaankii iigu fududaa: Weero hadda ah (present) ka dhig wax tegay (past).Tusaale, I am eating (present) ka dhig wax tegay, sida I ate, iyo present perfect, I have eaten my breakfast, ka dhig past perfect, I had eaten my breakfast. Natiijadii waxay noqotay

10/10. Imtixaanka waxaa qaadaayay Masaari. Isla markiiba waa la i qaatay waxaana la ii diyaariyay meeshii aan aadi lahaa oo ka shaqo bilaabi lahaa.

Waxaa la ii sheegay in aan aadayo gobolka Xudayda, tuulo la yiraahdo Bani Naafic. Waxaan sugayaa in aan raaco maamulaha dugsiga la igu qoray oo imanaya dhawr beri ka dib. Wixii habraac ah ee la qabanayo, sida iqaamada, in la igu daro liiska mushaharka, waxaas oo dhan waxaa ku shaqo leh Mudane Gabayre oo meesha madax ka ahaa. Saaxiibkay Xasan meel fiican buu iiga tegay iyo anigoo imtixaankii ku gudbay oo kunturaad saxiixay, lakiin meel la igeeyay iyo si aan isaga war heli doonno waxaa ugu soo horraysa fasaxa 15ka beri ah ee so socda.

TUULO DAMEER GAADIID U YAHAY

Dhawr beri ka dib, Gabayre ayaa ii sheegay in aan diyaargaroobo, waayo maamulihii dugsiga ayaa yimid, wuxuuna wadanayaa aniga iyo saddex Masaari ah. Taxi Peugeot 404 ah oo qaddiim ah baan isku gurney dhammaantayo

Dhawr saac ka dib waxaannu gaarnay anagoo nabad ah Xudeyda oo ah magaalo xeeb ku taal. Kulayl iyo hanfi waa sida Berbera iyo Bosaaso oo kale. Xudeyda waa meesha uu ka yimid al-fannaan, macallinkii muusiqa, Maxamuud Ismaaciil Xuseen (Xudeydi) (Ahn). Ka dibna taxi kale baannu ku dhacnay oo waxaannu aadnay magaalo la yiraahdo Zabiid oo ku tiil dhulka loo yaqaan Tuhaama. Waa dhul aad u qallafsan waxaana ku badnaa dadka Xubuushta ah. Waxaa ka dhacaya bus iyo dabayl oo indhaha kaa gelaya. Waa meesha ay sheegtaan in Jabarti Ismaaciil ka yimid, asalka Daaroodka. Anigu waan diiday meeshaas foosha xun in aan asal ahaan ka imid. Taxi kale oo Landcruiser ah baan racnay oo markaan waxaa la marayaa dhul buuraley ah oo baabuurka shaaggaa uun ba rogmanaya, tartiib.

Dhib, daal iyo boor ka dib, waxaan tagnay suuqii Axadda ee la sheegayay. Waa suuq laga adeegto, saxmad fiican baa ka jirta, meel waadi ah buu ku yaal, cooshado baa ku yaal. Shaah , Jabaati,Bariis iyo fuul mooyee wax kale lagama cunayo, wixii aan cuni karay baan iska cunay.Yementii meeshaas joogtay baa riwaayad ii noqotay. Waa dad aad u gaagaaban, qof kasta caloosha ku wato mindi ay ugu yeeraan Jambiya. Dharka ay gashanyihiin waa wax googarad oo dulac leh ilama qurxoonayn. Badanaa waxaa shaararka ka muuqda dhidid, mid kastana afkaa u buuxa oo taqsiin qaad baa ugu jirtaa. 99% rag iyo dumar sigaar, shiishad bay dhuuqayaan .Kaaga darane, mid kasta afka buu la gelaaya meesha laga dhuuqo shiishadda oo nadaafad maba ka fekarayaan! Xitaa is kama masaxayaan, yaab baa iga soo haray!

Marka ay hadlaan neefta afkooda wad dhibsanaysaa, lakiin maba fahmo lahjadooda oo waan iska aammusanahay. Indhaha uun baan kala socdaa. Yementu ma sidaan baa? Shaqo, orod, qof meel fadhiya ma jiro, xitaa kuwa shiishadda dhuuqaya waa sida quraanjada , kulli orod bay ku jiraan, yaab. Intay afka la galaan afka shiishadda oo dhuuqaan bay ka ordaayaan, in yar oo odayaal iyo habro ah mooyee.

Hal saac markii aannu joognay baa waxaa ishaydu hal mar qabatay boorsadaydii oo lagu rarayo dameer dushiis. Yaab! Maxaa dhacay? Waan soo orday oo Yemenigiii boorsadayda rarayay baan ku iri, inta aan qabsaday boorsadii, maxaa dhacay oo aad boorsadayda u saaraysaa dameerka? Yaa ustaad, Bani Nafiic baabuur ma tago, dariiq ma lahaa oo waa buuralay buu iigu jawaabay. Waxaa soo orday ninkii Sanca naga so waday oo maamulaha ahaa, maxaa dhacay? Waxaan weydiiyay, haddii aan Bani Nafiic baabuur tegin anigu waxaan ku noqonayaa Sanca, ku mana raacayo, balse ma ahayn hadal oo iga dhab ah, xaggee ku noqon? Ma xammaalkii dhibka badnaa iyo dhaxantii bannaanka aan u taagnaa. Yaa ustaad, kunturaad baad saxiixday, meel kale shaqo ka ma helaysid, ee na raac waa kuu roontahay baa la iigu jawaabay. Inta aan yare fekeray baan sii dhadhansaday weertii waa kuu roontahaye. Allay lehe waa runtiis waa in aan raaco oo meel aan ku noqdo ma joogo. Wuxuu igu dhiirrigelinayaa maamuluhu sidaan,"Waa dhul fiican oo wuxuu ku faanayaa in bun u baxo oo dhul qurxoon aan tegi doonno", si kalsooni ahna wuu u hadlayaa.

Waxaan aad u jeclaystay sida ninkaan Yemeniga ahi waxa uu haysto ee bunka iyo buuraha cagaaran ugu faanayo oo wax qurxoon uu uga dhigayo. Mindhaa Soomaali baan ku faanin waxa Alle siiyay oo nimce ah, illeen maba garanayaan nimcadda ay ku dul noolyihiin. Kala-maan, kala fogaa oo labada caqli kala durugsannaa! Inta aan ka tegay baan meel cooshad ah shaah ka dalbaday, xabbad sigaar ahna wa ku dhuftay, bul bul! Feker iyo maxaan yeelaa?

Wax kasta waa nasiib oo macallimiin baa lagu qoray meelo u jira Sanca wax ka yar 10 kiilomitir. Dameerihii baannu daba galnay; lix dameer baa noo raran dhammaantayo. Waa buuro cagaar ah lakiin waa buuro aad u dheer oo dhabbe cad oo dadku maro baa dameerahii is-daba joogaan, kulligeenna waannu daba soconnaa. Yementu waa sida Soomaalida. Farta bay kuu godayaan oo wuxuu noo sheegay in ay tahay hal saac oo socod ah, haddana waxaannu soconnaa ku-dhawaad labo saac. Masaaridii qaar baa is-gooyay oo waa dad buurbuuran oo socon kari waayay, akhirkiina labo waxaa la saaray dameerihii. Waxaa lugaynayaa aniga iyo mid la yiraaho Jundi oo dhallinyaro ahaa. Waxaannu soconno, maqribkii baannu gaarnnay meeshii dugsigu ku yiil. Waa buur dusheed oo dugsiga iyo labo guri keli ah baa ku yaalla.

Aniga iyo masaaridiiba hal qol baan na la wada siiyay in aan degno oo seexanno. Dad badan baa noo yimid oo waa na la soo booqday. Raashin casho ah baa na loo keenay: Bariis,fuul karkaraysa, jabbaati balballaaran iyo shaah. Wixii baannu cunnay, Yementiina waa na la cuneen. Af kala-qaad baa igu dhacay, kulli dadkii gacantaa la geliyay, hal weelna waa ku wada faraxalannay oo gacantaa la geliyay. Ku ma faraxsanayn hal meel oo gacanta la wada geliyo, maxaan sameeyaa? Waa ku-qabsatay. "Haddii aad Roma joogtid, samee waxa Roomaanku sameeyaan" bay ahayd oraahdu.

Maamulihii baan ku iri xagee seexanayaa? Wuxuu ii sheegay in qolka aan Masaarida la seexanayo, waanse ka diiday oo inta aan boorsadaydii la soo baxay baan ku iri anigu Masaari la ma degayo. Haddii meel kale aan la ii hayn, ii fur qol fasal ah. Ugu dambayn, qol meel kale ku yaal buu joodari ii dhigay, waana seexday hebeenkii kowaad markii aan salaadihii iska bixiyay. Waxaan u seexday sidii caleen geed ka dhacday, dug baan iri. Musqushu waa saf oo hadba qofkii u soo hor mara baa gelaya, afartayadii. Yaab wuxuu ahaa markii labaad ee aan musqul u galo saf, sida berigii xabsiga, haddana Masaari baan saf la gelayaa!

Shaah Masaaridii karisay baan wax ka soo cabbay, hal jabaati ahna waa so cunay. Raashinka waxaa na loo diyaariyay meel aannu wax ku karsanno oo debad ama haan gaas iyo kariso baa yiil, qol yar oo meel gees ah ku yaal oo musqusha ku dhow. Subaxdii waxaa la gelaayaa xisad oo markii aannu nimid baa qof kasta waxaa la siiyay xisadda aad dhigaysid goorta iyo fasalka aad dhigaysid waana dugsi dhexe. Waan lebbistay, surweel, niigteyn, shaar iyo kabo iskaarbo ah oo ah kuwii aan diyaaradda la soo raacay baan isku jufay. Niyadda waxaa igaga jirta muuqaal fiican ha lagugu arko, anigoo sidaa u lebbisan oo hadba niigteyn isku dhuujinaaya ayaa waxaa i arkay yarkii dhallinyarada ahaa ee Masriga ahaa (Jundi)."Yaa ustaad, maalak?" buu igu yiri, wuxuuna ku daray, "anta ayna yaa ustaad, leesh talbis kidaa? Waa eesh hadaa annaaqah?" Wuu i la yaabbanyahay. Waxaan iri, "Leesh yaa akhii? Naxnu mudarrasiin! Wal yoom awal yoom fi-daraasah! Nacam, laasim talbis kuways wa mandarak jamiil!" Baan ku warceliyay. Maxaad sidaan ugu lebbbisantahay waxaan uga jawaabay waxaan ahayd macallin waana maalintii u horresay, marka waa aan in aan si fiican u lebbistaa.

Wuxuu isku dayay in aan iska beddelo dharkii oo kuwii kale buu ii sheegay, balse dhammaantood waan ka diiday oo tayda baa ii muuqatay. Bannanka baan u soo baxay mise balo ku degtay, ciyaal ordaya baa buuraha ka soo daadanaya. Fararag taas bay soo hayaan, waxaase iigu darnaa markii ciyaalkii so bateen. Anigii bay igu soo xoomeen oo dhexda igashadeen.Waxay la yaabban yihiin sida aan u lebbisanahay iyo niigteynka aan gashanahay oo qaar baa taataabanaya.Qaar baa waxay leeyihiin, hadaa khawaaj (kani waa gaal), mid kale baa leh laa, hada Soomaali (maya waa Soomaali).Waallaahi Soomaali waxaas baa dhegahayga ku soo dhacaya.

Masrigii baa ii yimid, "Yaa ustaad, al-awlaad yadxakuu calayk waa yastaqribuun calayk!" Ciyaalku waa kugu qoslayaan oo waa ku la yaabbanyihiin. "Maa mushkilah?" baan ugu jawaabay. Shiddo ma leh baan ku iri. Markaan arkay ciyaalku sida ay u lebbisanyihiin; maro yar oo Fuuta la yiraahdo oo sidii googaradda ah, shaar yar, jaakat yar ayaa mid kastaa xiranyahay, calooshana mindi yar baa ugu naban. Inta aan isla yaabay baan ku noqday qolkaygii waana iska soo beddelay dharkii oo surweel iyo shaar caadi ah baan soo qaatay.

Xisaddii kowaad baan u galay. Waxaa ii bilaabatay shaqo macallinimo iyo labo qol oo ku taal buur dhakadeeda. Sida kale, dad aad u fiican bay ahaayeen Yementii aan ku bartay Bin Nafiic. Dad aad u sahlan oo ikhlaas ah oo ay ka muuqato dan-yari balse faraxsan oo waxa ay haystaanba ku siin karaa. Waxay ku bannaanyihiin oraahda ah, "Garashada fakhrigu waxay ku xirantahay hadba indhaha eegaya." Waxaan Af Ingriis iyo Xisaab u dhigaa fasalka shanaad ilaa fasalka siddeedaad. Mararka qaarkood waxaan dhigaa Taariikh ama Joqoraafi. Xisaddii ay dhib ka jirtaba qof baa lagu buuxiyaa. Runtii waxay noqotay in aan anigu wax badan ku bartay, weliba dhanka taariikhda Islaamka, gaar ahaan Fatuuxaadkii Islaamka.

Qaadku wuxuu ka baxaa meel kasta. Duhurkii marka aan dhammeeyo xisadaha, inta aan qadeeyo baan u dirsadaa ciyaalka in ay ii soo guraan qaad. Ma ahan soo gadid e ogow! Keligay baa iska fariista oo ruuga, lakiin cajalado ma haysto, rikoorna ma haysto, balse maamulaha baan ka codsaday raadiyow in uu ii keeno inta aan soo gadan doono mid, wuuna ii keenay. BBC Af Soomaali baan iska dhagaystaa.

Waxaan fadhiyaa beero qaad dhexdooda

Waxaa igu adkaatay cunnadii oo Yementu boqolkiiba boqol waxay cunaan bariis, xulbad iyo wax aan ku tilmaami karo hilib oo aad u yar oo leh maraq biyo ah. Kibis wayn ayaa ardadu noo keenaan maalin kasta, sababtoo ah ma samayn naqaanno. Macallimiinta hadba tuulada ay joogaan baa kimista ama jabaatida loogu keenaa oo ardadu waxay leeyihiin jedwal, hadba ardaygii keenaya kimista macallimiinta. Waxaa arrintaan u xilsaaran maamulaha dugsiga oo ilaaliya in aan macallimiintu kimista waayin. Nasiib darro, waan ku xanuusaday tuuladii oo cunnadii baan cuni waayay. Calooshii baa dhagax i noqotay, sababtoo ah bariis iyo kimis maalin kasta iyo goor kasta ah. Waxaa iigu darsamay in aan qaad cuno, si aan waqtiga isu dhaafiyo.

Dhaqanka dadka Yementa waan la yaabay! Jimce kasta waxaa na la ka casumaa guri ka mid ah guryaha tuulada. Mararka qaarkoodna waxaan u lugaynnaa meelo fog fog oo buuro ku dhex yaallaan. Dhulku waa cagaar, waxaana ka baxa geedaha bunka, qaadka, tufaax, saytuun, badar, digir, qare iyo dalagyo kale. Waxaan aad u la yaabay dhulka ay Yemetu wax ka beeraan. Waa buuro dushood oo inta ay dhaqxaantii habeeyeen oo ka dhigeen safaf kala sarreeya ayay ciid ku soo qaadeen dhabarkooda.

Waxaan bilaabay in aan cuno cunno qasaac ku jirta oo aanan weligay cunin, sida digirta, fasuuliya, baamiya, taasoo aad iigu sahashay in aan la qabsado cunnada Yementa. Baasto ma jirto, hilibkii wasladaha ahaa oo aan u barannay ma jiro. Hilibu Yementa waa ku ciriiri waana qaali balse digaaggaa ku badan.

Markii aan joogay labo biood baa nin askari ah oo deris i la ahaa oo aan dugsiga isku barannay habeen igu casumay gurigiisa, si aan u la daawado TV. Wuxuu u sheegay wiilkiisa oo arday ii ah in markii aan u baahdo in aan daawado musalsalka uu ii soo wado. Gurigii baan soo galay habeenkii dambe anigoo la socda ninkii guriga lahaa. Illinka markii aan ka soo galay oo ku soconno meel yar oo sidii deyr oo kale ah ayaan dareemay in digaag ku xereysanyahay. Meel kale sac baa iiga muuqday iyo dhawr neef oo ari ah. Digadii xoolaha baan urinayay waana yaabbanahay! Aakhirkii qolkii fadhiga baan galnay. Midda kale oo aan la yaabay waxay ahayd haween wejigu u qarsoonyahay baa taagtaagan meesha aan marayno. Waxaan soconno qol yare waasac baan galnay oo fadhi Carbeed dhulka yaalla baan fariisannay.

Isla markiiba tarmuus shaah baa la keenay, wuxuuna igu yiri, "Yaa ustaad Cali Cawke, shaahee." Nacam iyo shukran baan isugu daray. Dhammaan haweenkii qolal kale bay kala galeen. Meel halkaas bay iga soo fiirinayaan oo marka indhahaygu ku dhacaan way is-dadbayaan. Waxaan u noqday sidii wax ku cusub oo hadalkaygana way dhegaysanyaan. Hal islaan keli ah oo da' ah baa fadhida qolka. Masar timaha ugu ma xirna, wejigeeduna waa furanyahay. Islaantu shiishad bay dhuuqaysaa oo cod dhoq dhoq dhoq ah baa yeeraya, qaadna waa hor yaallaa. Waa islaan shidan baan hoos iska iri. Waan ku yaabbanahay sababto ay habartaan kaligeed u fadhido meesha! Ka dibna ninkii askariga ahaa wuxuu igu yiri, "Haadaa cajuusa!" iyadoo maqlaysaa. Wax shiddo ah wejigeeda ka ma muuqan, walow ay si fiican u maqashay hadalka "cajuusa." Macnaha Yementu haddii haweenaydu duqowdo, waxay aamminsanyihiin in aysan cawro lahayn oo waxay ugu yeeraan cajuusah (habarta) mana u qariyaan, islaamuhuna ma dhibsadaan.

Habeenkaas waxaan so daawaday filim Masri ah. Runtii waan ka helay oo waxay ii ahayd maaweelo fiican. Markii aan ka soo tegayay oo filimkii dhammaaday, keligay baa ka soo baxay qolkii oo soo dhex maray dariiqii yaraa, mise dhammaan gabdhihii inamaha ahaa oo dhan waxay safanyahiin dariiq waxayna ileeyihiin, "Macasalaama yaa ustaad." Waxaan kaloo maqlay cod i leh, "Jii cindanaa…" Noo imow mar kasta. Dad aad u soo dhawayn badan oo qofka qariibka ah runtii xil iska saara baan u fahmay Yementii aan la kulmay.

Mar kasta oo aan u baahdo in aan TV daawado waxaan war geliyaa wiilkooda aan macallinka u ahay oo aad u jecelaa in aan mar kasta soo aado gurigooda. Wuxuu u sheegaa ardayda kale in aan gurigoodo habeennada qaarkood ku caweeyo oo musalsal ku daawado.Waannu is-baranay oo odayga reerku, Abu-Mansuur, Jimce kasta waan u imaadaa ama isagaa ii yimaada oo i wada. Dabcan, mararka qaarkoodna waan la qayilaa.

Duruustii Af Carabiga ahayd waan la qabsaday oo anigii baaba runtii wax barasho cusub meesha ka siyaadsaday, gaar ahaan dhaqanka Islaamiga ah. Markii aan so dhammaynno duruusta galabtii oo ardadu guryahoodii kala aadan, waxaan isku tuura joodari dhulka goglan, waayo sariir la ga ma yaqaan meeshaan. Iska naso weeye xaalku. Wax kaloo aan qabto ma laha oo badanaa markii aan casarka tukado baan iska baxaa oo sidii ariga magaaladda ayaan tuulada dhex meeraystaa. Mararka qaarkood arday baan ku iraahda ii keen qaad oo intaan shaah karsado baan iska qayilaa keligay. BBC-da Af-Soomaaligu i ma dhaafto oo waxay ii tahay wehelka kowaad. TV ma haysto e waxaan haystaa oo keli ah hal raadiye oo yar. Habeenkii waxaan ku mashquula wixii aan berri dhigi lahaa, gaar ahaan waxaan aad u akhrin jiray taariikhda Islaamka oo ah maaddo iiga baahan diyaarin iyo in aan aniguba fahmo, ka dibna wixii aan fahmay aan ardayda u gudbiyo.

Dhawr bilood markii aan joogay baa Shiikha tuuladu wuxuu maqlay in nin Soomaali ah oo qayilaa macallin ka yahay dugsiga. Maalintii dambe waxaa ii yimid Shiikhii tuulada. Taasi waxay ka dhigantahay qof uu u yimid Shiikha tuuladu waa qof aad loo sharfay. Masaaridii way yaabeen! Salaan ka dib, isla markiiba wuxuu igu yiri, "Anta tukhasin yaa awstaad?" Waad qayishaa soo ma ahan? "Nacam yaa shiikh" baan ku war celiyay. "Al takhsiin kullu yoom fii baytii, tajii cindii yaa ustaad?" – Qiyilaaddu waa gurigayga maalin kasta ustaad. Insha allah, walaakin, eyn saakin yaa shiikh? Haye, xaggeese deggantahay shiikhow? "Ibnii saya-jii cindak bukra. Wa bacdeen tacrif ayna ana saakin." Berri wiil aan dhalay baa ku soo raadin, ka dibna waad baran halka aan degganahay. Kidaa kuways inshallah – waa dhag xaalku baan iri. Waannu is-macasalamaynnay. Waxaanse ku iri, 'Laa kulu yoom takhsiin, yaa shiikh.' Maya, maalin kasta qaad ma cuni karo balse aakhirka asbuucii mar waa oggolahay."Walakin kullu yoom Jumca nukhasin" oo ah Jimce kasta jilibkaynnu laabin. Haye baan iri. Waxaan ugu daray ayaamaha kale waa yoom fii takhsiin wa yoom laa takhsiin. Maalmaha kale waa maalin qayilaad iyo maalin aan la qayilin. Hal fahamta yaa shiikh? Ma garatay shiikhhoow? Wuu iga oggolaaday. Yementu maalin kasta yar iyo waynba way qayilaan oo waa u dhaqan, xataa ciyaalka iyaga oo gurguuranaya baa afka loo geliyaa!

Shiikh tuulihii saaxiib baannu noqonay oo odayaal badan baa na la qayilaa oo waxay ka helayaanba ninkaan ajnibiga ah ee la fadhiya. Gurigiisana waa la isu sheegay in ustaadku yimaado. Marka gurigii wuxuu noqday xarun loo soo sheeko doonto. Yementu waa dad gob ah oo Jimca kasta waa la i casumaa oo hadba nin baa qaad ii qaada. Mar mar dhamaan macallimiinta oo dhan baa na la casumaa balse inta badan aniga keligay, sabatoo ah markii aan qadaynno baannu qaad u fariisannaa Af Carabigana waan ku fiicnaa oo berigii aan dugsiga dhexe dhiganaynay Af Carabi fiican baa na la bari jiray oo runtiina waan u aayay. Taasi waxay keentay in aanan dhib ku qabin ku hadalkiisa, walow beryihii hore ay igu adkayd fahamka lahjada Yementu. Balse la qabsaday. Tuuladii iyo agagaarkeedaba warkaygii wuu gaaray. Macallin Soomaali ah o Af Carabi fasiix ah ku hadlaya oo qayila baa yimid dugsiga Bani Nafiic baa la is-gaarsiiyay. Dad badan baan bartay oo xitaa tuulooyin kale baa la ii wadaa maalinta Jimcaha.

Haddii aan soo koobo, Yemetii waan is-dhexgalnay, sheeko, kaftan, qayilaad iwm. Waraaqaha dawada oo Af Ingiriiska ku qoran baan u akhriyaa, dawada sidaas u qaata iyo sidaa. Dad baa meel fog iiga imaan jiray, lacag bay isiin jireen, mararka qaarkoodna waxaan la iigu yeeri jiray "Yaa Diktoor Cali." Yaa u sheega! Waxaan xasuustaa maalin in aan nin oday ah oo neefu hayso u akhriyay dawooyin badan oo Af Ingiriis ku qoran. Markii aan u dhammeeyay oo uu si fiican u fahmay ayuu wuxuu damcay in uu lacag i siiyo, waana ka diiday. Ka dibna wuxuu Af Carabi ku yiri, "Ninkaan waa ibnu xalaal oo waa macallin Cangaliisi, waa macallin joqoraafi wa taarikh, waana dhakhtar." Wuxuu ku daray, "eeysh calaa Soomaali!" Wax baa halkaas ka dhacay.

Waxaa la gaaray fasaxii dhexe oo aan sugi la'ahay bal in aan Sanca tago oo hooyo lacag u diro, asxaabtii aan soo arko, weliba waxaan xiiso gaar ah u qabaa Xasan Maxmed Cumar in aan soo arko lana soo qayilno iyo saaxiibbo kale oo aan Yemen ku bartay. Markaas waxaan aamminsanahy in aan qayilaad mooyee si kale la isugu warrami karin. Adduun!

Fasaxii Sanca waan ka soo noqday, dhamaan asxaabtiina waa so wada arkay, dibna waxaan ku soo noqday tuuladaydi Bani Naafic. Maalin dambe, anigoo guriga Shiikh tuulaha kula qayilaya oo labadeenna keli ah aan nahay buu wuxuu yiri, "Yaa ustaad Cali, waxaan ku fekeray in aan gabar ku siiyo oo aan kuu guuriino. Nin wanaagsan baad tahay, lakiin shardi baa ku xiran in gabar Yemeniyad ah oo qabiili ah laguu guuriyo." Waa maxay sharddiga aad igu xiraysaa shiikhaygiiyow baan ku war celiyay. Inta nolosha kaaga hartay annaga baad na la noolaanaysaa iyo Bani Nafiic. Waa ceeb in aad tiraahdo nin shiikh tuulo ah, ma rabo gabadhaada, waayo waa ceeb wayn xaggooda iyo xitaa Soomaalida dhexdeeda. Waxaan ku iri, aan ka soo fekero waana kugu soo warcelin. Ugu dambayn, waan ka cududaartay markii mudo war la iga sugayay. Si farsamaysan baan uga dabaashay arrinkaas.

Sannad-dugsiyeedkii 1986/1987 baa dhammaaday. Waan ka soo tagay Bani Nafiic dibna ugu ma noqon oo waan ka beddeshay. Waxaan la ii beddelay magaalo la yiraahdo Shahaara ee gobolka Al-Xaja. Waxaa tuuladdaas Shahaara ila jooga nin la yiraahdo Abukar Mayow Macilin oo ah macallin xisaab ka soo baxay kulliyadii Lafoole. Abukar ilaa hadda waxaannu nahay saaxiibbo aad isu jecel, walow arag ahaan isugu kaaya dambaysay berigii aan ka so tegay Yamen. Hadda wuxuu ku noolyahay Ohio, USA. Aniga iyo Abukar waannu wada qayilnaa, gaar ahaan Khamiista galabteeda. Meeshii qof Soomaali ah na loo ku sheego oo buurahaas dhexdooda ah waannu aadnaa, si aan u soo baranno isla markaasna hawogeddis uga dhiganno.

Buuraha Yamen ee dhanka Al-Xaja marka aad ku dhex lugaysid, waa dal aad u qurux badan. Waa cagaar joogto ah, waxaase yaab igu riday hal dhagax oo buurahaas saaran oo meel iska yaalla ma jiro! Waa dad aad u shaqeeya oo dhagxaantii oo dhan inta ay u raseeyeen hal hal mitir oo buurta dhererkeda la socdo bay inta ay ciid dhabarka ku soo qaadeen waxay ka dhigeen beero ay ka baxaan qaad, qaxwe ama badar. Marka aad ku soconaysid, quruxda buurahaas Alle subxaanka bes baa og.

Dadka gobolkaan deggan waa dad ka qanisan kuwii reer Bani Nafiic ee aan sannadka la soo joogay. Dadku waxay isugu faanaan qabiil qabiil iyo anaa dhalad ah, anaa laandhere ah, sida Soomaalida. Waxay ku faanaan weedhaha ay ka mid tahay "Waxaan ahay Qabiili dhagax korkiis saaran" oo ah weedh caan ka ahayd (Anaa qabiili fooqa xajar). Yamanta qabiilka waa la isaga dambeeya oo nin laandheere ah markuu hadlaayo nin laangab ahi juuq ma oran karo wuuna ka dambeeya. Waxaa ii soo baxday in ay yahiin dad mar hore kala adkaaday oo reer kasta uu ku qancay heerkiisa. Marka Sheikh Qaryo qabiili ahi soo maro dariiqyadda, ixtiraam, salaan iyo xushmayn baa loo muujiyaa oo xitaa kuwa la dhaho nasab-dhiman ruuggaga bay ka dhunkanayaan. Waxaan kaloo ku arkay Al-Shahaara dadka ugu qanisan waa dadka la dhaho nasabkoodaa hooseeya, sababtoo ah qofka qabiiliga ahi waa ceeb in uu khudaar gado; waa ceeb in uu helib qalo oo sii gado; waa ceeb in uu raashin gado. Waxaana lagu magacaaba "Baayaciin" ama "Bayaac" oo ah magaca qabiilka kuwa cunada iyo khudaarta ka baayacmushtara, marka Al-Shahaara dadka tijaarada haysta dhammaan waa dad nasab-dhimman ah oo Bayaac ah ama la yaso oo kii qabiiliga ahaa faqri xun baa haya.

Waxaa aad noo casumi jiray nin dhallinyaro ahaa oo nasab-dhimman lagu sheego, magaciisuna ahaa Al-Turki oo farmashi haysta, af Ingiriiskana waan baraa oo saaxiib baan la aha. Waxaa cajiib ah, ninkaas marka aannu tagno guriga uu degganyahay waxaa ka muuqata ladnaan aad u sarraysa! Dhammaan Landcruiser-rada subaxdii baxa ee soo gura khudaarta iyo cunnada waxaa iska lahaa dadka la yaso. Dadka badankoodu waa dad aad u dambeeya oo qarniyo hore seexday, balse waxaa ka muuqata in ay xadaarad hore lahaayeen, sida ay u habeeyeen beeraha buuraha dushooda ku yaal, kubriyadda (buundooyinka) ay dhiseen, oo Shahaara waxaa ku yaalla buundo si cajab ah loo dhisay oo labo buurood fiiqooda ugu sareeya isku xiraysa, dhulkana u jirta ilaa 300 oo mitir. Yaab waxaa ahayd sida ay u dhiseen kubrigaas iyagoo aan haysan wiishahs iyo sida ay dhagxaan isu qabadsiiyeen! Runtii waxay ahayd mucjiso iyo in aad garanaysid in Yamantii hore ay xaadaarad fac wayn lahaayeen oo dalxiiska adduunkoo dhan baa yimaada oo u soo daawasho taga buundadaas. Tuuladaas waxaa intaas socda reer Yurub, Ameerikaan, Korean, Australiyaan iyo kuwo kale oo maalin aanan la kulmin dalxiisayaal booqanaya kubrigaas dhif bay ahayd.

Galabta Khamiista hadii na loo sheego in qof Soomaali ahi uu meelahaas ama buurahaas tuulo ku taal u macallin ka yahay, waanu baxnaa aniga iyo Abukar. Maalin dambe, annagoo aan bil ku-dhowaad bixin baa waxaa na loo sheegay in nin Soomaali ah oo dhakhtar ah uu ka shaqeeyo cusbitaal ku yaal tuulo la dhaho Daar Al-Rawja oo dhexaysa Cimraan iyo Raydaa. Go'aan waxaannu ku gaarnay bal in aannu ninkaas Soomaaliga ah soo aragno soona baranno. Galab Khamiis ah baannu baxnay oo waxaannu iska aadnay tuuladii na loo ku sheegay ninka dhakhtarka ah ee Soomaaliga ah. Markii aannu tagnay Cusbitaalkii, annagoo daallan, sababtoo ah buuro dhaadheer baa laga soo degayaa oo waxaa na soo qaaday Landcruiser-radii bayaaciinta Shahaara, noqoshadana iyagaa na soo maraya oo dad aad u fiican oo runtii muxtarimiin ah bay ahayeen.

Markii aannu cusbitaalka iridka ka galnayba ishayadu waxay qabatay gabar Soomaaliyeed oo dharkii kalkaalisooyinka gashan! Waannu yare shakinnay; ar Soomaali miyaa mise waa Suudaan? Abukar Mayow baa ku yiri, ”Ma Soomaali baad tahay walaal?” “Haa walaalo” bay ku jawaabtay, lahjad reer waqooyi ah. Waannu isa salaannay waxaannuna u sheegnay in aannu maqalnay in dhakhtar Soomaali ah meeshaan uu ka shaqeeyo, marka ma joogaa? Haa walaalo, waa joogaa bay ku jawaabtay. Magaciisu waa Dr. Cabdulqaadir (Dr. Jasiira) Gabadhii waa is-barannay oo magacyadeenna baannu u sheegnay, iyaduna magaceedii bay noo sheegtay,waxaan magaceeda ka xasuusta Fadumo bes. ! Isla markiiba biyo iyo cabbitaan bay noo keentay. I suga oo sii yare fariista, waxaan soo eegaya in Dhakhtarku firaaqo yahay iyo in kale e. In yar ka dib, waxaa noo wada yimid gabadhii iyo dhakhtarkii oo wada socda. Nin dhallinyaro ah, dheerer meel dhexaad ah; madow, gar harreed ah leh oo ay ka muuqato in uu yahay qof diineed. Waannu is-baranay oo qof walba magaciisii buu shaagay. “Dr Cabdulqaadir Axmad Nuur, ku magac dheer Dr. Jasiira, baa la i dhahaa” ayuu yiri, isagoo gacanta ii soo taagaya, aniguna waxaan ku jawaabay waxaa la i dhahaa Maxamed Cabdi Caynab, waana is-gacanqaadnay. Sidoo kale, Abukar Mayow Macallin iyo Dr.Jasiirana waa is-barteen. Weli wax ma cunteen bay ahayd su’aashii kowaad. Waxba ma aannaan cunin oo ilaa galabta safar baannu ahayn ayaannu ku niri una sheegnay in aannu ka nimid tuulo buuraha saaraan oo la dhaho Al-Shahaara. Qol aan ku nasanno baa na la geeyay, cashana waa na loo dalbay. Soomaali waa is-jeclayd wax qabiil ahna isma warsan. Habeenkii oo dhan sheeko bay noo ahayd iyo is-barsho, macaa gabadhii way na la sheekaysanaysay.

Subaxdii dambe baannu ka soo tagnay. Waxaan ku ballannay in la isu yimaado oo la isaso booqdo. Labo asbuuc ka dib, haddana waxaa na loo sheegay in nin Soomaali ahi uu ku noolyahay meel tuulo noo dhow ah oo Yamanta baa noo so sheegtay. Khamiistii, bacdal duhur, baan lug ugu baxnay, casarkiiba waannu gaarnay tuuladii. Ciyaal baannu aragnay oo ku niri aaway macallinka Soomaaliga ah, xaggee degganyahay? Ustaadku hadda kubbad buu ciyaarayaa! Wow! Waa tuulo yar oo qof kastaa waxaa uu samaynayo waa la isla socdaa, cajiib! Ma na tusi karaysaan meesha u ku ciyaarayo? Soo baxa bay na dhaheen waana daba galnay. Macallinkii markuu na arkay buu naga hor yimid. Salaan iyo isbarasho bay noqotay. Magaciisu waa Maxamuud Guuleed Khadar. Nin aad u dhallin yar oo kolba aniga iyo Abukarba naga yar buu ahaa, haddana wuxuu ku noolyahau dalka Kanada. Habeenkii baannu la hoyannay, si fiicanna wuu noo so dhoweeyey, waana is-booqan jirnay.

Mudo ka dib, waxaan na soo gaartay in Dr. Cabdulqaadir Jasiira uu ka cararay tuuladii uu dhakhtarka ka ahaa oo uu Sanca aaday, ka dibna isagoo baxsad u socdo Xamar, sabata waxaa na loo ku sheegay in niman Yamanayiin ah oo qoryo AK47 ah ay u la yimaadeen iyagoo watay lax dhali wayday in uu ka dhaliyo oo haddii ay isku dhimato ay dili doonaan! Yaab bay nagu noqotay kooxdayadii macallimiinta ahaa oo warkaas markii aannu helnay aniga iyo saaxiibkay Abukar Mayow waxay nagu noqotay wax la la yaabo! Waxaa na loo shaagay in Dr. Cabdulqaadir Jasiira uu Soomaaliya u socdo Yaman oo dhanna ka niyad jabay. Orodkii uu Sanca ka bilaabay isagoo yaaban ayuu ku galay Xamar 1989 aakhirkiisii.

Noloshu waxay socoto, sannadkii 2006 ayaan Dr. Cabdulqaadir Jasiira si lamafilaan ah ugu la kulmay, goor maqrib ah, masjidka Finsbury Park ee waqooyiga London. Waxaan ku tukaday masjidka salaaddii maqribka, mise iimaamku waa ninkii Dr. Jasiira ahaa ee berigii Yamen laxda ka dhali oo haddii ay dhimato waan ku dilaynaa uga soo cararay! Markii salaaddii laga baxay baan yare sugay, dad badan buu dhexda u galay, ka dibna waxaan u soo degay barxadda hoose ee masjidka oo aan ku sugay bal inta uu ka soo baxayo masjidka. Cabbaar fiican markaan sugayay, aakhirkii waa kan ninkii Dr. Cabdulqaadir ahaa! Weli rag badan baa ku xoonsan, isha uun baan kala socdaa, waana waardiyaynaa in aan waqti u helo. Irridka markuu rabo in uu ka baxo oo hal nin uun la socdo baan ku iri, "Asalaamu calaykum yaa Dr Jasiira!" Wuu i gacanqaaday waana is-nabadaynnay. Waxaan dareemay in aan qof qariib ah ku ahay, ka dibna waxaan weydiiyay, Dr. Cabduqaadir ma i garanaysaa? Mase i xasuusataa? "Maya walaalow" buu ku jawaabay. Markii aan hubsaday in uusan i garanayn baan ku iri, ka waran berigii laxda dhali wayday laguu keenay ee aad ka carartay Yamen? Isla markiiba wuxuu la soo booday, "War waa ninkii Caynab ahaa!" Mar labaad baannu isku soo boodnay iyo sheeko dheer. Makhaayadda Soomaalida u furnayd baan isla tagnay, sheeko, casho iyo is-waraysi bay noqotay arrintaydii, ilaa waqti dambe.

Waxaan waydiiyay sabata ku kalliftay in uu ka baxsado shaqadii iyo in uu iskaga tago Yamen. Dr. Jasiira wuxuu iiga sheekeeyay sida dhacdadu ugu dhacday, wuxuuna ku bilaabay:

"Eng Maxamed, habeenkii laxda dhali weyday la ii keenay oo la igu yiri laxdaan ka dhali oo haddii ay dhimato waannu ku dilaynaa: Meeshu waa Yemen iyo 1989. Waxaan u malaynayaa in ay ahayd bishii Sebteember bartamaheedii. Meeshu waa cusbitaal yar oo ku yaal Daar Alrajawi oo u dhaxaysa Magaalada Cimraan iyo Raydaa. Waxaan ku kacay qaylo habeenka gelinkiisii dambe. Qayladu waxa ay ahayd, "Wilaadah, wilaadah yaa doktoor(daqtarow waa dhalmo, waa dhalmo!)." Hurdadii baan ka kacay, gabadhii kalkaalisada ahaydna waan kicayay. Waxaan diyaarinnay qolkii dhalmada, markaas baan iri soo galiya gabadha foolanaysaa. Waxa aan filayay gabar muddo foolanaysay oo laga keenay buuraha fog ee aan hospital lahayn dhakhtarna joogin. Yaabkii Dhacay! Waxaa qolkii dhalmada la soo galiyay lax laga soo dajiyay gaari xaajiyad ah dushiisaha oo buste huwan katiifadna u goglantahay oo 7 nin oo AK47 wataa geesaha hayaan. Yaabka waxaa iiga darnaa baqdinta oo haddii aan is-xanaajiyo ama nimanka si khaldan u la hadlo waxaa aad u sahal ah in xabbad la igu dhufto oo aan laba Cali kay is-weydiin. Si deggan oo dareen xilkasnimo ku jirto baan Laxdii u eegay waxaana aan raggii Laxda watay ku iri Laxda xaalkeedu waa xunyahay, anniguna dhakhtarka dadka baan ahay ee Magaalada Cimraan ee inoo dhow baa waxaa jooga dhakhtarka xoolaha ee deg deg Laxda u qaada oo halkaa geeya. Allah baa iga waday iyaga oo aan waxba i yeelin oo Doktoor mahadsanid i leh.

Sababta aan u baqay ma ahayn in 7 nin oo AK47 wataa ay qolka ku jiraan oo kaliya ee waqtigaas seddex usbuuc ka hor ayaa wiil yar oo Yemeni ahi Dhakhtar Soomaali soddon xabadood ku riday, laakin Dhakhtarkii ma dhiman ee Allah baa badbaadshay. Waa sababta aan uga tegay Yamen oo aan Xamar uga dhacay, halkaasna waxaa iigu dhacay burburkii iyo halaagii Soomaaliya ka dhacay 1991kii."

Ugu dambayn, markii sannad-dugsiyeedkii 1988-1989kii dhammaaday, waxaan ka beddeshay Shahaara, markaas baana iigu dambaysay aragga saaxiibkay Abukar Macallin Mayow, sababtoo ah 1989 waa sannadkii aan rabay in aan guursado xaaskayga ilaa hadda aan wada noolnahay, Fadumo Cabdisalaan Ismaaciil. Waxaan iska sii diyaariyay in aanan nolosha buuraha la qabsan karin. Waxaan ka wareegay dugsiyadii macaahidda Islaamiga ahaa oo Waxaan u wareegay wasaaradda waxbarasha, taasoo ii suuragelisay in la igu qoro magaalo la dhaho Al-Mansuura oo laamigu maro kana tirsan gobolka Al-Baydaa oo ka dhib yar aadistii buuraha.

QAYBTA SIDDEDAAD

KABASHO: ANIGA IYO REERKAYGA

Intii aan Yemen ka shaqeynaayay ayaan aniga iyo Faadumo isku af-garanay guur kuna heshiinnay in aan nolol wadaagno marka ay dhammaysto waxbarashadii Jaamacadda Gahayr, qaybta xanaanada xoolaha ama (Zoo-technia). Waxay qalinjebisay 1988, ka dibna waxay shaqo ka bilowday Mashruuca Fidinta Beeraha ee Afgooye. Nikaaxayagii waxa uu Muqdisho ka dhacay 17 Juun, 1989. Anigu ma teggin oo Allahii Xamar iga soo saaray baan u mahadcelinayey. Marna madaxayga ma gelin in aan ku noqdo Soomaaliya iyadoo weli taliskii Kacaanka ka calan-wallaynayo. Waxaa nikaaxa igu matalayay nin eeddaday dhashay oo la yiraado Saciid Cali Xaaji (Saciid Karaame) oo hadda ku nool dalka Ingriiska.

Ugu dambayn, waxaan isku af-garannay in marwada cusubi Yemen igu la noolaato. Sidaas bay Jabbuuti ugu soo duushay horraantii bisha Juulay ee isla sannadkaas 1989, aniguna waxaan ka duulay Sanca oon gaaray Jabbuuti, maalin ka hor imaatinka caruusadda. Waxaan ku sugnayn Jabbuuti muddo shan cisho ah. Ka dib Yemen baan u duulnay, halkaas oon guri iyo nolol cusub ka yagleelnay , waxaan degnay guri ku yaall magaaladii Al-Mansuura ee gobolka Al-Baydaa. noloshu caaddi bay noo ahayd , reer cusb Alxamdulilaah .

Maalin anigoo dugsiga ka soo noqday baan markii aan ku soo dhowaa gurigii aan degganayn waxay ishaydu qabatay gurigii haween badan saf ugu jiraan iyo rag qoryo wata. Naxdin bay igu noqotay! Maxaa dhacay baan is-leeyahay. Anigoo tallaabadii hoos ka boobaya ayaan gaaray gurigii. Maxaa idin keenay oo aad safka ugu jirtaan oo ka rabtaan gurigayga baan weydiiyay dadkii. Nin garabka qori AK ah ku wata baa wuxuu igu yiri, ”Yaa Ustaad, waxaannu maqalnay in xaaskaagu tahay Baydariyad ama xanaannada xoolaha ay Jaamacad uga soo baxday. Markaa, wuxuu ku daray in ay rabaan in haweenka ay u dawayso. Af-kala-qaad baa igu dhacay! Waxaan ku iri, xaaskaygu waxay baratay xoolaha ee bani-aadamka ma baran sida loo daweeyo. Waxay kaloo ii sheegeen in nin Soomaali ah oo xannaanada xoolaha soo bartay uu meel noo dhow kaga shaqeeyo sidii isagoo dhakhtar dadka ah! Waxay igu yiraahdeen dhakhtarka Soomaaliga ahi waa dhakhtar xoolaha, marka xaaskaagu waa noo dawayn kartaa haweenka. Iyagoo rabaa in aniga ay iga dhaadhiciyaan in Faadumo u dawayso haweenka bay waxay igu leeyihiin sidatan:

Yaa Ustaad:

Xooluhu waxay leeyihiin qalbi, dadkuna qalbi buu leeyahay!

Xooluhu caloolo bay leeyihiin, dadkuna calool buu leeyahay.

Xooluhu indho bay leeyihiin, dadkuna indho buu leeyaahay.

Xoolahu kelyo bay leeyihiin, dadkuna kelyo buu leeyahay, iwm.

Markii aan isku buuqnay oo aan qancin kari waayay baan ku iri maanta iga taga bal si aan xaaska u la hadlo. Iyadoo war la iga sugayo bal in xaasku yeesho dawaynta haweenka iyo in kale ayaannu go'aan ku gaarnay in aan ka hayaanno Yemen, haddana aan u sii wareejiyo xaaska Sanca inta dugsiyada la xiraayo, ka dibna ka tagno Yemen oo markaas noogu muuqatay in waqti kaaga dhumo mooyee aanay wax mustaqbal ah lahayn. Sababatoo ah, waxaa ku dhacay Yemen dhaqaale xumo iyo sicirbarar oo xoogaagii silica lagu soo helayay ee buuraha iyo nolosha adkayd waxay ku soo ururtay wax yar oo aan dhammayn cuntada iyo ijaarka guriga. Nasiib wanaag, si sahlan baannu ku helnay dal-ku-galka Talyaaniga.

HAYAANKII YURUB: TALYAANIGA

Bishii Juulay, 1990, baannu ka soo tagnay Yemen, iyada oo ay na wheliso gabar markaas iigu dhalatay Yemen oo aan u bixiyay Mulki (Libin) oo markaas jirta labo bilood. Waxaa xiiso leh dhalashadii gabadhaas, waayo dad badan baa shaki ka qabay in aanan waxba dhali karin. Nasiib wanaag, waxaa dhacday shaki-ka-bax iyo yaqiinsasho in aan jirdilkii wax dhib ahi igu gaarin. Alle mahaddiis, anigoo aabbe ah ayaan Sanca ka raacnay diyaarad ay leedahay Suuriya una socota Dimishiq, halkaas oo aannu ku sugnayn shan berri oo aannu diyaarad kale ku sugayno oo noo qaaddaysa Roma, carriga Talyaaniga.

Isla bishii Juulay baannu nimid magaaladda Roma, isla galabtiina aannu nimidna waxaannu u gudubnay magaalada Perugia oo ay degganayd gabar ay xaaska ehel ahaayeen. Waa meesha aan ku la kulmay Shiikh Ciise, odaygii igu la xirnaan jiray NSS-tii Shibbis ee Mama Khadiija, 1980kii. Xog-waraysi ka dib, waxaa na loo sheegay in Roma ay Soomaalidu jabsatay hotel ku yaalla waqooyiga Roma oo la oran jiray Giotto Hotel oo ay khasab ku degeen. Ogow oo dhibka ugu wayn ee Roma waa guri la'aan. Waxaannu ka soo guurnay Perugia saddex beri ka dib, aakhirkiina waxaan ku soo degnay Giotto Hotel oo markaas Soomaalidu soo degayso. Waxaan ka mid noqonnay dadkii ugu horreeyay ee gala hotelkaas sida xoogga ah lagu degay.

GIOTTO HOTEL

Xusuus: Somalidii soo martay Hoteelkaan berigii dalku burburay ee 1990

Jiif waa la helay, sidee ku noolaan Roma bay noqotay xaaladdu. Xaggee shaqo ka helin ama sidee shaqo lagu helaa? Dal gaalo waa markii iigu horreysay, qorshaha mustaqbalkuna ii ma cadda. Awal Yemen waxa i geeyay waa ka carar maamulkii Kacaanka.

Haddase waxaa i wada oo Yurub i keenay waa mustaqbalkii oo aan sugnayn iyo naftii oo aan haysan meel ay si nabad ah ugu negaato. Soomaaliya xaaladdeedu waa ka sii daraysay oo waxaa abuurmay jabhado cusub. Roma waxaa lagaga dhawaaqay Jabhadda USC oo uu madax ka ahaa Cali Maxamed Cosoble (Cali-Wardhiigleey), bishii Janawari 1989. Waxaa kaloo jiray nus dersin jabahado kale ah, kuwo cusub iyo qaar USC ka horreyey. Soomaaliduna si xawlli leh bay u soo gelaysaa Roma oo dadkii Somaliyeed wa la soo yaacay, Soomaaliyana way soo karkaraysaa. Waxaan isaga xaammaal tagaa Roma oo badanaa waxaan ka shaqeeynnaa daaraha la dhisayo annagoo dhowr ah, sababtoo ah masaariif baa la iga rabaa. Roma waxaa ka jiray meelo dadka aan waxba haysan caawiya, sida Caritas oo ah hay'ad diimeed dadka soogalootiga ah raashin karsan siisa. Ogow oo qabkii aan sheegan jirnay haddaan Soomaali nahay markaas liifaddaan u gaabinnay. Xaalku waa in la noolaado.

Nin aanu ilma-adeer nahay, Faarax Cabdi Xuseen oo Kanada deggan baa aakhirkii wuxuu ii soo diray dibu-dejin (sponsor), si aannu ugu haajirno Kanada. Waan xeraystay oo waannu ka war sugaynnaa, waxayna qaadataa ugu yaraan hal sano. Intii aan degganaa Giotto Hotel baa Maxamed Siyaad Barre xukunka laga tuuray, bishii Janawari 1991. Habeenkaas iyo maalintaas waxay ii ahayd feesto aadna waa ugu farxay in xukunkii Maxamed Siyad Barre uu meesha ka baxay. Waxaan aamminsanaa in Soomaaliya ay hadda hagaagayso.

Fiidkii barxadda Hotel Giotto baa Soomaalidii isugu soo ururtay, mikrofoon baannu rakibanay, hadba qof baa hadlay. Anigoo jidbaysan oo faraxsan baa waxaan qabsaday mikroofankii waxaana aan ka sheekeeyay dhibkii xukunkii Maxamed Siyaad Barre iyo sida looga raysdan doono. Soomaali aqoon la'aan xoog leh baa haysay, walow xabsigii dadkii aan ku arkay markay dibadda u baxaan oo xor noqdaan in ay is-layn doonaan la saadaalinayay.

Qiso yar baa habeenkaas igu dhacday. Anigoo khudbadaynaya oo xammaasad xun i hayso, afka ka aburinaya oo ku tiiqtiiqsanaya kacaankii dhacay, baan si lamafilaan ah waxaa igu dhacay feer dhafoorka. Mikrafoonkii baa iga finiinay aniguna waan dawakhay oo dhulka baan ku dhacay. War yaa i dilay? Yaa i gaaday? Maxaa la igu dilay? waa waxyalahii igu so dhacay markii aan dawakhay. Dadkii baa i qabtay, ninkii i gaadaynaa meel halkaas ah buu ka soo leeyahay, "Jaahil baad tahay, Soomaali waxba ka ma taqaannid, waad arki doontaa in Kacaankii ka fiicnaa USC/SPM-da Xamar qabsatay. Waad arki doontaa sida dadkaaga hadda loo xasuuqo", iwm buu ku hadlayay. Anigu markaas waxaan u arkaa nin waalan ama waxaan u qaatay nin ah dadkii kacaanimadu madax martay. Qolkii aan degganaa baa la ii waday oo arrintii rag baa ka odayaynaya. Qolkii aan degganaa markii aan galay baan ragii i waday ku iri war:

Ninku muxuu igu dilay?
Yuu yahay ninkaan i feeray ?
Muxuu ahaa qofkaan i gaaday?

Waxaa la iigu jawaabay, "Ninkaan wuxuu kugu feeray wixii aad ku hadlaysay." Yaah! Yaah! Maxaad tiraahdeen baan si aan kala joogsi lahayn ugu celceiyay. Wixii aad ku hadlaysa buu ninkaasu kugu feeray aa! Yuu yahay ninku, ama qabiilkiis baan ku iri, anigoo markaas raba in aan ogaado bal in uu ka mid yahay qabaa'ilkii la safnaa kacaankii baas. Ka dar oo dibi dhal bay igu noqotay markii la ii sheegay in ninku u dhashay qabiilka Cumar Maxamuud ee Majeerteen. Waa reerkii ugu badnaa la-dagaallanka xukuumaddii Kacaanka.

Isla habeenkiiba waxaa arrintii loo saaray rag wax dhexdhexaadiya, waana oggolaaday. Iyadoo kooban, ninkii gacanta baa la isu kaaya saaray oo waa heshiinnay , xaalna iyo raali gelina waa laga qaaday.

Habeenkii labaad, goor ay fiid tahay oo warka Rai TV soo dhowyahay, ayaa albaabkii la igu soo qaraacay. Waan furay, mise waxaa ihortaagan ninkii i feeray! Maxaad rabtaa?

Ma dagaal kale baad u socotaa?

Maya, maya ee Maxamadow afka Talyaaniga ma fahantaa buu i leeyahay.

Waan fahmaa baan ugu warceliyay ee maxaa jira? Fadlan shaar soo gasho oo kaalay TV-ga i la daawo buu iga baryayaa. Shaar baan soo gashaday oo soo baxay oo dabaqa kowaad baan degannaaye inta uu gacanta i qabtay i dedejinayaa. Aakhirkiina kursi buu ii soo dhigay TV-ga hortiisa, isagoo leh bal i la daawo waxaa halkaan ka soo galaya. In yar ka dib waxaa la soo daayay war saxaafadeedkii ugu horreeyay ee uu qabto Cali Mahad Maxamed oo markaas loo magacaabay Madaxweyne. Yaab! Waxaa Cali Mahdi dhinac taagan Xuseen Kulmiye Afrax (Madaxwayne-ku-xigeenkii Maxamed Siyaad Barre), Cabdiqaasim Salaad Xasan (wasiirkii aan dhicin ee Maxamed Siyaad Barre), Cumar Carte Qaalib, Jeelle, Ina Lax-was iyo kuwo kale oo kacaanka ka mid ahaa. Iyadoo kooban, waxaa safka ku wada jira dad badan oo madax ka ahaa kacaankii ama dawladdii Maxamed Siyaad Barre oo waxaa ka maqan wixii Daarood ahaa. Ayaan darro, faraxii wuxuu igu noqday murugo iyo in Soomaaliya ay hadda si fiican halaag u gelayso, wixii dhacayna Soomaali waa ogtahay, ilaa maantana (2024) ayaandarradii maalintaas baa weli socoto.

Sannad markii aan sugayay in waraysi safaardda Kanada i la yeelato, aakhirkii waa na loo yeeray aniga iyo xaaska, labo asbuuc ka dib waxaa na loo sheegay in na loo diiday in aan u haajirno Kanada. Haddana waxaa na loo soo diray dib-u-dejin Ameerika, lix biood ka dibna iyadana waa ku guuldarraysannay.

Hijro kale oo Yurub dhexdeeda ah baannu ku khasbanaannay, illeen Talyaanigu sii joogitaan ma lahayne. Nasiib wanaag, waxaa noo suuragashay in bishii labaad ee 1992 aan soo galnay dalka Switzerland. Waxaa na la dejiyay magaalo yar oo la yiraahdo Chateauneuf oo ku dhow magalada Sion ee gobolka Valley. Guri fiican baa na la dejiyay, balse meeshu waa tuulo. Asbuucii maalinta Talaadada baan tagnaa meel dadka qaxootiga ah laga xaadiriyo oo waxaad saxiixaysaa in aad joogto. Waxaa na la siin jiray xoogaa lacag ah oo kugu filan in aad asbuuc ku noolaatid. Maalinta saxiixa markaan tago meeshaas waxaan oran jiray, 'Waan soo daaqay ee cawskii absuuca keena.'

FARANSIISKA

Labo bilood markii aan ku sugnaa noloshaas, waxaan go'aan ku gaarnay in aan ka tagno Switzerland. Maalin Sabti ah, bishii Mey isla sannadkaas baan waxaan galay dalka Faransiiska oo ah hijradii labaad ee Yurub dhexdeeda ah, waxaana gaarnay magaalada caanka ah ee Lyon ee gobolka Auvergne-Rhône-Alpes, tareenkii waxaanu kaga degnay Part-Dieu maxadadda tareemadda . Waa casar liiq mise maxaa san-ku-neefle meesha maraya! Waxaan la yaabbannahay waxa dad yaacaya, sidii koronkorrada. Faransiiska Soomaalidu waxay u qabaan meel fusuqu ku badanyahay oo intaas dhinacyadda ayaan eegaynaa, bal si aan u aragno wixii la sheegi jiray oo ah in Fransiisku sida xoolaha bannaanada isku fuulo. Been fakatay iga dheh. Muddo markii aan ku noolaa waxaan xaqiiqsaday in Faransiisku ka xishood badanyihiin dalal badan oo Yurubta kale ah.

Habeenkii hotel Carab leedahay oo sariirtu bus miiran tahay baannu iska degnay. Afka Faransiiska waan ku hadlayaa, walow aan lahjad adag leeyahay oo Ina Lamuumbe ayaa macallin iigu ahaa Xabsigii Dhexe ee Xamar, iyo xoogaa aan ka bartay 1979 Xaruntii Dhaqanka Fransiiska ee Xamar. U ma baahnayn in la ii tarjumo oo waan is-debberayay.

Maalintii Isniinta ayaan qaxooti ka dalbaday xarunta Booliska ee magaalada Lyon. Ugu dambayn, markaan labo asbuuc joognay baa warqada degaanka ama joogista dalka na la siiyay inta la dersaayo dalabka qaxootinamada. Lix bilood ka dib waxaa na loo oggolaaday in aan degno Faranse oo sharci baa na la siiyay. Alle ayaa mahad oo dhan leh. Waxaa xusid mudan in xariggii dheeraa ee Soomaaliya aan ku galay uu ii sahlay in qaxooti la ii aqoonsado. Waxaa iyadana aad ii caawiyey waraaqihii ay Amnesty International naga qortay dad ay ka mid ahaayeen aniga iyo Aabbahay.

Waxaan u guurnay waqooyi galbeed ee Faaransa, gobol la yiraahdo Bretagna, magaalo madaxna ay u tahay Rennes. Markii aan salka dhulka dhignay ayaa waxaa i gashay in aan waxbarashadii dib ugu noqdo. Waxaa laga joogaa muddo dheer markii waxbarasho iigu dambaysay. Waxaa jirtay inaad mooddid in uu i dhaafay wakhtigii iigu fiicnaa ee wax la barto. Waa shanta sano ee xabsiga igu dhaaftay. Badi waxaa la aamminsanyahay in ay adagtahay in wax la barto haddii la dhaafo sannadaha hore ee labaataneeyada. Waxaase iigu darnaa su'aalaha, xaggee wax ka bilowdaa? Sidee wax u bilowdaa?

HALGAN WAXBARASHO

Waxaan bilaabay in haya'do yar yar afka ka sii siyaadsado. Subaxdii meel baan afbarasho u aada, galabtiina meel kale. Xaaska iyadu waxay wadatay shahaadadeedii Gahayr oo dhib ma arag waxaana la siiyay hal sano oo afka Faransiiska ay ka baranayso Jaamacadda Rennes , aniguse waxba ma haysto. Waxaan raadiyaa hay'adaha waxbarashada, meel kastana dalab ayaan geystaa in aan rabo barashada farsamada. Mar dambe ayaan jawaab ka helay meel la yiraahdo Association pour la Formation Professionnelle des Adultes (AFPA), waxbarshada dadka waawayn. Waxaa la ii diray meel hay'ad ah oo soo qiimaynaysa bal in aan wax baran karo iyo heerka aan ka bilaabi karo.
Dadka meesha jooga waa dad muuqaal xun oo u badan kuwo nolosha ka dhacay oo la rabo in dib nolosha loogu soo celiyo. Waa fasal wayn, ka dibna macallinkii baa su'aalo i waydiiyay oo uu rabo in uu kala ogaado bal in aan wax barasho soo maray ama wax baran karo. "Maxamed, xisaab weligaa ma baratay?" ayey ahayd su'aashii iigu horreysay. Haa baan ku jawaabay. "Ka jawaab: 2 x 3? Waxaan ku jawaabay: 6. Ka jawaab: 6 x 6? Waa 36. Ka jawaab: 36/4. Waa 9, iyo waxyaalo la mid ah. Ka jawaab: maxay tahay Gravity ama Cufisjiidad? Waan u macneeyay. Maxay tahay "Newton force"? Waa cuf dhan 1 kg, waxay abuurtaa xoog ama miisaan 90806N ama P(N)=M(kg) xg (acceleration). Intaas markii aan u sharraxay ayuu warqad qoray, wuxuuna igu yiri , "U la tag dadkii ama xafiiskii ku soo diray."
Waan la orday warqadii waana dhiibay. Wuxuu ku qoray, ninkaan aad ii soo dirteen waa nin ay ka muuqato in uu wax soo bartay ee iga wada una dira meel ku habboon. Naga jawaab sug warqad baad naga heli dontaaye ayey ku soo jawaabeen. Asbuuc ka dib baa waxaa ii timid warqad ay ku qorantahay in muddo saddex bilood ah la fiirinaayo maaddada aan ku fiicnahay in aan barto iyo waxa aan baran karo. Waxaa kaloo ku qoran in muddada saddexda bilood ah aan bil kasta u qaadan

doono mushahaar ahaan 4,500 oo faranka Faransiiska oo u dhigantay ilaa 450 dollar. Labo asbuuc markii aan waday, haddana waxa la ii qoray waraaq la leeyahay ninkaan toos buu aadi karaa hal sano oo waxbarasho.

Waxaan doortay Agent d'Entretien Système Mecanique Automatiés (Automated System Maintenance Worker) Af Soomaali ahaan waa Habka Dayactirka Mekaanikada Otomaatigga ah oo sagaal bilood la wadayo. Waxa la baranayo waa koronto guryaha iyo warshadaha (baraatiko iyo tiyoori), makaaniko, Hydraulic, Pneumatic, Logic (Maangal) iyo Programming iyo labo bilood oo aad warshad ka soo shaqaynaysid, si aad khibrad ugu yeelato wixii lagu baray oo hadhaw u shaqo tagto. Waxaa la igu xereeyay hoy seexasho (boarding college). Sabtida iyo Axadda baan reerkayga u tagaa. Waxaan u wareegay magaalo la yiraahdo Alençon ee gobolka Orne oo u jirta meesha reerku ii degganaa 194 kiilomitir. Waxaan aad u la yaabay waxa la baranayo oo kala geddisan, waana marka aan ogaaday in dugsigii Burco wixii aan ku bartay sadex sano ay ku dhawayd khasaaro iyo waqti dhumis. Xitaa waxaan hubaa in Jaamacaddii Gahayr aanay gaari karin waxa dugsigaan dadka waawayn wax lagu barayo.

Waxaa la soo gaaray waqtigii labada bilood warshadaha laga soo shaqaynaayay, ayaan darrase waan waayay warshad i siisa fursad aan ku shaqeeyo, si aan khibrad u helo oo wixii la i baray aan ugu soo shaqeeyo meeshaasna waxna uga soo qoro. Ardadii dhammaan way iga kala tageen oo keligay baa ku soo haray, ka dibna waxaa la igu yiri iska aad gurigaaga oo u soo noqo imtixaanka bisha Oktoobar 1994. Waxaa muhiim ah in ardaygu helo meel uu khibrad iyo in uu ku shaqeeyo wixii la baray, waana waddada keli ah ee horumarka dhanka xirfadda lagu samayn karo. Ma ahayn wax dalkii Soomaaliya aad looga tixgelin jiray, laakiin waddamada reer Galbeedka waa daruuri arrinkaas in qofku soo arko baraatiko.

Dalka fransiiska, markay tagto dhanka shaqada, waxaa aad u xooggan eexda qarsoon oo loo eexanayo dadka waddankooda u dhashay waxaana jirtay cunsiriyaddaa guud ee dhanka shaqada oo ka jirta dalalka reer Galbeedka oo dhan. Haddii aad madow tahay wadatidna magaca Maxamed, waaba ka sii darantahay. Waa arrin adag dhanka is-dhexgalka bulshada iyo shaqo helidda. Haddaba, waxaa muhiim ah in aanu qofku niyadjabin oo is-dhiibin, waayo waa suure in aad la kulantid dad fiican oo ku dhex jira dadweynhaas Faransiiska ah. Go'aankaas baa i waday oo ahaa matoorkii mar kasta i riixayey.

Imtixaankii baan fariistay, dhammaanna maaddooyinkii waan ku gudbay, balse waa la ii diiday in shahaado la i siiyo. Maalintii la xirayay waxbarashada waxa la ii sheegay in aan haysto mudo labo ah sano in aan labo bilood ka soo shaqeeyo warshad. Waxay ahayd daruuri in aan keeno caddayn shaqo, ka dibna aan sidaas ku helayo shahaadada.

1995 waxaan bilaabay in aan u dacwoodo in aan galo dugsiga sare ee farsamada (lysée professionnelle) ee wasaaradda waxbarashada, sababtoo ah halkii sano ee aan soo qaatay waa waxbarasho dadka waawayn oo shahaadadu ictiraaf waxay ka tahay Faraniissa gudahiisa kali ah, waxaana bixisa Wasaaradda Shaqada iyo Arrimaha Bulshada. Dacwo markii aan hari waayay baa waxaa Wasaaradda Waxbarshada ee Rennes la ii oggolaaday in aan fariisto dugsiga sare ee farsamada sannadka saddexaad ama sannadka ugu dambeeya, maadama aan nin wayn ahaa, ilaa xadna aan so loox-jiitay. Hal sano baan carruur yar yar oo 18 sano jirro ah ku dhex jiray oo waxay i oran jireen "Baabbaa." Mar labaad waxaa ii sugaya in aan labo bilood ka soo shaqeeyo warshad, waxbarashaduna waa ka adagtahay sidii hore oo xisaab, Fiisikis, luqadda Fransiiska, luqadda Ingriiska iyo maaddooyinka Technical Drawing, Mechanical/Electrical, Electrical Theory, Electromechanical, Hydraulics, Pneumatics, Logics, Programming, Method of Maintenance baa la baranayay. Taas macnaheedu waa in aan galay waxbarsho rasmi ah oo weliba heer sare ah oo aan aad ugu qanacsanaa, sababtoo ah haddii aan ku guulaysto shahaadda dugsiga sare waxay ii furaysaa in aan jaamacad geli karo.

Nasiib wanaag , waxaa la ii sheegay nin Soomaali ah oo ku nool magaalada Brest oo xeebta saaran, una jirta Rennes oo aan deganahay ilaa 210 kiilomitir, in uu dhawr warshadood oo Agro-alimentaire ah oo hal shirkad isku ah uu madax ka yahay dhanka waxsoosaarka (production manager). Ninkii baan u tegay oo is-baranay. Magaciisu Mahamed Cabdi Daahir, nin berri hore waxbarasho u yimid dalka Fransiiska; Soomaali waddaninimo iyo Soomaali jacayl ka muuqdaan buu ahaa. Si aanan filayn buu ii soo dhoweeyay iiguna dhiirrigeliaya in aan sii wato waxbarashada. Waxaan u sheegay in aan u baahanahay in aan labo bilood ka shaqeeyo warshadda, si aan u diyaariyo qoraal (Internship Report) la iga rabo in aan ka qoro wixii aan warshadda ka qabtay oo hadhowna aan soo bandhigo ugana jawaabo su'aalana la iga weydiinayo. Wuxuu yiri, "Warshadda aan boos kaaga heli karo oo ku taal magaladaan waxay qashaa oo habaysaa nooc kasta oo hilib ah, xitaa hilibka khaansiirka (waa abatoire ama warshad xoolaha qasha), adiguna Soomaali baad tahay ee meel khaansiir lagu qalayo ma oggolaanaysaa? Maxaad samaynaysaa?" ayuu i weydiiyay.

Walaalow anigu khaansiir gacanta la ma gelayo ee mashiinnadaas wax jarjaraya ama qasacadaynaya baan daraasad ku samayn sida loo cillad bixiyo ee diyaar baan ahaye iga oggolow baan ugu jawaabay. Wuxuu la hadlay ninkii warshadda helibka mas'uulka ka ahaa, wuxuuna ka codsaday in uu aqbalo in aan muddo labo bilood ah la shaqeeyo farsamayaqaanadda cilladbixinta iyo in mawduuca aan wax ka qori lahaa la ila dooro. Ninkii madaxda ka ahaa warshaddu wuu oggolaaday wuxuuna codsaday in isla galabtaas aan imaado warshadda, si wixii dokumenti ah la iigu saxiixo isuna baranno. Maxamed Cabdi Daahir baa igu qaaday baaburrkiisii, ka dib markii uu qado i siiyay. Dhammaan waraaqihii dugsigu iga sugaayay in aan u celiyo, si loo hubsado in aan helay meel aan ka shaqeeyo labadii biilood baa la ii saxiixay. Taasi waxay ii ahayd farxad la-ma-illaawaan ah. Alxamdullilaah baan hoos ka iri, shahaadadii kalena waan helayaa.

Dugsiga Lycée Professionnel Jean Jaures ee Rennes baan ka baxay bishii Julay 1997, waana ku guulaystay in aan helo shahaadada Baccalauréat Maintenance Systems Mecanique Automatisé (Electro Mécanique), ama sida loo yaqaan BAC Pro MSMA, ee ay bixiso Wasaaradda Waxbarashada. Waagaas 75 arday baannu kaga baxnay Dugsiga Jean Jaures, dhammaan dhallinyaradaasna waxaa qaadatay shirkadda diyaaradaha samaysa ee Faransiiska ee Airbus kuna taal magaalada Toulouse. Hase yeeshee, aniga shaqadaas waa la ii diiday, sababatoo ah dawladda baa qayb leh shirkadda, waxaana jirta sharuud ah in qof aan mawaaddin ahayn aan laga shaqo gelin karin Airbus. Shaqadii iigu horraysay waxaan ka bilaabay warshadda soo saarta baabuurta Citreon ee La Janais ku taala, una jirta Rennes toddoba kiilomitir. Haddana 1998-2001 waxaan bilaabay Jamacadda Paris 13 ee Technolojiyadda ama IUT-Institute Universitaire de Technologie -Paris oo 3 sano soconaysay, waxaana ku guulaystay in aan ka qaato Bsc Universitaire de Génie Industrielle et Maintenance (Industrielle Engineering of Power & Energy).

Anigoo arday ka ah Paris University 13 of Technology

Maalintaan difaacayay buuggii qalinjebunta jaamacadda (Teesihii) "Sidee Loo Dayactiraa Warshad?"Qalinjebintii 2001.

. Waxaan markaa u muuqday nin ka soo kabtay tacliintii iga kala go'day (Alle ayaa mahad leh) iyo Aabbe Alle ku irsaaqay saddex gabdhood iyo wiil.

Taxanahaas waxbarshada oo dheeraa waxaa ii xigay in aan ka soo shaqeeyey warshado dhowr dal, marka laga tago Fransiiska, sida Ingriiska iyo Sacuudiga oo ka shaqaynaayay saldhiga baxrida ee boqor Faysal Jeddah Ciidamada Badda qaybta dayactirka maraakiibta dagaalka nooca loo yaqaan Fregate ee fransiisku sameeyo, ilaa bishii 9aad ee 2019.

Waxaan intaas oo warbixin ah u soo sameeyey labo arrimood awgeed: horta in la ogaado in ayadoo qof uu ka dhumay wakhti badan, sida aniga igu dhacday oo aan xirnaa shan sano ee wakhtigayga ugu qaalisanaa, haddana laga dabaalan karo oo aan la is-dhiibin. Tan labaad, in aan u sheego dhallinyarada Soomaalida ah ee maanta joogta muhiimadda waxbarashada iyo sida ay qofka noloshiisa u beddeli karto, meel kasta joog daruuf kastana ku noolow e.

Waxaan halkaas ku soo afmeeray sheekada safar dheer oo ka bilowday anigoo arday ah oo fadhiya fasal oo NSS-tu iga la soo baxday. Ka dib xabsi aanan galabsan iyo ciqaab aanan wada koobi karin sida aan kor ku soo xusay oo aan ku jiray shan sano oo isku xigta, waana sababta magaca buugga aan ugu bixiyay Ciil oo aan ula jeeday in dalkaygii hooyo laygu ciilay balse aan ka doortay in aan iska hilmaamo oo aan qof kasta oo dhib ii geystay aan cafiyo.

Waxaan rajaynaya in aad jeclaatay waxan ka faa'iidaystay taarikhda aan kasoo sheekeeyay iyo dhacdooyinka xanuunka badnaa ee isoo maray.

Waa dhab marka la leeyahay nolosha dadku wuu qorsheeyaa Eebbana wuu go'aanshaa.

TIXRAAC